LA COMÉDIE

ACADÉMIQUE 4407

Y² 22155

PARIS. — IMP. SIMON RAÇON ET COMP., RUE D'ERFURTH, 1.

CHAMPFLEURY

LA COMÉDIE ACADÉMIQUE

TROISIÈME ÉDITION

PARIS
CHARPENTIER ET Cie, LIBRAIRES-ÉDITEURS
13, RUE DE GRENELLE-SAINT-GERMAIN, 13

1875

Tous droits réservés.

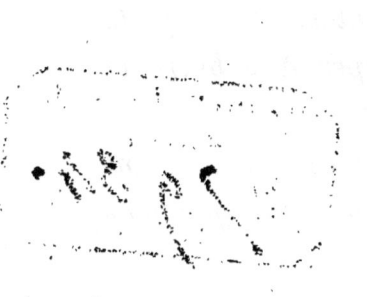

A VICTOR HUGO

On trouve dans la littérature chinoise de tendres fictions où les lettrés jouent un grand rôle.

Le drame se passe sous des amandiers en fleurs et dans de riants pavillons, à l'intérieur desquels les principaux acteurs sont occupés à « boire le vin » et à composer des vers.

Rien n'est plus intéressant que ces drames où l'amour de la nature se mélange à l'enseignement d'une douce morale.

La Comédie académique appartient, par certains côtés, à la littérature chinoise, non pas que le conteur se soit asservi à calquer les procédés des romanciers du Grand-Empire; mais la noble passion de la poésie qui circule à travers le drame, le manque absolu de concessions à ce qu'on est convenu d'appeler l'intérêt, *le peu de respect pour* la suite au prochain numéro, *une des plaies que le journalisme a grattées jusqu'au vif sur le corps du roman moderne, ont fait que de longues années ce livre est resté inachevé, l'auteur ayant conscience de la singulière figure que produirait son œuvre en face des rocamboles grossières, à l'aide desquelles on corrompt le goût du public.*

Vos dernières œuvres, Monsieur, m'ont rendu courage. Sans les Travailleurs de la mer, le roman de la Comédie académique *serait resté inachevé, car elle est fécondante l'influence d'un homme de génie qui, ne croyant pas avoir assez fait pour sa gloire, cherche des aspects nouveaux et lutte comme au temps de sa jeunesse.*

Cela est bon, viril, sain pour tous.

Et les grands souffles marins qui s'échappent de vos dernières œuvres ont quelque chose de réconfortant.

CHAMPFLEURY.

Paris, mai 1867.

LA

COMÉDIE ACADÉMIQUE

I

Toulouse est encore, à l'heure qu'il est, une des curieuses villes de France. Profils de constructions civiles et religieuses plus espagnoles que françaises, vieilles tours d'église qui tiennent de la forteresse, façades de cloîtres aux symboles mystiques taillés dans le triangle des frontons, moines et religieuses cheminant, font de Toulouse une ville ayant résisté aux secousses de la civilisation, malgré les courants vitaux que laisse après elle la machine à vapeur.

Toulouse se réveillera peut-être du long sommeil qui l'enveloppe depuis le moyen âge ; il n'en restera pas moins certaines artères dans lesquelles le sang moderne aura peine à circuler, et entre autres le quartier de la Dalbade, asile des familles parlementaires, des maisons desquelles on verrait sortir sans étonnement un ancien capitoul, vêtu d'habits rouges et noirs, grave et sévère comme au temps de la Ligue.

Aucun commerce n'anime ce quartier. Si on excepte l'ancien hôtel des chevaliers de Saint-Jean-de-Jérusalem, qui deux fois l'an, à l'époque de la foire, ouvre ses portes aux fabricants de draps du bas Languedoc, tout négoce est exilé de ces rues que trouble seul, un *Guide* à la main, le voyageur curieux.

C'est là que se voit la merveille du pays, la fameuse *Maison de pierre*, dont le nom paraîtrait singulier si le conteur ne faisait remarquer que la plupart des constructions qui entourent l'hôtel sont bâties en briques.

La Maison de pierre, d'une architecture *riche*, fait penser aux décorations théâtrales du peintre Le Brun. Dépaysée à Toulouse, elle trouverait son cadre à Versailles, dans le voisinage du château. L'œil, égayé par les ingénieuses combinaisons de la brique des maisons voisines, est étonné par cette fastueuse construction, qu'aurait dû habiter le surintendant Fouquet. Un luxe excessif ressort d'une accumulation mal ordonnée de statues, de reliefs, de consoles et d'enroulements qui sentent leur traitant.

Bachelier, fils du grand architecte qui a rempli Toulouse de chefs-d'œuvre, obéit certainement, en construisant la Maison de pierre, au mauvais goût d'un parvenu qui voulait que sa fortune fût inscrite dans chaque détail d'architecture extérieure. L'artiste surchargea son plan de trophées, de mascarons, de cartouches, pour répondre à la vanité de l'homme qui payait.

Aussi cette riche Maison de pierre émerveilla tellement le pays habitué à la brique harmonieuse, que le peuple d'aujourd'hui (et pourtant la construction ne date guère de plus de deux siècles) attribue la construction du fameux hôtel aux Romains, tradition qui n'est pas sans racines, quoique le style du bâtiment soit sans parenté avec l'ornementation antique.

Vers 1610, à l'époque où fut commandé l'hôtel, Bachelier se servit des ruines d'un temple de Pallas trouvées dans la Garonne, pour les fondations de la bâtisse; en mémoire de cette découverte, des aigles et des hiboux furent sculptés sur la façade, en souvenir des corniches du temple antique : par le même motif, Mercure et Junon, Apollon et Pallas jouèrent un rôle entre les colonnes corinthiennes cannelées qui forment un somptueux avant-corps au-dessus de la porte principale.

Ces détails d'architectonographe peuvent sembler inutiles au lecteur qui ne cherche pas, comme l'observateur, à se rendre compte de la forme d'un marteau de porte; car, à bien connaître un marteau de porte, on peut avoir quelque idée du propriétaire qui l'a fait poser.

Un détail lavera Bachelier du mauvais goût de la façade, après quoi les personnages viendront parader devant le décor.

L'architecte toulousain a reconquis ses droits dans la cour de l'hôtel, dont l'ornementation est enrichie de marbres de couleur encadrant des groupes animés par un dernier souffle de la Renaissance. Bachelier père eût applaudi aux cariatides élégantes rompant l'uniformité des demi-cercles d'une galerie qui entourait la cour, et que les propriétaires modernes ont malheureusement condamnée, convertissant en écuries cet endroit plein de fraîcheur.

Vers 1832, l'homme qui sortait par la porte somptueuse de la Maison de pierre s'appelait Negogousse. Il avait l'ampleur de son nom : gros, grand, carré des épaules, haut en couleur, doigts carrés avec des broussailles de petits poils sur chacune des phalanges, son cou de taureau formant ligne droite avec le crâne, joint à un bourrelet de chairs dépassant le col de l'habit, n'annonçait pas une origine parlementaire.

Negogousse, le plus riche marchand d'huiles de Toulouse, s'était passé la folie de la Maison de pierre, se rapprochant, sans s'en douter, des goûts du propriétaire primitif. Le quartier de la Dalbade faillit prendre le deuil d'un tel voisinage.

Les Parrequeminières, les Labastide-Beauvoir, les Castelnau-d'Estafonds, les de Cry, les l'Isle-en-Dodon se regardèrent comme salis par la tache d'huile qui gagnait un quartier jusque-là réservé à la noblesse de robe : c'était un signe d'usurpation de la bourgeoisie triomphante.

Toutefois, le marchand d'huiles s'installa dans la Maison de pierre, sans se douter de l'envie qu'il excitait dans un quartier où il n'était question que de nobles traditions.

— Que vient faire ici cette *épicerie !* s'était écriée madame de Parrequeminières.

Le mot resta.

Negogousse sortait de son hôtel, rêvant à ses commandes, sans se douter que, derrière les rideaux des maisons voisines, de vieilles douairières, le montrant du doigt, se disaient :

— Il va faire de la Maison de pierre une succursale à son commerce.

Les Toulousains, sans respect pour des souvenirs historiques, ont transformé en écuries plus d'une église, en hangars plus d'un monument. Toutefois Negogousse ne donna pas raison à ses nobles voisins.

Ayant trouvé un riche hôtel, Negogousse, sans se préoccuper de l'opinion publique, pensait à Paule, sa fille chérie.

Le marchand en gros, l'homme au bouquet de poils sur les doigts, au cou de taureau avec de rouges bourrelets de chair, ne dépensa pas moins de trois cent mille francs dans l'aménagement de la Maison de pierre.

Il fallait vendre plus d'une tonne d'huile pour combler une telle brèche ; mais y avait-il un nid assez élégant pour abriter l'aimable Paule?

Si un Cervantes mène toute une vie de pauvreté avec le secret espoir de laisser une œuvre qui rendra son nom immortel, un commerçant trouve dans l'amour pour son enfant des ressorts particuliers qui lui font tenter des entreprises aventureuses comme celles d'un poëte.

Un poëme à composer, une fille à élever sont des leviers à l'aide desquels l'homme dispose de forces considérables.

A différentes reprises, passant devant la Maison de pierre, Negogousse s'était dit : — Quelle figure ferait ma Paule à ces belles fenêtres!

Il avait le portrait. Pendant quatorze ans il travailla à acquérir le cadre.

Peut-être la mère de Paule n'eût-elle pas compris la fantaisie du négociant, si elle avait assez vécu pour la voir réaliser ; mais les pères qu'un veuvage précoce laisse avec un enfant sont doués tout à coup de tendresses inexprimables, androgynes pour ainsi dire. A leurs caresses se mêle quelque chose de particulier. Leur voix trouve des inflexions pénétrantes et délicates qui essayent de faire oublier à l'enfant que sa mère lui manque.

Qui aurait cru, en regardant Negogousse passer dans la ville, que sous l'épaisse encolure du marchand se cachait un cœur tendre ?

A ses commis il parlait toujours rudement, à Paule toujours doucement.

Le jour il ne pensait qu'au négoce ; dans son cerveau roulaient sans cesse d'énormes tonneaux d'huiles. Rentré chez lui, il ne s'occupait que de sa fille, l'interrogeait sur ses moindres actions et s'y intéressait plus encore qu'à ses spéculations.

Le père absorbait le négociant. Il eût fait trois cents lieues en diligence, négligeant ses intérêts commerciaux, pour rapporter un ruban à sa fille, si Paule eût eu l'amour des rubans.

L'enfant, à l'âge de treize ans, avait perdu sa mère ; une sorte de mélancolie en résulta qui donnait à sa beauté blonde un charme particulier.

L'enfant aimait son père et lui rendait caresses pour caresses ; toutefois une place vide restait au fond de son cœur, la place de la tendresse maternelle, qui, n'ayant pu éclore et donner sa floraison, la rendait souvent inquiète et pensive. Il est de ces confidences, de ces projets de jeune fille qu'une mère seule comprend à demi-mot.

Une servante, la vieille Mamette, quittait rarement Paule, cherchant à enjouer sa chère enfant : ni Negogousse ni Mamette ne remplaçaient la mère absente.

Derrière la Maison de pierre est un jardin au pied duquel circule un petit bras de la Garonne, se jouant en méandres capricieux dans l'île de Tounis, habitée par de pauvres gens. Paule se promenait d'habitude dans ce jardin, regardant mélancoliquement la Garonne, ou écoutant sans les entendre les propos des pêcheurs qui formaient diversion à ses pensées.

Accoudée sur la balustrade qui clôt le jardin, elle suivait l'horizon bleu, au fond duquel pointent les Pyrénées nuageuses. A ses côtés, Mamette, ravaudant quelque linge, subissait, dans une demi-somnolence, la douceur du climat ; rarement la vieille servante ouvrait la bouche, sinon quand soufflait le vent marin, un des grands motifs de conversation de Toulouse.

Vers onze heures, Paule, ayant fait sa toilette, guettait l'arrivée de son père à l'une des fenêtres de la façade.

Un bras à demi-nu posé sur l'accoudoir de la fenêtre, entourée de panoplies d'armes sculptées entre chaque embrasure, Paule faisait penser aux châtelaines qui, assises à la fenêtre d'une tourelle élevée, attendaient pendant des années entières le retour de la croisade de leurs chevaliers.

Le cœur de Negogousse battait quand, au tournant de la rue, il apercevait se détachant sur le bleu de l'horizon les cheveux blonds de sa fille.

— Que ma Paule est belle! pensait le marchand, qui ne se doutait guère que la riche Maison de pierre, son peuple de statues, les cornes d'abondance qui versent à profusion des fleurs et des fruits dans les enroulements de l'architecture, ne comblaient pas le vide du cœur de sa fille.

Il faut être né dans ces quartiers parlementaires pour en comprendre le charme grave. Tout mouvement en est absent, à l'exception d'une vieille servante sortant de longs corridors au fond desquels la lumière se joue dans de petites cours qui rappellent les tranquilles intérieurs de Pierre de Hooghes.

Si quelque dame âgée descendait les marches de son hôtel pour aller entendre la messe à l'église de la Daurade, Paule surprenait des regards secs et froids qui prouvaient la médiocre sympathie que son père inspirait dans le quartier.

De vieux messieurs en douillette se montraient dans la matinée, les uns pour se rendre au tribunal, d'autres pour assister aux offices. Pas un n'avait de sourire pour la jeune fille, qui se sentait comme cloîtrée dans la riche Maison de pierre.

La noblesse ne pardonnait pas au marchand d'huiles d'avoir eu l'audace de s'établir dans un quartier consacré aux anciennes familles; le luxe du splendide hôtel offusquait les voisins habitués à regarder la Maison de pierre comme réservée aux descendants des capitouls, dont le blason était sculpté sur la façade.

— Vraiment, dit un jour madame de Parrequeminières, pourquoi cette épicerie ne fait-elle pas gratter le blason pour sculpter à la place un *pitcharrou*[1] ?

Des nombreuses épigrammes improvisées sur Negogousse dans les salons du quartier de la Dalbade, celle-ci prit corps. Longtemps la Maison de pierre fut appelée la *Maison du pitcharrou* par la noblesse caustique.

Paule ignora ces malignités ; elle n'avait de rapports qu'avec l'abbé Desinnocends, curé de la Dalbade, qui n'était pas d'un caractère à faire connaître à Negogousse le ridicule dont ses voisins l'accablaient. Lui-même, d'ailleurs, l'abbé Desinnocends, n'avait pas conquis les bonnes grâces de ses paroissiens, qui ne réservaient leurs hommages à l'église de la Daurade, qu'à cause du souvenir de Clémence Isaure qui y est attaché.

Toulouse, quelque importance commerciale que prenne plus tard la cité, restera toujours la patrie de Clémence Isaure, des Jeux Floraux, du Capitole, de la noblesse de robe et des sentiments religieux.

Malgré les commotions politiques et les bouleversements sociaux du dernier siècle, Clémence Isaure sert de drapeau aux regretteurs du passé. C'est ce qui explique pourquoi la noblesse suivait les offices de la Daurade, placée sous le patronage de Clémence Isaure ; comment l'abbé Desinnocends vivait isolé dans sa modeste cure, et comment il s'était attaché à la jeune

---

[1] Le pitcharrou est un grand vase de terre dans lequel l'huile s'expédie.

fille qui, n'ayant pas de quartiers de noblesse, allait entendre la messe basse à sa paroisse.

La religiosité ne tenait pas une large place dans le cerveau de Negogousse ; grâce à Paule, il devint la providence de l'église abandonnée. Il faisait à sa fille une petite rente, qui passait presque tout entière dans les mains de l'abbé Desinnocends, quoi que fît celui-ci pour se défendre de ses largesses. Il y était si peu habitué ! Mais l'argent ne restait pas longtemps dans la bourse du curé. L'église avait besoin de nombreuses réparations, et les dons n'affluaient pas, sauf ceux de Paule.

M. Desinnocends était donc le seul étranger qui franchît le seuil de la Maison de pierre, et Paule se plaignait de ne l'y pas voir plus fréquemment, car entre elle et le prêtre régnait une affinité de sentiments qui la rendait heureuse. En compagnie du curé de la Dalbade, le vide de son cœur était rempli. Negogousse ne demandait pas mieux que d'inviter chaque jour M. Desinnocends à sa table, si le curé ne se fût excusé de ne pouvoir accepter plus d'une fois par semaine.

Ce jour-là était une fête pour Paule. Le jeudi consacré à M. Desinnocends, le dimanche où elle allait à la paroisse, sa physionomie perdait son caractère habituel de mélancolie.

II

Un matin, Paule, ouvrant sa fenêtre, aperçut en face d'elle, dans la maison voisine, un jeune homme qui leva les yeux au bruit de l'espagnolette.

Paule rougit et baissa les yeux.

Dans la petite maison occupée depuis peu par une veuve, les rideaux du premier étage avaient été jusque-là scrupuleusement tirés.

Le sang aux joues, Paule, gênée par une émotion soudaine, chercha une contenance, feignant de regarder au loin si son père ne venait pas ; gênée dans ses mouvements, honteuse, elle se sauva tout à coup dans un coin de sa chambre.

Une biche, qui a entendu un bruit de feuilles près de la mare où elle se désaltère, n'est pas plus alerte à la fuite.

S'asseyant sur une chaise, Paule, étonnée des battements de son cœur, se dit que le voisin devait sourire de cette brusque disparition. La main sur les yeux, comme pour cacher sa propre rougeur, elle réfléchit.

Autant qu'un rapide coup d'œil le lui avait permis, Paule, au milieu de son trouble, se rappelait un jeune homme aux yeux doux et spirituels.

Était-il encore à la fenêtre? Qu'y faisait-il? S'il restait, Paule n'osait sortir du coin où elle était blottie. Elle songea à quitter sa chambre, mais l'unique porte de sortie donnait en face de la fenêtre voisine.

Reparaître à la fenêtre, c'eût été de la coquetterie; la fermer, n'était-ce pas indiquer au jeune homme qu'il avait été vu?

Un singulier émoi agitait Paule, qui jamais n'avait ressenti de telles sensations? Pourquoi son regard se voilait-il? Pourquoi ces battements de cœur qui semblaient remplir le boudoir? Pourquoi l'air était-il tout à coup plus rare et plus doux? Et le soleil qui semblait briller subitement d'un nouvel éclat!

Paule n'osait à cette heure se regarder dans une glace. Elle craignait d'être « affreuse. »

Paule a presque peur du jeune homme. Que pense-t-il? Voilà ce qu'elle voudrait voir. N'a-t-elle pas été imprudente de se sauver ainsi? Que faire?

Retenant son souffle (Paule craignait que de l'autre côté de la rue on ne l'entendît respirer), la jeune fille s'était levée, posant un pied timide sur le tapis. Au fléchissement de son corps, elle sentit que l'émotion n'était pas encore dissipée.

— Qui peut être ce jeune homme? se demanda Paule, songeant à l'isolement dans lequel se renfermait son père vis-à-vis de ses voisins.

Encore, si la vieille Mamette se fût trouvée là, on eût pu en tirer quelques renseignements. Paule savait maintenant ce qui manquait à son bonheur. La solitude de la Maison de pierre lui pesait.

Quelles singulières pensées peut amener l'ouverture d'une fenêtre ! Paule en était surprise.

— Courage ! se dit-elle.

S'étant levée, elle alla vers la fenêtre, dont un des battants se repliait à angle droit dans la chambre ; cependant Paule s'arrêta tout à coup.

Elle ne pouvait voir la maison voisine qu'en se présentant à la fenêtre, et elle n'osait tenter une entreprise si hardie.

Par un mouvement imperceptible, l'un des battants remua. Paule doucement l'avait poussé ; toutefois le moyen lui parut bon. En obliquant avec précaution la fenêtre à divers intervalles, Paule, protégée par le rideau, put s'assurer que le voisin était encore à son poste.

Paule se dit que ce n'était pas pour le regarder qu'elle poussait la fenêtre avec tant de précautions. En ce moment, elle eût voulu sortir de sa chambre sans être suivie par un regard curieux ; mais la fenêtre obliquait lentement sur ses gonds, poussée par la main de la jeune fille, qui tremblait comme si elle eût commis une faute.

Elle avait peur qu'un coin de sa robe ne fût entrevu, peur de son ombre sur le tapis, peur de son manége, lorsque tout à coup la porte s'ouvrit brusquement.

Negogousse, étonné de ne pas voir Paule à la fenêtre suivant son habitude, était monté à sa chambre.

— Tu m'oublies, Paule, dit-il.

Une table de toilette adossée au mur favorisa le premier mensonge de la jeune fille.

— J'étais occupée à lisser mes cheveux, dit-elle ; j'avais oublié l'heure.

— Comme tu es pâle !... Souffres-tu ?

— Ce n'est rien, père ; un moment de malaise... Une sorte de vertige s'est emparé de moi pendant que j'étais à la croisée.

En même temps Paule poussait résolûment la fenêtre. L'arrivée de son père lui rendait sa présence d'esprit.

— Un vertige ! s'écria Negogousse. La fenêtre est-elle si haute ?

Paule sauta au col de son père pour l'empêcher de mesurer la distance du premier étage.

— C'est passé, dit-elle... Mais ne sois pas étonné de ne plus me voir à cette fenêtre de quelque temps...

En effet, Paule n'ouvrit plus la croisée pendant deux jours ; mais elle profitait du moindre instant de liberté pour s'embusquer derrière les rideaux afin de revoir le jeune homme. Ainsi elle put l'étudier à loisir.

Assis près de la fenêtre, le voisin semblait plongé dans la lecture d'un livre posé sur ses genoux ; à tout instant ses yeux inquiets se relevaient et comme à regret s'abaissaient sur le gros volume qu'il devait médiocrement comprendre, car à chaque page il le reposait, se levait et semblait vouloir percer du regard les murs de la Maison de pierre.

Le jeune homme avait une physionomie fine et ouverte.

— Il semble chagrin, pensa Paule, de ne plus voir la fenêtre ouverte.

Elle n'osa pas penser : « *me* voir, » et elle rejeta les regards du jeune homme sur la curiosité produite par l'intérieur de la chambrette que Negogousse avait fait décorer de perse riante.

Cette comédie dura huit jours, à la suite desquels Paule se dit que sa chambre manquait d'air et qu'il ne fallait pas l'en priver parce qu'un jeune curieux demeurait en face.

Après maints combats, un matin qu'elle se demandait s'il fallait prolonger la punition du voisin, Paule aperçut la fenêtre d'en face fermée.

Elle ressentit un malaise inconnu.

Était-*il* parti?

Paule regarda dans la rue sous le prétexte d'attendre son père ; mais elle ne l'avait jamais attendu de si longues heures, inquiète. L'arrivée de Negogousse ne lui rendit pas la tranquillité ; cependant Paule essaya de sourire à son père, pour tirer de lui quelques renseignements sur *les* voisins ; toutefois ce ne fut qu'à l'aide de petits mensonges qu'elle amena la conversation suivant ses souhaits.

— J'ai vu, dit-elle, sortir madame Falconnet.

— Ah! dit Negogousse, qui ignorait le nom de sa voisine.

2.

Paule ne tarissait pas en compliments sur l'extérieur distingué de madame Falconnet.

— Je ne la connais pas, dit Negogousse.

— Elle tenait un paroissien à la main, dit Paule surprise elle-même de ses fables, car la sortie de la veuve n'existait que dans l'imagination de la jeune fille.

— Les habitants de ce quartier, dit Negogousse, passent leur vie à l'église de la Daurade.

Intérieurement, Paule souhaitait que le jeune homme, sans doute fils de la voisine, accompagnât la vieille dame aux offices.

— Petit père, continua Paule, me permettras-tu d'aller un dimanche entendre la messe à la Daurade?

— Que dirait l'abbé Desinnocends?

— Tu as raison, reprit Paule.

— Sans doute, tu peux aller à la Daurade; mais il faudra confesser ce péché de curiosité à l'abbé Desinnocends.

— C'est un caprice, dit Paule, qui, alors seulement, pensa aux petits mensonges qu'elle aurait à avouer à son confesseur.

L'arrivée de Mamette mit terme à cette conversation. Paule, se sentant devenir rusée, ne voulait pas entamer le chapitre de la voisine devant la servante. Quand celle-ci fut sortie :

— Madame Falconnet vit seule sans doute? dit-elle.

— Tu t'intéresses à cette dame? demanda Negogousse.

La question fit frémir Paule et la rendit prudente. Elle vit son secret, son joli secret découvert. Pour le mieux déguiser, elle fit mille cajoleries à son père, caqueta sur les choses les plus diverses, et n'eut de cesse que quand Negogousse lui eut promis de l'emmener le soir même, à l'heure de la retraite, sur la place du Capitole.

— J'aime tant les trompettes ! dit Paule.

Et elle faisait le tour de la table, le poing sur la hanche, sonnant de gaies fanfares qui remplissaient d'épanouissement le cœur du marchand d'huiles.

Ces fanfares cachaient de secrètes émotions.

Paule dormit mal. Des rêves bizarres et anxieux traversaient son sommeil.

Au matin, vers neuf heures, elle courut à son observatoire. Les rideaux d'en face étaient toujours soigneusement tirés.

Paule ressentit des sortes de *barres* dans la poitrine.

Elle descendit au jardin, y cueillit des pensées dont la couleur cadrait avec sa mélancolie, et les disposa dans un verre qu'elle posa sur la fenêtre.

Ce fut une journée de brouillards pour Paule, qui, accoudée sur la balustrade du jardin, la tête levée vers le ciel, s'irritait de l'immobilité des nuages tristes, lourds et paresseux.

La nature semblait s'associer à son dégoût de la vie. Ce jour-là l'existence pesa à la jeune fille.

La cloche de l'église de la Dalbade sonnait un enterrement.

Paule songea combien les êtres qui disparaissent de la vie sont heureux. Elle aussi eût voulu échapper à ses tristesses.

De quoi souffrait-elle? Elle n'eût pu le dire ; jamais pareils soucis ne s'étaient emparés d'elle.

La cloche des morts redoublait de tintements lugubres, appelant les fidèles à prier pour l'âme du défunt.

L'esprit à l'unisson de cette funèbre sonnerie, Paule monta à sa chambre, d'où elle pouvait voir défiler le cortége.

En ouvrant la porte, elle reçut une telle commotion que ses genoux fléchirent.

A la fenêtre de la maison d'en face s'épanouissaient des roses fraîchement cueillies !

III

La cloche de la Dalbade continuait son tintement lugubre. Un gai concert se donnait dans le cœur de Paule.

Les prêtres sortirent de l'église en chantant une sombre psalmodie. Paule écoutait les oiseaux babiller dans les platanes d'un jardin voisin.

Quand le convoi passa au bout de la rue, Paule se retira au fond de sa chambre pour oublier la mort.

— Il est doux de vivre ! pensait-elle en ce moment.

Les fleurs de la fenêtre d'en face avaient transformé ses pensées en un clin d'œil. L'odeur des roses arrivait jusqu'à elle, quoiqu'une rue la séparât du bouquet. Ses sens étaient affinés tout à coup. Des roses s'échappait un parfum frais et suave plein de mystérieuses promesses.

D'un bond Paule descendit l'escalier, courut dans

le jardin et cueillit des œillets avec une agitation telle que Mamette le remarqua. Paule avait hâte de remplacer le mélancolique bouquet de pensées qui ne répondait plus à l'état de son cœur. Elle n'avait pas soupçon du langage des fleurs ; mais la tendre couleur d'œillets blancs piquetés de joyeux points rouges lui semblait une réponse naturelle aux roses du voisin.

— Y a-t-il une intention dans ce bouquet ? se demandait Paule sous le coup d'émotions diverses.

Pourtant elle se reprochait d'avoir répondu par les œillets, qui semblaient créer une entente entre elle et le jeune homme. Elle eut peur de sa propre audace. Dans quel embarras la mettrait la présence subite du voisin à la fenêtre ! Alors elle redescendit au jardin, où la vieille Mamette faisait des réflexions sur la nature changeante des jeunes filles.

Tout à l'heure Paule, affaissée sur la balustrade, suivait mélancoliquement à l'horizon le cours des nuages ; maintenant elle courait, vive et légère, dans le jardin, s'arrêtant, comme un papillon, près de chaque rosier. Elle eût voulu que la rose lui confiât son secret, le secret symbole qui gît au fond du calice ; la tendre verdure des feuilles, le doux incarnat de la fleur l'enivraient sans lui répondre.

Au cœur de chaque rose était tapi le souvenir du voisin. Paule osait à peine passer derrière un massif de rosiers, craignant que le jeune homme n'y fût caché.

Tout à coup elle s'arrêta devant Mamette.

— Il y a un enterrement à la Dalbade, dit-elle. Quelqu'un de nos voisins est-il mort ?

— Je ne le crois pas, mademoiselle ; nous aurions vu des tentures à la porte.

— Il m'a semblé, dit Paule revenant sur son premier mensonge, que madame Falconnet était en grand deuil.

— Il est possible, mademoiselle.

— Serait-ce une personne de sa famille?

Mamette ayant répondu qu'elle l'ignorait, alors Paule fatigua la vieille servante de tant de questions, que celle-ci s'écria :

— Votre père, mademoiselle, m'a défendu de m'occuper des affaires du quartier. Aussi, quand je sors, je baisse les yeux pour ne pas voir ; je ne saurais dire comment sont les gens porte à porte.

L'entretien en resta là, Paule craignant de montrer à Mamette une curiosité trop vive. Elle se résigna à ne rien savoir. Qu'importe ! son cœur était plein de souvenirs.

Ce jour-là elle s'endormit le sourire sur les lèvres. Les agitations de la nuit précédente avaient fait place à un sommeil léger et transparent qui permettait à la jeune fille de se voir dormir, aussi heureuse que le plongeur qui, à travers les profondeurs de l'onde, aperçoit des trésors enfouis.

La chambre à coucher de Paule donnait sur le jardin. Réveillée de grand matin par le chant des oiseaux, la jeune fille fit sa toilette en un clin d'œil, regrettant que son premier regard ne pût s'arrêter sur la fenêtre voisine. Pourtant elle n'osa se rendre tout de suite à sa chambre : il lui semblait que chacun eût pu lire son impatience dans ses yeux.

— Tu deviens matinale ! dit Negogousse qui la rencontra.

— Il fait si beau ! dit-elle.

— Va respirer l'air du jardin, mon enfant.

Paule profita de la sortie de son père pour l'accompagner jusqu'à la porte. D'un coup d'œil elle aperçut sur la fenêtre d'en face des roses si fraîches qu'elles avaient été certainement cueillies le matin même.

— Et votre déjeuner, mademoiselle ? cria Mamette, qui voyait la jeune fille grimper l'escalier avec une précipitation inaccoutumée.

Paule ne l'entendit pas.

Devant la fenêtre de la maison voisine était une petite table, devant la table le jeune homme, devant le jeune homme un gros livre.

Paule ressentit une sensation si douce qu'elle crut se trouver mal. Lentement, ses longs cils s'abaissèrent pour voiler l'émotion de ses regards ; ses cils si pudiques semblaient saluer le voisin. Quoiqu'un nuage rosé parti de son cœur empêchât Paule de distinguer les traits du jeune homme, elle ressentait un double émoi. Il lui semblait que de la fenêtre d'en face partait un courant qui lui faisait approcher sa table à toilette, prendre une broderie dans le tiroir et mettait en mouvement ses mains, sans sa volonté.

De doux bourdonnements tintaient dans ses oreilles. La jeune fille n'entendait rien, pas plus qu'elle ne voyait ; les mouvements de son aiguille étaient commandés par une force mystérieuse, indépendante d'elle, qui faisait que machinalement les dessins de son patron de broderie étaient recouverts de soie comme par une fée qui conduisait sa main.

Paule se sentait touchée par de tendres regards mystérieux. Elle osait à peine respirer, s'efforçant de contenir le souffle de sa poitrine. Pour n'être pas trahie par son émotion, elle gardait une immobilité absolue.

Ses mains, elle eût voulu les cacher; mais ce à quoi elle ne pensait pas était peut-être l'endroit le plus délicat de sa beauté, celui sur lequel s'ébattait le regard du jeune homme qui, feignant de lire, détachait ses yeux du volume pour les reporter vers un cou élégant au bas duquel se jouaient de capricieuses boucles de cheveux.

Plus fines que la soie, tendres comme de jeunes pousses au pied d'un arbre, ces boucles se modifiaient au moindre souffle du vent et formaient par leur blond délicat une opposition à l'ivoire transparent du cou.

Les yeux étaient baissés, les joues à demi cachées par les grappes de cheveux; mais le joli cou révélait la distinction, la santé, la jeunesse.

Quoi qu'elle fît, Paule ne pouvait masquer entièrement sa bouche rose et mutine qui semblait se gendarmer que sa maîtresse fût tant regardée.

Par moment une ombre de sourire, qu'eût voulu comprimer la volonté, se dessinait sur ses lèvres, sourire témoin des sensations qui se jouaient au dedans de Paule. L'inquiétude s'y mêlait à une sorte d'enjouement produit par la situation où se trouvait la jeune fille.

Qui l'avait conduite à la fenêtre, sinon une pression mystérieuse dont jusque-là elle n'avait pas éprouvé la force? Fallait-il compter sur cette aide inconnue pour sortir d'embarras?

— Il va mal penser de moi! se dit Paule effrayée de l'audace avec laquelle elle s'exposait à tant de regards.

Un rayon de soleil vint à son secours.

Le ciel, jusque-là voilé par des nuages épais, se montra tout à coup dans sa pureté, et le soleil se précipita dans la petite chambre, forçant Paule à tirer la moitié du rideau pour s'en garantir.

La nature semblait prendre sous sa protection les deux jeunes gens, car à peine Paule fut-elle à demi-masquée par le rideau qu'un bruit de serrure, qui partait de la chambre d'en face, fit lever les yeux de la jeune fille, quoiqu'elle eût juré intérieurement de ne pas se montrer davantage. Les regards se croisèrent encore une fois; mais ceux du voisin étaient pleins de regrets.

Il baissa la tête, en manière de salut; et comme la porte d'en face s'ouvrait, laissant sur la figure du jeune homme des traces non équivoques de contrariété, Paule, penchée sur sa broderie, resta l'aiguille inerte sans s'en apercevoir.

Il l'avait saluée!

Ainsi le hasard seul ne les mettait plus en présence. C'était déjà comme une promesse de se revoir. A l'émotion dont le cœur de Paule fut rempli, la jeune fille se dit qu'il y avait maintenant en elle un germe qu'il lui serait difficile d'arracher.

Quelque chose d'indéfinissable lui avait manqué jusque-là qui avivait ses facultés en teintant de nuances pourpres des horizons un peu gris.

Trois figures se présentèrent à Paule tour à tour : celles de son père, de l'abbé Desinnocends et de Mamette, toutes trois semblant l'interroger.

Paule ferma les yeux pour échapper à ces visions. Elle se retranchait derrière de splendides rayonnements, comparables à ceux d'une rose de vitraux à travers laquelle passent les pourpres lueurs d'un soleil couchant.

Par instants, Paule sentait son corps flotter sur des vagues irisées ; son âme s'envolait sans fatigue, comme l'oiseau, vers des pays inconnus qui n'étaient que bocages et verdure. Enivrée d'une musique suave, en ce moment Paule ne se rendait pas compte de la petite chambre où elle était non plus que de la broderie tenue par ses mains.

Ces dangereuses contemplations devaient être traversées par plus d'un événement.

IV

Raymond Falconnet, le lendemain de ces longs regards, entrait dans l'étude de maître Trebons, l'avoué le plus considérable de Toulouse.

Le condamné politique oublie les chaînes qui le garrottent en voyant sur les murs de son cachot une idéale figure de la Liberté. L'homme de génie, dans une mansarde sans feu, ferme les yeux sur son estomac affamé en rêvant à la gloire. La figure de Paule apparaissant au fond de l'étude où entra Raymond, lui fit passer courageusement par dessus les premières aridités du droit, dont ne pouvaient le distraire les étudiants ses compagnons, natures abruptes qui, de l'Auvergne et des provinces voisines, venaient à Toulouse comme à la capitale du Midi.

Café, théâtre, grisettes, autant de plaisirs auxquels les clercs mordaient avec leurs dents de montagnards.

Raymond ne goûtait pas à ces fruits. Son paradis était ailleurs.

Sur le dos d'un grand cartonnier placé derrière le bureau du maître clerc, brillait comme un nimbe éblouissant le nom de Négogousse, un des plus importants clients de l'étude. Raymond regardait ce nom quand d'insupportables détails de procédure l'accablaient.

C'est un ami fidèle qu'un premier amour. Grâce à cette compagnie, Raymond put supporter les conversations de ceux qui l'entouraient, sans en être choqué. Comme aussi il lui fut permis de garder le silence sans inquiéter ses compagnons, car l'amour qui gisait au fond de son cœur et de ses yeux donnait à chacun de ses regards un charme auquel il était difficile d'échapper.

Tout de suite Raymond gagna la sympathie de ses camarades. Il parlait rarement; mais le peu de paroles qui s'échappaient de sa bouche étaient franches et cordiales. S'il levait les yeux, un éclair de bonheur illuminait pour ainsi dire la sombre étude, et c'était avec un sourire qu'il entendait parler de Miettou et de Martril, deux célèbres grisettes de Toulouse qui troublaient les cœurs de tous les clercs.

Un nouvel arrivant vint raffermir les sentiments de cordialité que portaient à Raymond ses camarades.

Un matin, se présenta dans l'étude un prêtre suivi d'un jeune homme qui restèrent près d'une heure dans le cabinet de M⁰ Trebons, et bientôt l'avoué annonça aux clercs un nouveau camarade.

Toutes les têtes se relevèrent joyeuses.

— Messieurs, reprit M⁰ Trebons, avec une gravité inaccoutumée, je crois devoir vous inviter désormais à la plus grande réserve dans vos discours. M. Saturnin de Poucharramet, que M. l'abbé Supplici veut bien me confier, appartient à une des plus notables familles du Périgord.

Les figures des clercs s'allongèrent.

— Il faudra donc prendre garde à vos propos, messieurs, continua M⁰ Trebons. M. Saturnin de Poucharramet ne doit pas être exposé à de choquantes familiarités. Julien, dit l'avoué en s'adressant à son maître clerc, vous veillerez à mes recommandations. Je dois reconnaître la confiance que me témoigne M. l'abbé Supplici en me chargeant de l'éducation juridique d'un des membres de la famille Poucharramet.

L'avoué rentra dans son cabinet.

— Solennelle présentation ! dit à voix basse le maître clerc à Raymond, qui lui faisait vis-à-vis, courbé sur le pupitre d'en face.

Raymond, tout entier au souvenir de Paule, avait à peine entendu le discours de l'avoué.

La porte du cabinet s'ouvrit de nouveau ; alors les clercs regardèrent à la dérobée deux hommes qui en sortaient, l'un habillé d'une soutane, l'autre d'une redingote jouant elle-même à la soutane.

— Monsieur de Poucharramet, dit l'avoué, j'ai l'honneur de vous présenter mes clercs.

En ce moment tous baissaient la tête et les plumes faisaient *crrrr* sur le papier.

— Monsieur l'abbé, voici M. Julien, mon maîtreclerc, qui initiera aux premières études de droit M. Saturnin de Poucharramet.

Le maître clerc, retranché derrière des liasses de dossiers, les remuait avec les apparences d'un homme très-occupé. L'avoué ne comprit pas tout d'abord que les têtes penchées sur les pupitres, les grincements des plumes et les entassements de dossiers masquaient la fâcheuse impression produite par l'arrivée de l'abbé Supplici et de son élève.

Son élève, on n'en pouvait douter. Certainement il sortait d'un séminaire, en ayant gardé l'empreinte. La redingote noire d'un drap commun semblait coupée par un tailleur de sacristie et les cheveux inégaux étaient remplis d'*échelles*, qui sont le propre des ciseaux des gouvernantes de curé.

— Maître Trebons, dit le prêtre, j'ai confiance en vous, confiance en vos soins, confiance en vos lumières, confiance en ces jeunes esprits dont vous avez la direction, et je laisse en vos mains M. Saturnin de Poucharramet.

— Monsieur l'abbé, vous n'aurez pas à regretter une confiance dont je suis fier, dit l'avoué en reconduisant M. Supplici.

Le nouveau venu resta au milieu de l'étude, les yeux baissés, les mains sur sa poitrine, jusqu'au retour de Me Trebons.

— Comment, Julien, dit l'avoué d'un ton de reproche, vous n'avez pas indiqué une place à M. de Poucharramet?

Le maître clerc, pour s'excuser, montra les pupitres occupés.

— Ces messieurs se serreront, dit l'avoué.

En ce moment le *crrrr* des plumes sur le papier était au comble de l'accentuation, les clercs feignant une excitation au travail qui n'était pas dans leurs habitudes. Courbés sur le papier timbré, ils expédiaient les grosses avec une ardeur si particulière que Mᵉ Trebons ne put se méprendre sur cet acharnement à la besogne, qui cachait une mauvaise réception au nouveau venu.

— Monsieur Raymond, dit l'avoué, veuillez faire place à Saturnin.

— Saturnin ! s'écria Raymond en regardant alors pour la première fois le nouveau clerc, est-ce bien toi ?

Et il se leva pour lui donner la main sans remarquer l'embarras que lui témoignait son compagnon de classe des premières années.

Raymond avait serré cordialement les mains du nouveau venu : ce n'était pas par une vive étreinte que répondait Saturnin. Sa main se laissait prendre, flasque et inanimée, sans rendre la pression.

— Je suis Raymond, tu me reconnais bien ?

Et ses yeux tentaient en vain de plonger dans les paupières baissées du séminariste, au coin desquelles gisait un regard hybride.

— Il est timide, se dit Raymond, pensant que l'introduction de Saturnin au milieu de ses nouveaux compagnons le mettait à la gêne.

— Viens à côté de moi, dit-il en le prenant par la main et en le conduisant au pupitre désigné par l'avoué.

— N'est-il pas singulier de se retrouver ainsi, après huit ans? s'écriait Raymond.

Saturnin ne répondait pas.

Mais Raymond, prédisposé par l'amour à faire largesse d'affections, ne remarquait pas la réserve de son ancien camarade.

Le cœur de Raymond était plein de vrilles amicales qui, comme celles du chèvrefeuille, cherchent des rameaux pour s'y accrocher. L'amoureux avait des trésors d'expansions qu'il jetait en prodigue, ignorant combien peu d'hommes sont propres à recevoir ces semences.

Ainsi Raymond épargna à Saturnin les désagréables mystifications qui attendent tout nouveau dans une étude d'avoué. Les clercs, par sympathie pour leur camarade, ne soumirent pas le séminariste aux épreuves qui font connaître le caractère et la patience des débutants; et pourtant le patronage de l'abbé Supplici ne pouvait que faire redoubler de rigueur envers un homme si chaudement recommandé. L'amitié témoignée par Raymond à son ancien camarade suffit pour étouffer ces mauvaises dispositions.

Huit jours de stage avaient mis Raymond au courant des débuts d'un clerc. Il s'efforça d'en adoucir les angles, agissant avec Saturnin comme si l'avoué le lui eût particulièrement recommandé; cependant le protégé de l'abbé Supplici restait vis-à-vis de son ancien camarade dans la réserve du premier jour, ne rendant pas confidences pour confidences.

Ayant fait ses premières études de dix à douze ans au petit séminaire de Notre-Dame de Consolation, en compagnie de Saturnin, Raymond avait protégé son camarade, chétif de corps, contre les attaques des « grands. » Tous deux étaient pauvres, et Saturnin ne portait pas alors ce nom de Poucharramet que l'avoué faisait sonner dans l'étude à l'égal des plus grands titres de noblesse. Le bonheur qu'il éprouvait de voir son ami appartenir à une riche famille, Raymond eût voulu le témoigner chaleureusement. Saturnin ne laissait pas prise aux souvenirs de jeunesse.

Ses gestes, qui choquaient toute l'étude, offraient une sorte d'onction qu'un mot de clerc railleur peut rendre.

— M. de Poucharramet, disait le maître clerc, a une tonsure en dedans.

C'est pourquoi Raymond ne put arrêter les railleries pendant l'absence de son camarade. Il disait : Saturnin ; les clercs répondaient : M. de Poucharramet.

Le protégé de l'abbé Supplici ne goûta jamais aux joies de la familiarité entre jeunes gens. Exact à l'heure, occupé de son travail, Saturnin ne donnait pas prise aux reproches du maître clerc ; mais à peine sortait-il que l'étude retentissait de sarcasmes sur son compte.

Les étudiants de Foix, de Tarbes, ceux d'Agen, d'Auch et de Montauban faisaient corps avec les Toulousains contre le nouveau. Il avait passé dans l'étude de M⁰ Trebons des jeunes gens d'Aurillac et de Marvejols qui, nécessairement, subirent les plaisanteries traditionnelles relatives aux Auvergnats ; mais le titre de noblesse que l'avoué faisait sonner à tout propos, joint au souvenir de l'abbé, mettait chacun en suspicion contre le nouveau venu.

Les clercs crurent remarquer que Saturnin, la tête dans les mains, faisait une prière avant de se mettre au travail ; il était certain que chaque jour il entendait une messe basse avant l'heure de l'étude. On le vit sortir de l'église, et un gros paroissien qui s'échappa de sa poche confirma le fait. Tous ces détails excitaient les railleries des clercs, race de mécréants qui, de dix huit à vingt-cinq ans, s'inquiètent plus de leur perdition que de leur salut.

C'était un censeur, un dévot, un fanatique, au milieu de l'étude.

Jusque-là un joyeux scepticisme avait régné parmi les clercs. L'arrivée de Saturnin y mit un terme. Les jeunes gens se sentaient gênés en face de l'ex-séminariste, le maître clerc leur recommandant la prudence, pour avoir été admonesté par Me Trebons de la liberté de langage qui existait dans son étude. On en conclut que Saturnin faisait des rapports au patron, et la délation est le plus grand des crimes pour la jeunesse.

Un passe-droit de l'avoué acheva de miner Saturnin dans l'esprit de ses camarades.

Le maître clerc occupait la moitié d'une table sur laquelle s'élèvent de longs pupitres de bois. Deux de ces pupitres appartenaient au représentant de Me Trebons : l'un sur lequel il travaillait, l'autre en face duquel s'asseyaient les clients exposant leurs affaires en l'absence de l'avoué.

Du côté opposé de ce bureau se tenaient Raymond et Saturnin ; c'étaient deux places côte à côte, occupées de fondation par les nouveaux clercs, afin que le principal, en face d'eux, pût surveiller leur besogne.

Une huitaine après son introduction dans l'étude, Saturnin resta seul maître des deux places. Raymond fut rejeté à une autre table.

Fait médiocre en apparence. Les clercs ne le pensèrent pas. Ils jugèrent que cette position était une sorte de hiérarchie que l'avoué voulait consacrer en faveur de M. de Poucharramet; mais le plus peiné de ce changement fut Raymond, qui perdait de vue le carton sur lequel brillait le nom de Negogousse !

V

La Fête-Dieu, dans le Midi, est une cérémonie religieuse qui laisse bien en arrière celles du Nord. Marseille, Arles, Montpellier, Toulouse luttent de richesse et d'apparat dans ces fêtes, qui empruntent au printemps ses fleurs renaissantes.

Les jeunes filles aiment ces spectacles, souvenirs d'enfance. Paule avait dépouillé son jardin des plus belles fleurs pour les effeuiller devant la Maison de pierre, où, à quelques pas, un somptueux reposoir devait être béni par l'archevêque.

Raymond profita du passage de la procession pour regarder à son aise Paule, qui tantôt se montrait à la fenêtre de sa chambre, tantôt descendait sur le pas de la porte, avec la conscience d'être suivie par les regards de l'étudiant.

Tout dans la rue était fleur et verdure ; le pavé disparaissait sous le sable, les marguerites et les roses. La nature semblait en fête et les cœurs des deux jeunes gens étaient à l'unisson de la nature.

Raymond pouvait regarder Paule sans que ses regards fussent interprétés par les voisins, et l'amoureux s'en donnait à cœur joie, ne se lassant pas d'admirer la jeune fille qui allait au reposoir voisin porter quelque ornement, ajoutait une touffe de buis aux tentures de la façade, disparaissait tout à coup, revenait avec une gerbe de fleurs, lançait vers la fenêtre où se tenait Raymond un coup d'œil furtif, allait, venait, gourmandait Mamette, montait sur une chaise pour piquer de grosses roses aux portières.

Le ciel jouait sa partie dans ce concert de fleurs. Chaque figure qui se montrait aux fenêtres était souriante ; mais Paule et Raymond étaient les plus heureux du quartier. Les sourires de chacun leur permettaient de se sourire, et leur félicité intime profitait de l'ivresse générale. Maintenant ils pouvaient se regarder et déguiser leurs propres sentiments à la faveur de la Fête-Dieu.

Paule portait ses yeux sur le tapis de fleurs du pavé, les relevait vers Raymond et semblait lui dire : — La fête qui éclate dans mon cœur m'a commandé d'effeuiller les roses et les marguerites du jardin pour saluer le passage de la procession.

Les yeux de Raymond répondaient : — Ces fleurs et ces verdures, pour avoir été cueillies par Paule, me sont chères ; la fête éclate dans mon cœur !

Un langage particulier s'échappait des regards des jeunes gens ; ce qu'avait à dire Raymond pouvait se traduire en quelques mots, et pourtant ces quelques mots n'auraient pas eu de fin sans un roulement de tambours qui annonçait le passage de la procession.

Du bout de la rue de la Dalbade s'échappa un flot de femmes et d'enfants qui couraient, précédant le cortége pour l'admirer à chaque station.

Les tambours se turent. Après le ban solennel succéda une fanfare de musique militaire ; après les instruments, retentirent dans les airs des voix de jeunes filles et d'enfants de chœur.

Bientôt apparurent les baïonnettes des soldats qui formaient l'avant-garde, et derrière ce premier peloton, des enfants, portant au cou de petites mannes, du fond desquelles ils tiraient des gerbes de fleurs pour les lancer dans les airs.

Trois suisses majestueux, couverts de broderies d'or et d'argent, la hallebarde sur l'épaule, faisaient sonner bruyamment leurs cannes à pomme d'or sur le pavé, forçant les curieux à se serrer contre les murailles.

Les orphelins de la Miséricorde, ces abandonnés du monde, groupés sous une croix, filles et garçons, tête rase, vêtus de bure uniforme, contrastaient avec les gais enfants aux cheveux flottants que les mères triomphantes portaient dans leurs bras. Les orphelins chantaient des cantiques, levant les yeux vers la croix où était représenté crucifié Celui qu'on leur avait appris à regarder comme un père.

Une même compassion s'empara de Raymond et de Paule ; la pitié que tous deux éprouvaient passa dans un regard tendre et mélancolique à la fois.

Les bannières défilèrent alors. Celles de la première communion paroissiale avec les jeunes filles dans leur costume de communiantes, tenant des cierges qui pâlissaient devant l'azur du ciel : mélange de jeunesse et de dentelles, de rose et de blanc, de satin et de gaze.

Aux communiantes succédèrent les Demoiselles de la Persévérance, entourant la bannière de Notre-Dame-des-Tables. Pauvres vieilles filles qui s'étaient entêtées dans le célibat et que la nature avait punies, couperosant le teint, séchant la peau, creusant des rides précoces, allongeant les mentons, pinçant les lèvres, là où auraient dû se poser des baisers d'époux. La plus persévérante de ces vieilles filles portait la bannière ; elle portait également une grosse verrue au menton, et sur la verrue trois longs poils menaçants.

Un sourire s'empara de Paule à la vue d'une matrone porteuse de bannière, dont les mains rouges, débordant sous de larges gants de coton, auraient chassé tout galant assez intrépide pour triompher de cette persévérance. Du groupe des vieilles filles s'échappaient des chants aigres et discordants.

Paule et Raymond avaient ressenti une vive pitié pour les orphelins de la Miséricorde ; ils jetèrent un regard railleur sur la congrégation des vieilles filles.

Tour à tour, à la suite du labarum de la mission, se succédèrent les religieuses des différents couvents de Toulouse, les unes couvertes de vêtements grossiers, certaines faisant porter les queues de leurs robes par des femmes attachées à leur service.

Paule plaignait les cœurs méconnus qui cherchent l'oubli derrière la grille des cloîtres.

Les chants qui retentissaient dans les airs lui firent oublier ces impressions. Dans ce panorama mouvant, l'or et les broderies de l'église se mêlaient au parfum de l'encens et des fleurs.

La croix processionnelle, entourée d'acolytes portant des flambeaux, se détachait brillante dans les rayons du soleil ; vers cette croix montait l'encens fumant traversé par les feuilles de roses que lançaient les enfants de chœur.

Une escouade de soldats suivait la croix processionnelle, et si des fanfares joyeuses répondaient aux cantiques sacrés, joies et tendresses se succédaient dans le cœur de Paule et de Raymond.

Les chantres et les prêtres, enfermés dans leurs massives chasubles, suivis de thuriféraires lançant dans les airs les encensoirs brillants, annoncèrent le passage de l'archevêque.

Au loin, avançait lentement, surmonté de panaches blancs, le dais de velours écarlate.

De sa fenêtre, Paule ne pouvait voir le prélat caché par les courtines. Pour recevoir sa part de bénédiction, elle descendit sur le pas de la porte, espérant que la main de l'archevêque, qui semait la bénédiction devant la foule pressée autour du dais, l'amnistierait des légères fautes qu'elle n'osait confier à l'abbé Desinnocends.

Il en est des natures du Midi de la France comme des natures espagnoles. La religion se mêlant à l'amour donne naissance à de mystiques sensations où s'épure la passion.

Inclinée sous la main de l'archevêque, Paule remer-

4.

ciait Dieu des jouissances de ce jour de fête ; son cœur, quoique ouvert à l'amour, laissait s'échapper vers le ciel des hommages de naïve virginité.

En ce moment défilaient les pénitents, la figure couverte de sombres cagoules.

Du milieu du groupe se détachait le porteur de croix, pieds nus, qui faisait signe à ses confrères de s'arrêter suivant les mouvements de la procession, car les pénitents étaient la dernière digue aux flots de la multitude.

Paule allait rentrer à l'intérieur de la Maison de pierre. Ces singulières figures l'arrêtèrent ; les robes et les cagoules, derniers vêtements du fanatisme, parlaient à sa jeune imagination. Des psalmodies lugubres s'échappaient des cagoules, et plus d'un œil sombre brillait d'une flamme étrange.

Lentement les pénitents défilaient, les uns graves comme des membres de l'Inquisition, d'autres courbés par l'âge, ceux-ci humbles, ceux-là farouches.

La procession s'arrêta et Paule se trouva vis-à-vis d'un pénitent de haute taille qui la regardait fixement.

Derrière la sombre cagoule deux yeux brillaient qui, fixement, regardaient Paule. Inquiète, elle tenta de rentrer à l'intérieur ; de noirs regards la clouaient sur le seuil de la porte.

Tout à coup le pénitent se pencha vers Paule et murmura quelques paroles qui la firent pâlir et chanceler, au grand émoi de Raymond.

Descendre de sa chambre, demander raison au pénitent, rompre les rangs de la procession, telles furent les idées qui se présentèrent dans l'esprit de l'étudiant.

Mais la procession avait repris sa marche. Une foule immense se précipitait à sa suite.

Paule était rentrée.

VI

Irrité de ne pouvoir traverser les flots de foule qui le séparaient du mystérieux pénitent, Raymond attendit que Paule reparût à sa fenêtre.

Elle ne revint pas. La petite chambre resta déserte!

Quelles angoisses agitèrent alors le cœur du jeune homme! Ses mains impatientes se crispaient autour de la barre de la fenêtre; son esprit anxieux s'efforçait de pénétrer dans l'intérieur de la Maison de pierre.

Par une seconde vue que possèdent les amoureux, Raymond suivait Paule dans son jardin, émue, pâle, effrayée, et lui-même marchait à pas saccadés dans la chambre, se demandant quelle étrange confidence le pénitent avait faite à la jeune fille pour l'émouvoir de telle sorte.

Le cœur des amoureux s'ouvre plus vite aux angoisses qu'aux félicités.

Il avait suffi d'un instant pour faire oublier à Raymond toute une journée de bonheur, les échanges de long regards, les communications de pensées pendant la fête. Une sombre cagoule troublait ces joies.

Quelles relations pouvaient exister entre Paule et le mystérieux pénitent? L'attention que prêtait la jeune fille aux regards de Raymond avait-elle été découverte par le sombre personnage?

Il fallait que Paule eût été vivement influencée par quelques paroles pour qu'elle ne revînt pas. Sans doute elle obéissait à l'ordre de ne plus se montrer.

Une barrière se dressait-elle tout à coup entre les deux amants?

Les amoureux enfantent ainsi de ces questions qui, sous le marteau de la pensée, se développent et torturent le cœur du forgeron solitaire.

La tête en feu, la poitrine oppressée, Raymond était en proie à des tourments inconnus. Sa chambre lui semblait une prison. Raymond manquait d'air. Il eût voulu sortir, marcher à travers champs, et il fallait rester!

Si Paule reparaissait à sa fenêtre!

La nuit vint. Paule ne se montra pas.

Raymond sortit en courant. Il avait soif de respirer la fraîcheur du quai; mais toujours le souvenir du pénitent lui revenait à l'esprit, apportant d'amères inductions. Un fanatique avait terrifié la jeune fille. Quel était ce fanatique?

Les pénitents du Midi sont des croyants au milieu desquels se glissent des ambitieux : cela se voit dans toute corporation, qu'elle soit civile ou religieuse.

Vers 1832, la société des pénitents de Toulouse déclinait, amoindrie par la création des sociétés de Saint-Vincent-de-Paul. Les anciens meneurs de l'ordre des pénitents trouvaient dans la nouvelle fondation religieuse un élément hiérarchique qui manquait sous les cagoules égalitaires. L'ouvrier, reçu pénitent, devenait trop facilement l'égal du noble et du bourgeois : pauvres et riches portaient la même robe, égrenaient le même chapelet. Pas un signe de distinction, pas un cordon, pas une broderie qui indiquassent la fortune ou la noblesse de l'homme.

Il est peu d'associations qui puissent se maintenir dans une telle égalité. Les gens du peuple, au contraire, étaient restés fidèles à la corporation, fiers de ne compter que des égaux par le costume ; cette organisation répondait à leurs instincts démocratiques.

En pensant à la classe dans laquelle se recrutaient plus particulièrement les pénitents, Raymond se demanda quelle préoccupation pouvait avoir un homme du peuple de l'avenir de Paule.

Paule avait-elle des secrets? Raymond ne parvenait pas à les découvrir.

Inquiet, il revint sur ses pas. La Maison de pierre l'attirait.

En passant dans la rue Croix-Baragnon, Raymond entendit des éclats de rire mêlés à des traînements de cannes sur le pavé.

Trois étudiants, autant qu'on en pouvait juger par leur conversation, rôdaient dans l'obscurité.

— Ce sera drôle, disait l'un, de réveiller le pénitent.

Le mot arrêta court Raymond, qui se blottit sous une porte cochère.

L'un des étudiants disait, allant de maison en maison :

— Où demeure le vieux Casmajou ?

— C'est un tailleur en chambre, répondit un des trois compagnons ; il doit avoir une enseigne au premier.

— Fajon, dit une voix, ne vois-tu pas l'enseigne de Casmajou ?

Un homme de haute taille s'avança près d'une maison.

— Parlons bas, dit-il, je crois que c'est ici.

Raymond, blotti dans l'embrasure de la porte, écoutait.

— Ohé, Casmajou ! ohé ! cria un étudiant.

— Tu vas faire manquer notre coup, d'Espipat, dit une voix impérieuse qui semblait habituée au commandement.

— Alors, Fajon, dépêche-toi de trouver la maison de ce Casmajou.

— Silence ! la voilà, répondit-il, laissez-moi faire.

D'une voix prudente il appela :

— Monsieur Casmajou ! monsieur Casmajou !

Personne ne répondit.

— Il ne se montrera pas, puisqu'il est malade, dit un des étudiants.

— Je le ferai bien sortir de son lit, reprit Fajon.

Les trois étudiants se concertèrent. La fenêtre du premier étage n'était pas élevée. Fajon, d'une haute stature, atteignait presque l'enseigne du tailleur ; son ami d'Espipat grimperait sur ses épaules, frapperait discrètement aux vitres.

— Alors, reprit Fajon, vous me passerez la robe.

La curiosité de Raymond était en éveil. Les rires des jeunes gens indiquaient une plaisanterie d'étudiants ; mais cette robe de pénitent, qui revenait à tout instant dans la conversation, faisait qu'il restait immobile, se demandant quelle serait l'issue de l'aventure.

La conspiration s'exécuta telle qu'elle avait été conçue. Fajon, s'étant accoudé contre la devanture, donna ses derniers avis à ses camarades.

— En cas de poursuites, dit-il, nous nous retrouverons au café de la Comédie.

Après ces instructions, d'Espipat grimpa sur les épaules de Fajon, et ayant frappé trois coups aux carreaux, appela Casmajou.

— Quelque chose remue à l'intérieur, dit-il.

— Si Casmajou ouvre la fenêtre, reprit Fajon, tu te laisseras couler à terre en te collant contre la muraille. Appelle encore le tailleur.

— Monsieur Casmajou ! cria de nouveau d'Espipat.

Une lueur éclaira la fenêtre du premier étage.

— Casmajou est réveillé... Il se lève, dit l'Espipat.

— Bon, descends maintenant. Passe-moi la robe, reprit Fajon en s'adressant à un autre étudiant qui, appuyé contre la muraille, tenait un paquet.

Encore une fois Fajon, adoucissant sa voix, appela le tailleur.

La fenêtre s'ouvrit. Un homme parut une lumière à la main.

— Que me voulez-vous? demanda-t-il.

— Tiens! s'écria Fajon en lançant le paquet qui éteignit la lumière que portait le tailleur et lui fit pousser un cri de frayeur.

Après cette équipée, la rue retentit de formidables : « Ohé, Casmajou ! » qui durent faire croire aux habitants voisins que le feu était à la maison du tailleur.

Alors les étudiants prirent la fuite sans se douter qu'un témoin caché avait suivi le complot, et s'enfuyait également par les rues de traverse comme s'il craignait d'être pris pour leur complice.

VII

En peu de temps, Raymond arriva au café de la Comédie. D'abord il s'assura que les trois étudiants n'avaient pas encore paru. S'étant placé près de la porte, il prit un journal, le déploya et s'arrangea de façon à n'être pas aperçu.

Raymond voulait voir de près les héros de la rue Croix-Baragnon.

Quoique le théâtre fut ouvert, le café était rempli d'étudiants qui jouaient et buvaient.

Tout à coup la porte près de laquelle se tenait Raymond fut ouverte bruyamment, et un cri courut tout le café.

— Voilà Fajon !

Un colosse entra suivi de deux jeunes gens.

Les joueurs de billard déposèrent leurs queues ; les dés qui sonnaient dans les boîtes de tric-trac restèrent muets, et les joueurs de dominos perdirent le fil de leurs combinaisons.

Fajon! tel était le nom qui circulait dans les différentes salles pendant que l'homme arrêté sur le seuil du café recueillait ces hommages.

Un sourire pointa sur les lèvres de la dame de comptoir ; les garçons cessèrent de servir ; lui-même, le maître du café, la serviette sous le bras, se dirigea vers la porte comme un maire qui apporte les clefs d'une ville à un conquérant.

Fajon traversa la salle, donnant de petits saluts protecteurs à la foule, et, s'arrêtant près d'une table :

— Un coup de torchon, dit-il d'une voix à faire trembler les vitres.

Aussitôt cinq garçons se précipitèrent pleins de zèle, essuyant la table avec leurs serviettes.

— Un bol punch ! commanda le colosse.

— Un bol punch pour M. Fajon, reprit le maître du café.

Comme une série d'échos, les garçons répétèrent :

— Bol punch pour M. Fajon.

Le colosse était à peine attablé que la plupart des étudiants s'empressèrent d'apporter leurs tabourets autour de la table.

Fajon les regarda, ouvrit la bouche et se laissa aller à un rire formidable.

A ce rire, qui semblait un commandement, tous les habitués répondirent par un rire général. La dame du comptoir, qui bâillait, changea ce bâillement en un sourire ; le maître du café, quoique d'un maintien grave, rit également, non pas qu'il semblât en avoir une forte envie.

Un garçon de café s'était approché du groupe et riait de confiance.

— De quoi te mêles-tu, imbécile? dit Fajon. Donne-moi des cigares.

Le maître de la maison reprit son air officiel, la dame de comptoir son bâillement, et les habitués se replongèrent dans la lecture des *Nouvelles locales* qu'ils avaient abandonnée.

Un second éclat de rire de Fajon, encore plus bruyant que le premier, mit de nouveau en gaieté toutes les physionomies. Aux embrasures des portes se profilaient les favoris des garçons de café, qui, craignant la brutalité du colosse, n'osaient apparaître dans la salle, et pourtant voulaient entendre un récit qu'ils jugeaient plein d'intérêt.

Pour s'assurer l'attention des auditeurs et les appeler autour de lui, Fajon procédait par trois séries de rires en manière de bans. Cette comédie, quoique connue depuis longtemps, obtenait toujours le même succès, Fajon étant un de ces tyrans d'estaminet qui en imposent « à la galerie. »

Ayant avalé deux grands verres de punch :

— Il est faible aujourd'hui, dit Fajon ; mais j'ai fait, en compagnie de ces messieurs, un tour qui ne l'est pas...

Un murmure approbateur accueillit cet exorde.

— La petite Miettou avait à ravauder la robe d'un pénitent, et elle ne se pressait guère, vu que ce pénitent pincé par la goutte ne réclamait pas son froc.

Comme cette robe était pendue dans un coin de l'atelier où Miettou veut bien me recevoir, je m'en emparai, quoi que dît la petite.... Cette après-midi, je suis sorti de chez moi sous les habits du pénitent pour me mêler à la procession.

Raymond respirait à peine en écoutant ce récit, interrompu par les acclamations des étudiants.

— Se promener en cagoule pendant quatre heures, continua Fajon, n'est pas d'une gaieté folle ; j'ose dire que les psalmodies de ces gens m'ennuyaient considérablement. En chemin, je quittai les rangs pour prendre la queue de la colonne et m'esquiver lorsque, dans la rue de la Dalbade, sous la porte de la Maison de pierre, une charmante fille m'attira tout à coup.

— Encore une conquête ! dit un étudiant.

Fajon retroussa sa moustache en lançant un coup d'œil conquérant à la dame de comptoir.

— Ça en prend la tournure, dit-il.

Les poings crispés, Raymond tremblait de tout son corps. Il s'était levé à demi : la réflexion le retint à sa place.

— Je n'ai jamais vu plus jolie créature ! dit Fajon en vidant son verre.

Les mains de Raymond s'accrochèrent à la table de marbre ; il craignait de ne pouvoir contenir son indignation.

— J'ai coulé dans l'oreille de la demoiselle, continua Fajon, quelques tendresses.

— La petite n'a-t-elle pas paru étonnée de recevoir une déclaration d'un pénitent ? demanda un étudiant.

— Oui, dit Fajon ; mais je n'en ai pas moins obtenu un rendez-vous.

Un rendez-vous ! Ce mot fit saigner le cœur de Raymond. Encore une fois il se leva.

— Vous en avez menti !... Telle était la réponse que criait chaque goutte de son sang.

Raymond avait soif de châtier publiquement celui qui osait ainsi profaner Paule ; il eut assez de puissance pour ne pas compromettre la fille de Negogousse.

En ce moment, il se rappela l'émotion de Paule à la suite des quelques mots du pénitent. Raymond était convaincu que celle qu'il aimait n'avait pas accordé de rendez-vous ; pâle et émue, Paule s'était retirée aussitôt à l'intérieur de la maison sous le coup des paroles de Fajon.

L'étudiant vantard continuait à raconter la suite de l'histoire en embellissant l'aventure de la rue Croix-Baragnon. Raymond n'écoutait plus ; mais sa colère avait fait place à une froide indignation. Maître de lui-même, il raisonnait à cette heure l'instant propice à la vengeance. Il fallait que ce Fajon fût désormais dans l'impossibilité de troubler la tranquillité des habitants de la Maison de pierre.

Raymond sortit et se promena à grands pas sur la place du Capitole, sans quitter de vue le café.

La porte du café s'ouvrit. Fajon parut, suivi d'un groupe d'étudiants.

Raymond eût voulu lui sauter à la gorge et en faire sortir l'aveu d'un mensonge odieux ; mais les témoins eussent compris qu'une agression subite avait quelques rapports avec les aventures de la journée, et

Paule ne devait pas être mêlée à un scandale public.

Raymond suivit le groupe qui se dirigeait vers la salle de spectacle. Fajon entra fièrement au contrôle, saluant d'un air protecteur les gens de service.

Raymond entra à sa suite.

Fajon suivit le corridor qui conduit à l'orchestre. Raymond prit une stalle d'orchestre.

Fajon alla se placer au centre. A ses côtés s'assit Raymond.

Ce Fajon, la terreur des étudiants, était un homme de haute taille, aux épaules carrées. Une sorte de sombrero à larges bords recouvrait une figure olivâtre sur laquelle tranchaient d'épaisses et noires moustaches. On pouvait prendre l'homme pour un adjudant militaire en bourgeois; il en avait les pantalons étoffés. Pour avoir passé quelques années à Paris, Fajon était l'épouvantail des étudiants de première année.

Fajon étudiait particulièrement la confection de l'absinthe; son trône habituel était au café du théâtre. Il y entrait à midi, en sortait à minuit, ayant sous la main tous ses sujets : étudiants, chanteurs, grisettes qui passaient sur la place.

Il est peu de villes du Midi qui ne possèdent une feuille dramatique, destinée à tyranniser les chanteurs. Chaque année le journal de théâtre de Toulouse mourait avec les vacances dramatiques; chaque année reparaissait une nouvelle feuille, entreprise par Fajon, qui recrutait quelque étudiant aspirant à la poésie, assez avide de gloire pour payer les frais d'impression du journal.

Ainsi s'était acquis une réputation Fajon, meneur obligé de toute manifestation aux cours publics ou au théâtre.

L'arrivée d'un nouveau professeur, les débuts d'un ténor ou d'une cantatrice faisaient dire aux étudiants :

— Il faut savoir ce que pense Fajon.

Chaque génération qui disparaissait pour faire place à une nouvelle laissait à l'École de droit un *Fajoniana*, corps de légendes fabuleuses dans lesquelles Fajon avait accompli des travaux semblables à ceux d'Hercule ; toutefois personne ne l'avait vu, comme il était dit dans la légende, traverser dix fois la Garonne à la nage, emporter un garde national dans sa guérite, fendre en deux, d'un coup de sabre, la tête d'un officier de cavalerie.

Raymond, en voyant l'homme de près, ne conçut aucune crainte. L'amour de Paule lui donnait des forces inconnues, et il ne s'inquiéta guère de la stature non plus que du cou de taureau du personnage.

Assis à côté de lui, Raymond cherchait un prétexte à une affaire, et Fajon, qui surprit un instant ces regards ardents, ne comprit pas la colère frémissante qui frôlait sa tranquillité.

Il applaudissait bruyamment ceux des comédiens qui, soumis à ses lois, reconnaissaient le pouvoir de la feuille de théâtre ; et les étudiants, tenant Fajon pour l'arbitre du goût suprême, aussitôt que sa grosse canne donnait le signal, éclataient en applaudissements.

Au théâtre, Fajon était chez lui. A lui s'adressaient saluts empressés du directeur, serrements de mains des acteurs dans les couloirs, sourires des actrices, regards d'intelligence du chef d'orchestre, qui, lançant de terribles regards à ses musiciens, les adoucissait pour se retourner vers l'autocrate et semblait lui dire : Nous jouons pour vous, cher monsieur Fajon !

Toutes ces prévenances ne pouvaient calmer l'irritation de Raymond. Au contraire, ce personnage brutal, qui s'imposait aux gens de théâtre, aux étudiants et aux bourgeois de Toulouse, blessait Raymond par son attitude, car Fajon occupait deux fauteuils, étendu avec le sans-façon d'un Américain sur un bateau à vapeur, parlant haut, tour à tour chantant et sifflant.

Raymond serrait les poings, attendant l'occasion.

Non content d'accaparer deux places, Fajon étendait les jambes, de telle sorte qu'elles anticipaient sur l'espace de l'étroit fauteuil de son voisin.

D'un brusque mouvement, Raymond repoussa les jambes de Fajon, qui, profondément surpris, regarda l'audacieux.

— Il y a à côté de moi, dit le colosse aux étudiants qui l'accompagnaient, un petit monsieur qui se prépare un quart d'heure désagréable.

Raymond comprit la menace plutôt qu'il ne l'entendit. Les lèvres pincées, l'œil glacial, il affectait l'indifférence.

Une seconde fois le géant, que ses bras embarrassaient, s'appuya familièrement sur l'épaule de son voisin. D'un violent soubresaut, Raymond rejeta Fajon à sa place.

Le géant parut étonné ; mais comme Raymond affectait de baisser les yeux :

— Vous m'avez dérangé plusieurs fois, mon petit, dit Fajon. Savez-vous qu'on ne secoue pas de la sorte un homme tel que moi ?

Raymond ne répondait pas.

— Vous allez me faire des excuses, s'écria Fajon.

— Des excuses ! reprit Raymond d'une pâleur effrayante, à vous des excuses !

— Oui, à moi ; tout de suite ou je vous enlève !

Raymond haussa les épaules.

Jusqu'alors l'altercation avait eu lieu à mi-voix ; elle prit un caractère public quand les étudiants qui entouraient Fajon s'écrièrent :

— Monsieur a tort ; il doit des excuses à Fajon.

— Allons, dépêchez-vous, immédiatement, des excuses ! s'écria Fajon, qui, se dressant, déploya tout à coup devant son adversaire une carrure redoutable.

Tout le public s'était levé. Le parterre offrait des fluctuations semblables à celles d'une mer irritée. De ces flots partait un immense cri :

— Des excuses !

Le public des loges et des galeries supérieures offrait à Raymond le spectacle de dix mille bouches qui toutes criaient :

— Des excuses !

— Des excuses ! hurlaient les étudiants qui entouraient Fajon.

Raymond tremblait de rage. Toute une salle le condamnait, attendant que Fajon se laissât tomber sur lui pour l'écraser.

La foule est sans pitié.

Fajon, se sentant fort, prit dédaigneusement le menton de Raymond. Alors seulement le géant frémit de son imprudence.

Raymond s'étant levé sauta à la gorge du colosse.

— Sais-tu que je suis Fajon? dit le géant pour effrayer son adversaire.

Tordant la cravate, Raymond lui souffla à l'oreille :

— Tu es un misérable !

Et de son gant il le souffletait, disant à mi-voix :

— Rappelle-toi la rue de la Dalbade.

Le colosse, cloué sous la poigne et le regard de Raymond, roulait de gros yeux effarés.

— La police ! où est la police ? criaient les amis de Fajon, qui invoquaient la force après avoir tant de fois gêné son cours.

— A la porte ! s'écriaient les étudiants battus dans la personne de leur chef.

Raymond lâcha Fajon, et froidement s'adressant à tout l'orchestre :

— Qu'ils viennent me chercher, ceux qui parlent de me mettre à la porte !

Cependant le directeur, pour empêcher la prolongation du tumulte, avait donné ordre au chef d'orchestre de continuer.

— Ce petit misérable, rugissait Fajon la figure cramoisie, compte bien que je n'ose employer ma force!... J'en mangerais vingt comme lui !

Les cris et les huées montaient du parterre au cintre.

— Il faut enlever ce tapageur, dit un de ceux qui semblaient remplir l'emploi d'aide de camp auprès de Fajon.

Alors un étudiant fluet, la figure en lame de couteau, se précipita sur Raymond.

Ce fut une mêlée générale, à la suite de laquelle apparurent soldats, gardes de ville et commissaire, qui, suivant l'habitude, se montrèrent au moment où le combat allait cesser.

Raymond ne pouvait résister au groupe des amis de Fajon, qui, s'étant rués sur lui, le colletaient dans le corridor et enfonçaient les portes des loges.

Deux hommes se tenaient à la gorge, tombaient, se relevaient, ne se lâchaient pas : Raymond et l'étudiant qui avait pris la défense de Fajon.

Le commissaire de police parvint à fendre le groupe qui entourait les combattants et se jeta entre eux.

— Je vous retrouverai, monsieur, dit Raymond à son adversaire.

— Ce ne sera pas difficile ; toute la ville connaît René d'Espipat. Voici ma carte.

— A demain, monsieur ! s'écria Raymond, qui put enfin s'éloigner.

VIII

Le lendemain, Raymond alla frapper de grand matin à la porte du journaliste Loubens, avec lequel il avait ébauché connaissance alors qu'il portait à l'imprimerie les annonces judiciaires de l'étude.

— Monsieur, dit Raymond, j'ai eu hier une fâcheuse affaire au théâtre.

— C'était vous ? s'écria Loubens ; je vous fais mon compliment ! Du balcon, j'ai suivi la scène ; vous avez donné une bonne leçon à ce Fajon, et, pour ma part, j'en suis fort aise.

— Ne connaissant personne dans la ville, j'ose à peine vous demander....

— D'être votre témoin dans l'affaire... Savez-vous vous battre au sabre ?

— Je ne connais qu'un peu d'escrime.

— Ah !... Fajon ne se bat qu'au sabre.

— Je n'ai pas d'affaire avec M. Fajon.

— Avec qui vous battez-vous ?

Raymond présenta la carte de son adversaire.

— L'affaire est plus grave ! s'écria Loubens. D'Espipat passe pour la meilleure lame de Toulouse.

— Qu'importe, dit Raymond, je suis fort de mon droit.

— Mauvaise raison dans un duel... Enfin, vous me paraissez plein de confiance. Vous n'avez pas d'amis dans Toulouse?

— Je n'y vis que depuis trois mois.

— Il ne sera pas dit, s'écria Loubens en tendant la main à Raymond, que la plume aura reculé devant l'épée ; je serai votre second. Connaissez-vous Lagardelle?

— Non, dit Raymond.

— C'est un peintre de mes amis. Je me charge de l'amener demain. Si d'ici-là vous aviez quelques petites affaires à mettre en ordre, occupez-vous-en. Je verrai à midi d'Espipat au cercle, pour m'entendre avec ses témoins. Demain matin, à six heures précises, veuillez, je vous prie, venir me prendre.

Raymond saisit les mains de Loubens et le remercia de l'aide qu'il voulait bien lui prêter.

— Vous me remercierez plus tard, dit le journaliste... Soyez tranquille d'ici là... D'Espipat est un galant homme ; vous avez du courage. L'affaire se passera bien.

Loubens ne croyait pas à une rencontre ; l'adversaire de Raymond le détrompa. Fajon s'était conduit lâchement en face du public, quoiqu'il jurât le soir au café qu'il avait voulu épargner un « moucheron ; » mais les étudiants ne se trompaient pas sur cette prétendue générosité. La couardise du géant envenimait l'affaire, et, malgré le caractère conciliant de Loubens, René d'Espipat voulait venger l'honneur des étudiants.

Rendez-vous exact ayant été pris à l'heure dite, Raymond entrait chez Loubens et lui remettait un paquet cacheté.

— Promettez-moi, dit-il, de ne faire passer ces papiers à la personne dont vous trouverez l'adresse sous l'enveloppe qu'en cas de mort.

— Fi donc! parler de mort en ce moment, dit Loubens. Avez-vous donc perdu les fières résolutions d'hier?

— Regardez-moi en face, reprit Raymond, et cherchez dans mes yeux l'ombre d'une crainte.

— Bien, dit Loubens ; maintenant, allons chez Lagardelle.

Le peintre Lagardelle était un joyeux compagnon, qui n'avait jamais su ce que c'était que la mélancolie. Jusqu'au bois, où tous trois se rendaient à pied, il ne fut plus question du duel.

Dans la direction de Montaudran est un petit bois sur la lisière duquel attendaient René d'Espipat et ses seconds.

Les quatre témoins tinrent un dernier conciliabule, Loubens espérant encore que sa présence sur le terrain pourrait amener quelque conciliation ; mais le corps tout entier des étudiants se croyait engagé, et d'Espipat n'était pas homme à reculer.

Lagardelle ayant découvert un sentier assez ombragé pour que ni l'un ni l'autre des combattants ne fût exposé aux rayons du soleil, Loubens mit les épées aux mains des adversaires.

— Vous êtes, dit-il, deux galants hommes, messieurs ; une blessure, si légère qu'elle soit, réparera les griefs réciproques de la soirée d'hier. Je vous donne la main à tous deux, certain que vous aurez assez d'empire sur vous-même pour ne pas vous laisser emporter.

Les épées et les yeux des deux adversaires se croisèrent ; René d'Espipat, froid, dédaigneux, hardiment campé. Pour Raymond, il attendait sans crainte comme sans impatience, avec le seul regret de ne pas trouver au bout de son épée celui qui avait insulté Paule.

Dès la première passe René d'Espipat comprit que son adversaire voulait seulement se défendre ; et, comme Raymond avait reçu d'excellentes leçons d'escrime, il semblait difficile de le forcer dans ses retranchements.

Cette façon de combattre est de celles qui irritent les épées impétueuses. D'une nature froide en apparence, d'Espipat s'emportait en raison de la résistance qu'on opposait. Plusieurs fois il feignit de se mettre à découvert, espérant attirer son adversaire dans le piége ; mais Raymond se tenait toujours sur la défensive.

Ce ferraillement dura près de cinq minutes, une éternité pour les témoins d'un duel.

— Messieurs, reposez-vous, dit Loubens interposant sa canne entre les deux jeunes gens.

— Allons donc, dit d'Espipat en repoussant vivement la canne de son épée.

Ce mot rendit Loubens soucieux. Il voyait poindre la colère sur les traits de d'Espipat, et à la ferme résistance qu'opposait Raymond, il était à craindre que son bouillant adversaire ne s'enferrât lui-même en voulant écarter cette épée, plutôt un bouclier qu'une arme agressive.

— Répondez-moi donc, monsieur, s'écriait René irrité qui, avançant d'un pas, força son adversaire à reculer.

Acteur dans le drame, il semblait que Raymond y assistât comme témoin, tant était grand son calme.

René d'Espipat, cependant, communiquait de nerveux éclairs à son fleuret. Par un coup que ne pouvait prévoir Raymond, il lui fit sauter l'épée des mains.

— Voilà dix minutes que vous combattez, dit Loubens, l'honneur est satisfait, messieurs?

Les témoins de l'étudiant semblaient acquiescer à cette proposition.

— Continuons, dit Raymond.

— Parfaitement, répondit René.

Cette fois les combattants changèrent de jeu. La fougue de d'Espipat semblait avoir passé dans le bras de Raymond qui, maintenant, forçait son adversaire à la défensive.

L'arme enlevée de ses mains avait piqué l'amour-propre de Raymond. Alternances dangereuses où l'impétuosité faisait place au calme, la modération à l'attaque passionnée.

6.

Les fers ployaient comme des fouets; les regards des adversaires lançaient des flammes.

Loubens veillait, plein d'anxiété, craignant un mouvement qui mît en danger la vie de l'un ou de l'autre combattant.

Tout à coup un cri s'échappa de la bouche des témoins.

Plus rapide que l'éclair, l'épée de d'Espipat était entrée profondément dans la poitrine de Raymond, qui tomba sur lui-même !

— Malheureux ! s'écria d'Espipat aussi pâle que le blessé.

Un genou en terre, prenant la main de Raymond, Loubens se pencha sur la poitrine du blessé :

— J'ai peur, dit-il d'une voix altérée.

Les acteurs du drame, éperdus, osaient à peine se regarder.

— Je cours au village, dit Lagardelle, chercher un médecin.

Pendant la demi-heure qui suivit, ce fut un morne silence troublé seulement par quelques exclamations.

Raymond ne reprenait pas ses sens. Rien n'était plus poignant pour les témoins que ces lèvres pâles et cette chemise ensanglantée.

Pour échapper à cet accablant spectacle, d'Espipat s'éloigna et revint bientôt, son chapeau rempli d'eau. Avec des soins fraternels il étancha lui-même un sang qui l'accusait.

Les yeux de Raymond étaient fermés, les battements du cœur faibles. Et le médecin n'arrivait pas ! Enfin,

Lagardelle reparut, suivi de paysans qui portaient un brancard.

— Il n'y a pas de médecin dans le village, dit-il.

— Partons pour Toulouse, dit Loubens.

Le sinistre cortége se remit en route, d'Espipat tenant exhaussée la tête de Raymond, qu'il ne pouvait regarder sans que les larmes lui vinssent aux yeux.

Les quatre témoins, en proie à des remords, se disaient que sans eux ce duel n'eût pu avoir lieu, et intérieurement se condamnaient.

A pas lents, le groupe arriva aux portes de la ville.

— Vous ne pouvez rester avec nous, dit Loubens à d'Espipat. Qui sait si nous ne ramenons pas un fils mort à sa mère ! La foule vous accuserait...

D'Espipat prit la main de Loubens.

— Mes amis et moi allons courir chez différents médecins, afin d'en envoyer un immédiatement à la Dalbade.

Ce qu'avait prévu Loubens arriva.

Les gens du faubourg, voyant ce cortége, furent frappés de l'air soucieux du journaliste et du peintre, non pas que le peuple s'arrêtât à l'idée d'un duel, les rencontres étant rares entre étudiants ; mais cette figure décolorée qui apparaissait à travers les voiles du brancard, inspirait la pitié.

A chaque pas grossissait la foule de femmes et de jeunes filles, émues et curieuses d'apprendre quelques détails sur l'événement.

IX

Ce triste dénoûment fut bientôt connu de Paule, qui en ressentit une douleur profonde.

On avait ramené Raymond mourant. La rumeur publique ne donnait pas deux jours de vie au blessé.

Paule monta plus d'une fois à sa chambre. Elle sanglotait en voyant fermées les persiennes de la fenêtre que jadis ornaient de si gais bouquets de fleurs. Maintenant c'était un tombeau.

Il semblait à la jeune fille qu'à travers les persiennes glissait la sourde lueur de cierges placés autour d'un lit où s'écoulait la vie de Raymond par l'ouverture d'une plaie béante.

Si elle l'eût osé, Paule eût pris des vêtements de deuil. L'imagination des jeunes filles va si loin!

Aucune parole n'avait été échangée entre les deux jeunes gens. Presque par hasard, des bouquets furent placés l'un en face de l'autre. La foi de Paule était engagée ; aucun homme ne pouvait trouver place dans le cœur qu'intérieurement elle avait donné.

Cette fois la jeune fille s'entendit avec Mamette qui ne tarissait pas sur l'événement, car elle avait vu l'arrivée du sinistre cortége, et l'émotion de la vieille servante en contant ces détails permettait à Paule de laisser couler ses larmes.

Tous les habitants de la rue allèrent s'inscrire chez madame Falconnet. Paule poussa son père à la même démarche. Il était trop proche voisin pour ne pas rompre avec ses habitudes réservées ; mais une vieille femme de ménage ne put donner que des nouvelles alarmantes sur l'état de Raymond.

Les médecins désespéraient de l'état du malade. Une consultation avait eu lieu, et le fameux docteur Gardouch secouait la tête à chaque visite.

Tels étaient les renseignements sur l'état du malade.

Un incident permit toutefois à Paule d'avoir des nouvelles plus directes de Raymond.

Dès le premier jour, l'abbé Desinnocends fut appelé par la mère du malade. Il n'y avait pas un instant à perdre. La religion suivit la science au lit du moribond.

Pendant huit jours, l'abbé ne quitta madame Falconnet que pour vaquer à ses devoirs religieux. La veuve avait reçu une telle secousse, qu'on craignait pour sa raison.

M. Desinnocends, quoiqu'il ne connût pas Raymond, se sentait plein de pitié pour cette famille éprouvée par le malheur. Tel était son rôle que de prêter son assistance à ceux qui avaient besoin de lui. Le prêtre, ne faisant marcher la religion qu'en second, s'était constitué garde-malade du jeune homme, dont la vie semblait s'échapper à chaque souffle.

Une lésion profonde avait atteint Raymond dans les organes essentiels à l'existence, et le docteur Gardouch s'étonnait qu'un homme eût pu résister à un tel coup d'épée.

— J'ai soigné, disait-il, bien des blessés en duel (Gardouch avait débuté par exercer la médecine dans un régiment) ; je n'ai jamais guéri une perforation du poumon.

A chaque auscultation répondait un sifflement interne que le médecin faisait remarquer au prêtre. Raymond manquait d'air et ne répondait que par de sinistres râles.

L'émotion soulevée dans la ville par ce duel fut profonde. Les journaux du pays en donnèrent les moindres détails, publiant chaque jour un bulletin de la santé du malade ; mais l'imagination populaire, en quête de l'inconnu, n'accepta pas la querelle à l'orchestre du théâtre comme suffisant à mettre la vie d'un homme en danger, et quoiqu'il s'en défendît, René d'Espipat fut regardé comme un rival de Raymond. On supposait qu'il s'agissait de quelque amour.

Pour Fajon, qui aurait pu donner la clef du duel, il ne se montrait pas, ayant conscience de sa lâcheté.

Les mots de Raymond relatifs à la procession de la Dalbade, pendant la discussion au théâtre, lui étaient entrés dans l'oreille comme du plomb fondu. Il avait été reconnu, châtié tout à coup par un jeune homme. Pour la première fois, depuis dix ans qu'il tenait le sceptre de la royauté parmi les étudiants, Fajon manqua de se rendre au café de la Comédie, à l'heure de l'absinthe.

On ne s'en inquiéta pas d'abord, le corps des étudiants tout entier étant ému de l'instruction qui se poursuivait contre d'Espipat et les témoins de l'affaire; mais la fâcheuse issue du duel fut modifiée dans le public par l'intérêt que la jeunesse témoignait à Raymond.

Des listes, couvertes de signatures, furent portées par d'Espipat lui-même à la maison de madame Falconnet, pour témoigner combien le corps répudiait l'agression dont Raymond avait été victime en plein théâtre.

L'abbé Desinnocends, sans s'en douter, mettait du baume sur la plaie de Paule, lui rapportant les moindres détails de cette affaire.

Pour la première fois, Paule lut des journaux.

Voir imprimer chaque jour l'état de Raymond, ses faits et gestes avant et après l'affaire, donnait au blessé un caractère héroïque particulier. La maladie éleva au-dessus des autres hommes Raymond, dont la mort sans cesse pronostiquée annonçait un deuil public.

Paule pourrait suivre le convoi en habits de deuil, qu'elle ne quitterait plus, ayant décidé qu'elle entrerait au couvent.

Elle s'était fait indiquer par l'abbé Desinnocends la

situation du blessé, la place que son lit occupait dans la chambre. Comme elle avait quelque teinture de dessin, Paule traça d'après les indications du prêtre un croquis tel que l'abbé Desinnocends, à qui elle demandait des conseils pour rendre la scène plus réelle, fut étonné de cette divination. Les renseignements du prêtre étaient convertis en traits si exacts qu'une reproduction photographique n'eût pu rendre l'intérieur de l'appartement avec plus de réalité.

Mais Paule ne montra pas le dessin à son confesseur quand il fut terminé.

La figure de Raymond était trop ressemblante. Au profil amaigri du malade se joignait le souvenir d'un Christ sculpté dans l'entre-couronnement d'un autel de la Dalbade, que Paule avait sous les yeux aux offices et qui semblait un symbole de la situation de Raymond. C'est l'instant où Nicodème et Joseph d'Arimathie apportent des parfums pour en oindre le corps du Christ, pendant que la Vierge prie agenouillée près du tombeau.

Combien Paule souffrait, moins heureuse que la Vierge, de ne pouvoir assister le jeune homme mourant !

Un matin, l'abbé Desinnocends entra dans la Maison de pierre.

— Une lueur d'espoir ! s'écria-t-il.

Paule pâlit et s'appuya contre un meuble. La catastrophe l'avait trouvée courageuse ; un rayon d'espérance la rendait faible. Elle eût voulu embrasser le prêtre qui, répondant à ses vœux les plus chers, lui apportait la bonne nouvelle.

L'abbé Desinnocends ayant passé la nuit près du malade qui, pour la première fois, sortait de sa longue torpeur, Raymond fit entendre quelques sons, les premiers depuis qu'il était tombé sous l'épée de son adversaire.

Dans la matinée, survint le docteur Gardouch.

— Je n'ose encore répondre de la guérison, dit-il à madame Falconnet, mais c'est là un heureux symptôme.

Toutefois, il recommandait un silence absolu dans la chambre du malade, permettant à peine à la mère de Raymond de s'y montrer.

Comme il arrive en pareil cas, cette nouvelle, répandue dans Toulouse, parut aussi favorable que les premières consultations étaient désespérées.

Chacun fut heureux que Raymond eût échappé à un si grave danger, et Loubens annonça à ses lecteurs cette guérison inespérée dans des termes affectueux, qui prenaient leur chaleur de ce qu'ayant été mêlé à ce drame, le journaliste se regardait comme le complice de la mort d'un homme.

Paule buvait ces articles.

Elle se les faisait lire à haute voix par son père, les relisait elle-même à la vieille Mamette et s'enfermait dans sa chambre avec le journal comme en face de caractères magiques.

C'étaient des reliques que ces nouvelles. Paule s'ingénia à en faire un cahier, dont chaque page contenait le bulletin de la maladie inséré dans le journal, depuis la première annonce du duel.

L'amour n'est pas sans parenté avec la dévotion.

Il est une librairie de piété, dans la rue du Taur, où se vendent des images religieuses entourées d'ornements finement découpés à jour, pieuses estampes que les dévotes emploient en manière de signets dans les Paroissiens.

Paule acheta une certaine quantité de ces images, remplaça les portraits des martyrs par les articles de journaux et coloria elle-même les ornements qui servaient de cadre, suivant la nuance favorable ou défavorable des bulletins quotidiens.

Il lui restait un sachet de sa mère, une poche de satin brodée en cannetille d'argent, qu'elle conservait comme le plus précieux des souvenirs. Dans ce sachet, elle inséra les bulletins qu'elle lisait et relisait sans cesse.

Maintenant, de sa fenêtre, elle guettait la sortie de l'abbé Desinnocends, qui ne se doutait pas qu'en quittant le malade, un cœur blessé l'attendait, cherchant dans ses yeux un reflet du jeune homme qu'il venait de visiter.

Paule eût voulu tomber malade afin d'être soignée par le docteur Gardouch qui la toucherait de la même main qui avait touché Raymond. Son imagination travaillait, passait d'un bonheur idéal à de profondes souffrances. Raymond pouvait avoir une rechute. C'étaient des alternances de carillons joyeux et de cloches lugubres, de fêtes et de deuil.

Toute la conduite de Paule se ressentait de ces imaginations, ce qui étonnait profondément Négogousse. Si une mère ne lit pas toujours dans le cœur de sa fille, quelle énigme n'offre-t-il pas à un père !

Negogousse attribuait ces variations de caractère au *caprice*, un des mots les plus fantasques de la langue française.

Les caprices de Paule se changèrent en une tendresse filiale inaccoutumée quand Negogousse apporta la nouvelle que le « jeune homme » était sauvé.

Paule sauta au cou de son père sans craindre de l'étonner. Toute la ville prenait un tel intérêt au sort de Raymond, que Negogousse trouva naturel le cri de sa fille lorsqu'elle apprit la nouvelle de la guérison.

A partir de ce moment la félicité, chassée par des images funèbres, reparut dans la Maison de pierre.

X

Madame Falconnet ne vivait plus depuis la maladie de son fils.

A demi anéantie dans un fauteuil, ce fut dans cet état qu'un matin la trouva le docteur Gardouch, qui s'écria :

— J'espère sauver votre fils, madame.

Un sourire illumina les yeux de la veuve.

— Est-ce possible? s'écria-t-elle.

— Aussi vrai que Clémence Isaure n'a jamais existé, osa dire le docteur.

A Toulouse, une telle affirmation est un blasphème.

Cependant Gardouch sortit plein de joyeuses pensées. Une fois de plus, en plein quartier de la Dalbade, à quelques pas de l'église où était adorée l'idole, il avait pu manifester sa libre opinion sur la patronne des Jeux-Floraux.

Ainsi, grâce à sa science médicale, il était permis

au docteur de détruire par ses rudes affirmations la réputation de Celle qu'on invoquait comme la Vierge, aux séances solennelles du Capitole.

Ce sont de ces joies sarcastiques, savourées par certaines natures délicates que les Gérontes se repentent d'avoir dédaignées.

A deux reprises différentes, dix ans auparavant, Gardouch, déjà célèbre par ses recherches physiologiques, s'était présenté comme candidat à un fauteuil vacant aux Jeux-Floraux. Ses opinions libérales l'avaient fait repousser, et dès lors l'Académie se créa un adversaire redoutable. Plus tard, il est vrai, certains académiciens firent des avances au docteur; il était trop tard.

Gardouch, dans la force de l'âge, eût été heureux de s'associer aux travaux de l'Académie. A cinquante ans, le docteur, plongé dans l'étude, comprenant la brièveté du temps et ne croyant pas que ses connaissances pussent être de quelque utilité dans une société entichée des doctrines du passé, s'isola dans sa bibliothèque, se prit de passion pour la bibliophilie et resta le célèbre Gardouch qu'on appelait en consultation dans tout le département; mais quoique sa réputation médicale fût solidement ancrée et que la fortune eût répondu à sa vie de travail, il était resté dans l'esprit du docteur un levain de rancune sans cesse en fermentation.

De mille traits satiriques qui s'attaquaient à la compagnie et aux hommes à la tête des Jeux-Floraux, se forma pour le médecin l'idée que Clémence Isaure était une fiction.

7.

Deux lignes d'un de ces pamphlétaires qui faisaient gémir les presses de la Hollande au dix-septième siècle furent les grains de sable à l'aide desquels Gardouch tenta d'élever une montagne d'où il accablerait désormais Clémence Isaure.

Dès lors la vie du docteur fut partagée en deux parts : l'une à rendre la santé à ses malades, l'autre à détruire la réputation de la patronne des Jeux-Floraux. Entravé dans ses aspirations légitimes, Gardouch recueillit tout ce qui, de loin ou de près, avait trait à celle qu'il appelait « l'aventurière. »

L'aventurière devint une « ennemie, » une ennemie dangereuse comme les plantes de rivière qui enlacent les jambes des nageurs et paralysent leurs mouvements. Clémence Isaure s'empara de la pensée du docteur qui se réveillait avec son souvenir en tête. Ce fut une obsession qui ne quittait pas Gardouch, une sorte de démon que le docteur tenta d'exorciser par ces paroles qu'il répétait sans cesse : « Aussi vrai que Clémence Isaure n'a jamais existé. »

Sculptures, estampes, peintures, livres imprimés, affiches et brochures qui avaient trait à *l'ennemie*, le docteur les collectionna aussi pieusement qu'un enthousiaste, et créa dans son cabinet un musée à propos de Clémence Isaure, amassant sans cesse des matériaux pour démontrer la fausseté de son existence.

Ses consultations se ressentaient parfois de cette obsession, et un pharmacien a conservé une ordonnance de Gardouch, qui s'était oublié à signer *Clémence Isaure*. Heureusement il y avait des temps d'arrêt dans ces préoccupations qui eussent pu conduire le docteur à la monomanie, si l'exercice de son art n'avait fait diversion à cette idée fixe.

Un matin que Gardouch entrait pour s'assurer de l'état de Raymond :

— Tout va bien, dit-il, l'œil est bon, le pouls meilleur... Encore une quinzaine, et je réponds de votre convalescence... Vous ne pouvez encore lire ni parler, mais je vais vous faire part d'une découverte du plus grand intérêt.

Ayant déroulé une estampe :

— Voilà, dit-il, cette fameuse Clémence Isaure dont nos mainteneurs vantent la grâce et les charmes. Est-elle assez déplaisante ? Certainement je serais accusé d'avoir fait dessiner une telle poupée, si l'artiste n'avait pas signé de son nom. Regardez et ne parlez pas... Voici maintenant une autre gravure, absolument contraire à la première... La première estampe nous montre l'aventurière brune ; celle-ci blonde. Ce sont deux personnes de tempérament tout à fait opposé. Que dites-vous de cela, mon cher Raymond ? Ne parlez pas...

Raymond souriait malgré ses souffrances.

— Et voilà, continua Gardouch, comment on écrit l'histoire !... J'ai rassemblé deux cent soixante-quatre portraits de l'héroïne ; il n'y en a pas un qui ressemble à l'autre... C'est une fiction des époques barbares... On peut donc affirmer, sans crainte d'être démenti, même par le fameux M. de Pompertuzat, que Clémence Isaure n'a jamais existé... Ah ! je ménage un bon tour à ce Pompertuzat.

Il faudrait pouvoir noter la façon solennelle dont le docteur prononçait le nom du président des Jeux-Floraux.

— Quand vous irez mieux, mon ami, ajouta Gardouch, je vous mettrai de moitié dans ma confidence.

Raymond commençait à avoir l'usage de ses bras; il lui était toujours interdit de parler. Pour « divertir » son malade, le docteur lui apporta un énorme dossier concernant Clémence Isaure.

— Singulier divertissement, pensa Raymond.

C'était un fouillis de notes, de documents, de commentaires, d'indications d'ouvrages qui concernaient la patronne des Jeux-Floraux : dans ce dossier étaient accumulés des crayonnages d'idées que le docteur avait ruminées contre *l'ennemie*, en pleine rue, en voyage. Il y en avait de tracées sur des enveloppes de lettre, des cartes à jouer, du papier à chandelles, suivant l'endroit où Gardouch s'était trouvé.

— Ah! monsieur de Pompertuzat, s'écria pompeusement Gardouch, quand j'aurai le temps de mettre ces notes en ordre!... Pensez un peu, Raymond, à mon titre : *Comme quoi Clémence Isaure n'a jamais existé.*

Ces mots étaient écrits en gros caractères sur une des feuilles du dossier. Gardouch accrocha le feuillet au mur.

— Voyez-vous ce travail mis en vente chez tous les libraires... Il y a de quoi révolutionner la ville!

Et Gardouch dansa, malgré ses soixante ans, autour de l'affiche manuscrite.

— Que répondra à cela M. de Pompertuzat ? Car il faut sauver l'honneur de la congrégation, et c'est à M. de Pompertuzat qu'échoira l'honneur de me réfuter. Il se mettra en quatre pour imprimer une misérable brochurette en réponse à mon in-quarto. Pauvre Pompertuzat !... Mon cher Raymond, le plus grand secret sur cette affaire. Je frémis de penser qu'elle ne soit éventée. Gardez ces papiers précieusement ; vous m'en répondez.

Là-dessus Gardouch s'en alla en chantant ironiquement : Pompertuzat ! Pompertuzat !

XI

Depuis que la nouvelle de la convalescence de Raymond s'était répandue dans la ville, la maison de madame Falconnet avait peine à recevoir les visiteurs.

Une des visites qui fut le plus sensible au malade fut celle de Saturnin de Poucharramet, peu après la sortie du docteur.

Malgré l'antipathie qu'essayaient de lui faire partager contre le nouveau venu les clercs de Mᵉ Trebons, Raymond n'avait pas oublié sa jeunesse passée au collége, sur les mêmes bancs que Saturnin.

Raymond regardait son ancien camarade avec des yeux de quinze ans, et dans ses yeux ne se reflétaient ni l'austérité du nouveau clerc, ni ses regards inquiets, ni la livrée de sacristie dont Saturnin n'avait pu se débarrasser.

Depuis le duel de son ami d'enfance, c'était la première fois qu'il rendait visite au malade, et à cette heure, s'il venait prendre des nouvelles de Raymond, c'était sur l'invitation de Mᵉ Trebons.

Il y a d'heureuses natures qui se fient aux apparences extérieures, ne sondant jamais les hypocrisies dont sont bourrés tant d'êtres vulgaires. Raymond n'avait pas encore été griffé par la société. Il était bon, chacun lui paraissait bon. Tout sentiment d'hostilité et d'envie lui était inconnu ; il ne supposait pas qu'il y eût des hommes hostiles et envieux. Son âme était fermée aux bassesses d'autrui.

Aussi fut-il heureux de la visite de Saturnin, quoique sur les traits de l'ancien séminariste un observateur eût pu lire : bassesse et envie.

Pendant une heure, qui fut une des meilleures de la convalescence de Raymond, il égrena un à un tous ses souvenirs d'enfance.

Gardouch avait défendu au malade de parler. Raymond ne pouvait se taire, rappelé à la vie par la présence d'un ami dans les regards duquel pourtant ses regards ne pouvaient plonger. Il est si doux d'évoquer les souvenirs de jeunesse ! Les trois mois que Raymond avait passés couché rendaient à cette heure plus sensible l'image des vertes prairies et des oliviers au milieu desquels il avait joué tout jeune en compagnie de Saturnin.

Un sourire de commande passait momentanément sur les lèvres minces de Saturnin, qui semblait vouloir prolonger ces confidences, quoiqu'il les écoutât à peine.

Toute son attention était portée vers la glace du fond de l'alcôve.

Sur le lit de Raymond étaient éparpillées les notes du docteur Gardouch, les unes s'échappant de volumineux dossiers, les autres en tas, certaines écrites sur l'envers de papiers de couleur, celles-ci à demi-effacées, celles-là griffonnées et jaunies par le temps et la poussière.

Lentement les paupières de Saturnin se levaient et allaient de la glace du lit aux manuscrits; mais il baissait aussitôt les yeux, semblant commander à une ardente curiosité intérieure.

Raymond s'étant interrompu dans ses affectueux *te rappelles-tu* de jeunesse, Saturnin avança la main vers les dossiers. Raymond, tout au passé, ne put remarquer ce geste. Pris d'un certain accablement :

— Je me sens fatigué, dit-il.

Il était plus pâle qu'à l'arrivée de Saturnin, et le timbre de sa voix était moins vibrant.

Saturnin de nouveau avança le bras vers les papiers.

— Vous avez tort de trop travailler, Raymond, dit-il.

Raymond le regarda avec des yeux abattus qui répondaient : Travailler !

— N'est-il pas dangereux dans une convalescence de s'acharner à d'aussi volumineux dossiers ?

— Ces papiers, dit Raymond, appartiennent au docteur Gardouch, qui me quitte à l'instant.

L'être le moins défiant eût remarqué le singulier tressaillement des paupières de Saturnin. Encore une fois, il regarda la glace du fond de l'alcôve, étudiant tour à tour les papiers et la figure du malade.

— Cet amas de dossiers doit vous gêner, dit-il à Raymond... Vous avez besoin de repos; je vais ranger les manuscrits sur la commode.

— Merci, dit Raymond d'une voix faible.

Il se retourna du côté de la ruelle.

— Le jour vous fatigue, ajouta Saturnin. A quoi bon ces rideaux ouverts?

Raymond ne répondait plus.

Saturnin ferma les rideaux de la fenêtre, débarrassa le lit des papiers; et comme ils étaient en désordre, il passa quelques minutes, non sans émotion, à les ranger.

Après quoi il se retira sur la pointe du pied.

A peine dans la rue, Saturnin hâta le pas. Lui qui d'habitude marchait posément, aurait étonné par la précipitation de sa démarche ceux qui le connaissaient.

On eût dit un voleur poursuivi.

Ce fut ainsi qu'il arriva à l'hôtel du Petit-Raisin, occupé par l'abbé Supplici, qui lui avait donné une chambre dans son appartement.

Un curieux se fût arrêté dans la jolie cour au coin de laquelle une tour élégante attire les regards par un escalier à jour délicatement sculpté. Saturnin n'avait guère d'yeux pour ces détails d'architecture; il leur préférait une sombre porte brune piquée des vers, sur laquelle une image pieuse, collée, portait ces paroles en exergue :

Sainte Vierge,
Ayez pitié des pauvres pécheurs.

Cette porte donnait entrée dans l'appartement de l'abbé Supplici.

Plusieurs fois, Saturnin tira le cordon de fer rouillé, ce fameux cordon formé d'anneaux dont les gens du peuple ont fait un proverbe :

« *Froid comme le cordon de sonnette de l'abbé Supplici,* » disent les Toulousains, en parlant d'un homme réservé.

L'abbé n'étant pas rentré, Saturnin arpenta plusieurs fois un long corridor peint à la chaux, avec une large bordure noire.

Comme l'abbé ne rentrait pas, Saturnin grimpa à l'étage supérieur de la tourelle en poivrière, au haut de laquelle M. Supplici l'avait logé, et il attendit.

Alors il pensa aux conseils de son directeur, et en comprit seulement ce jour-là l'importance.

En accueillant à la fin de ses études le jeune homme, M. Supplici fut certain que l'ancien élève qu'il avait eu dans sa classe au séminaire, alors que le prêtre était professeur de seconde, était resté dans la bonne voie. Tout l'indiquait, physionomie, coupe d'habits. Cependant, le prêtre sonda Saturnin, cherchant quelle part se réservait la nature dans la pousse de ce jeune arbre.

Un mois il le laissa libre dans son développement, afin d'étudier si les premières greffes tiendraient, et quels rejetons pousseraient tout à coup.

Il n'y eut rien à émonder dans la nature de Saturnin, qui conserva la sauvagerie du séminaire au milieu de Toulouse la civilisée.

Ses mains le gênaient ; il marchait habituellement les bras croisés, la tête plus inclinée vers la terre que vers le ciel ; ou, décroisant les bras, il prenait ses mains l'une dans l'autre comme un homme qui ne sait qu'en faire. La soutane lui manquait. Un gendarme qui l'eût rencontré en voyage l'eût pris certainement pour un prêtre déguisé qui a enlevé les marques de tonsure en laissant repousser ses cheveux.

— Réfléchissez à ce que vous voyez, mon cher Saturnin ; chaque jour rendez-moi compte de vos actions.

Ces paroles, que ne se lassait pas de répéter l'abbé Supplici, étaient entrées profondément dans l'esprit du clerc ; mais ses observations ne semblaient pas intéresser le prêtre, qui, la tête dans les mains, terminait habituellement l'entretien par :

— C'est bien, allez en paix, mon fils.

Quoique d'une intelligence médiocre, Saturnin comprenait que ses confidences ne portaient pas. Il le voyait à la figure distraite de l'abbé, à l'affaissement d'un regard noir qu'il avait plus d'une fois surpris plein de flammes quand M. Supplici discutait les intérêts de l'Église.

Pourtant aujourd'hui Saturnin attendait l'abbé avec de si vives aspirations qu'un courant magnétique sembla descendre du haut de la tourelle jusqu'à la porte de la cour par laquelle venait d'entrer M. Supplici, car le prêtre leva les yeux, comme activés par une puissance mystérieuse, et aperçut son élève méditatif.

Vivement Saturnin descendit l'escalier et arriva au moment où l'abbé retirait sa clef de la serrure.

— Qu'y a-t-il, mon fils? demanda M. Supplici, étonné de l'air singulier de son élève.

Saturnin ferma la porte, ouvrit sa lévite et en tira un rouleau de papiers qu'il tenait serré contre la poitrine.

— Qu'est-ce? demanda le prêtre de plus en plus surpris.

— Veuillez lire, mon père.

Tour à tour l'abbé Supplici regardait Saturnin et le rouleau de papier.

— Quel est le fou qui a écrit ce grimoire? dit-il après avoir lu le titre où se détachait en gros caractères sur la première page : *Comme quoi Clémence Isaure n'a jamais existé.*

D'un signe Saturnin invita le prêtre à continuer :

— *Table analytique des preuves et documents,* lut l'abbé Supplici, qui plusieurs-fois s'écria en faisant le tour de la chambre : Preuves! preuves! oh!

D'un ton bref :

— Comment vous êtes-vous procuré ces documents?

— En rendant visite à M. Raymond.

— Un jeune homme, s'écria le prêtre, s'occuper de pareilles matières!

— Ces manuscrits, dit Saturnin, sont l'œuvre du docteur Gardouch!

— Ah! dit l'abbé Supplici.

Il prit les mains de Saturnin.

— Bien, dit-il, très-bien... Vous commencez à me comprendre.

Les yeux noirs du prêtre brillaient.

— Comment M. Gardouch vous a-t-il donné communication de ce manuscrit?

— J'ai *pris* communication, dit Saturnin, appuyant sur le mot.

L'abbé Supplici étonné s'arrêta brusquement pour regarder Saturnin, qui baissait les yeux. Pour la première fois il trouvait quelque intelligence au clerc.

— Ah! dit le prêtre en feuilletant le dossier.

Intérieurement il réfléchissait.

— Ces papiers semblent d'une certaine importance, ajouta-t-il. Ce monsieur Raymond vous les aurait-il confiés pour me les remettre?

— Il ne me les a pas confiés, mon père, dit Saturnin embarrassé.

— Parlez, mon enfant, parlez sans crainte, je vous en prie.

Saturnin, rassuré par le ton affectueux du prêtre, raconta qu'étant allé voir son camarade d'enfance malade, son attention avait été vivement attirée par une affiche en gros caractères, qui se réfléchissaient sur la glace du fond de l'alcôve; qu'un tel blasphème attentatoire à la réputation de Clémence Isaure l'avait surpris aux mains d'un jeune homme qui, quoique ne pratiquant pas, n'avait jamais à sa connaissance, tenu d'impurs propos; que la vue des papiers étalés sur le lit lui donna à penser qu'il existait un rapport entre les manuscrits et l'affiche, et que le sommeil s'étant emparé du malade, il en avait profité pour emporter un des cahiers dans l'intention de le soumettre à son directeur.

— Vous n'avez pas le droit de détourner cette pièce, dit l'abbé d'un ton sévère. C'est le bien d'autrui, vous devez le rendre à son propriétaire...

— Je croyais, balbutia Saturnin, agir dans l'intérêt des bons principes.

— L'intention est bonne. Pourtant vous vous confesserez de cette faute.

8.

Saturnin s'inclina.

— Demain, dit le prêtre, vous reporterez chez M. Raymond le cahier à la place où vous l'avez trouvé, et vous ferez en sorte de ne pas être vu.

Saturnin, réprimandé, perdait contenance.

— Oui, mon fils, dit l'abbé Supplici en prenant de nouveau les mains de son élève, il faut rendre ce manuscrit; mais vous le copierez cette nuit.

Un éclair passa sur la figure pâle du clerc, qui ne s'attendait pas à cette conclusion.

Cependant le prêtre regardait son élève avec un intérêt particulier. Tout en se promenant à grands pas, il jetait de singuliers coups d'œil à Saturnin, qui se sentait inspecter des pieds à la tête.

— Cher enfant, dit tout à coup l'abbé Supplici avec une inflexion de voie affectueuse que Saturnin ne soupçonnait pas, vous ne voulez pas vous jeter dans les bras de notre sainte mère l'Église... Vos parents désirent vous voir occuper un siége dans la magistrature; il est donc utile que vous preniez une physionomie en harmonie avec la société que vous avez à fréquenter.

Saturnin écoutait les yeux baissés.

— Relevez la tête, mon enfant. Dans la vie il faut regarder les hommes en face. Vous perdriez toute votre puissance à incliner le front; les hommes croiraient que vous les craignez. Songez qu'un jour vous parlerez devant la foule, à des jurés, à des magistrats. Vous devez leur en imposer; vous êtes au-dessus d'eux, que votre regard soit à la hauteur de votre mission... Regardez-moi en face, plus fixement encore... Ne craignez rien.

Saturnin relevait les paupières, qui retombaient aussitôt.

— Sans doute vous aurez quelque peine à vous défaire de l'humilité de regard que vous avez contractée au séminaire... L'Église l'a voulu ainsi afin que soient voilés les sentiments du prêtre qui écoute les confidences du pécheur; mais, dans la vie civile, vous n'aurez pas à écouter les révélations innocentes d'une jeune vierge pleine de troubles. C'est la tête haute que vous invoquerez contre le coupable la punition de ses crimes. Si je baisse habituellement les yeux, assiégé au tribunal de la pénitence par les pécheurs qui me demandent des consolations, c'est qu'il me faut chercher au plus profond de moi-même le moyen de sauver ces pauvres âmes.

L'abbé prit les mains de Saturnin.

— Tel est mon ministère, tel n'est pas le vôtre, cher enfant. Une seule chose doit vous préoccuper, réussir dans la société. Qu'en public votre figure soit ouverte, plutôt souriante que grave. Le monde se défie des physionomies plissées. Étudiez-vous à sourire à tout instant, seul, en société, le soir, le matin. Triste ou gai, heureux ou malheureux, souriez... Vous êtes jeune; vos traits prendront sans peine le moulage du sourire... Quelques semaines d'exercice vous donneront ce masque dont vous reconnaîtrez la nécessité.

Saturnin écoutait avec surprise ce langage sorti de la bouche d'un homme dont il n'avait jamais vu la gravité se démentir; mais son étonnement redoubla quand l'abbé Supplici, s'attaquant aux habits du clerc, lui enjoignit d'aller le lendemain chez un tailleur qu'il lui désigna. Comment se pouvait-il que le prêtre fût au courant des modes et des adresses des bons faiseurs, car il parlait des différentes parties de l'habillement en connaisseur, recommandant tel chapelier et tel chemisier, en homme qui longuement s'est occupé de toilette.

— Pour les parfumeries et les gants, continua l'abbé Supplici, vous vous fournirez chez mademoiselle Clarisse, une jeune personne qui arrive de Paris. Elle demeure sous les arcades de la place du Capitole; vous reconnaîtrez sa demeure au groupe d'étudiants qui tout le jour s'empressent autour du magasin.

Saturnin regarda le prêtre, qui sans s'inquiéter de l'étonnement du jeune homme :

— Je dois vous avertir, cher enfant, que mademoiselle Clarisse passe pour coquette... Sur ce point, je ne saurais vous éclairer; mais comme les cravates de cette marchande sont, dit-on, élégantes et bien assorties, vous n'avez pas à vous inquiéter de la réputation de la demoiselle... Ne vous présentez toutefois dans son magasin qu'après la confection de vos nouveaux habits... Mademoiselle Clarisse pourrait sourire d'un homme qui lui semblerait un ecclésiastique en toilette de ville... Maintenant, cher enfant, il est temps de vous retirer... Pensez à vos devoirs religieux, et faites-moi passer, avant de vous rendre à l'étude, la copie du manuscrit que demain, sans manquer, vous reporterez à celui à qui son propriétaire l'a confié.

II

A cette époque, aspiraient à un fauteuil vacant de l'Académie des Jeux-Floraux deux candidats, entre lesquels l'opinion de l'aristocratie se partageait : l'un appelé Laffitte-Vigordanne, l'autre Escanecrabe.

Tous deux réunissaient un certain nombre de partisans, et deux salons patronnaient activement ces candidats, qui avaient chacun des titres particuliers.

Escanecrabe se présentait au Capitole en qualité de botaniste; son titre principal consistait en une brochure sur *le putrilage de certains champignons dans la forêt de Bouconne*.

Laffitte-Vigordanne n'avait fait qu'un quatrain dans sa vie, mais c'était un remarquable quatrain. Pendant les Cent-Jours le poëte s'attaqua à « l'ogre de Corse » et témoigna dans le quatrain d'un excessif enthousiasme pour les Bourbons.

Les Labastide-Beauvoir, une des plus riches familles toulousaines, soutenaient vivement la candidature d'Escanecrabe le botaniste.

Laffitte-Vigordanne comptait pour appuis les mainteneurs habitués du salon de madame de Parrequeminières, chez qui s'était conservé dans toute sa pureté le culte du droit divin.

L'opinion publique ne soutenait ni l'un ni l'autre des candidats.

Et pourtant, quoique l'Académie des Jeux-Floraux fût regardée depuis longtemps comme atteinte de sénilité, la ville fut remuée à l'annonce de cette élection. Les salons de la bourgeoisie s'en occupaient de même que ceux de la noblesse. On en parlait au café Tivolier, et le jeu des passions académiques gagnait jusqu'aux commerçants qui s'échauffaient à propos des noms de Laffitte-Vigordanne et d'Escanecrabe, quoique les associant dans un égal dédain.

Chez madame de Parrequeminières, on criblait d'épigrammes le botaniste, et les habitués du salon des Labastide-Beauvoir, connus pour leur libéralisme, faisaient de vifs efforts pour ruiner la candidature de l'homme au quatrain.

Les plus jolies femmes de Toulouse se ruinaient en toilette et accablaient de visites les membres de l'Académie, cherchant à détacher quelques voix en faveur de l'un ou l'autre des candidats. Malheureusement il n'y avait pas deux fauteuils vacants, car, à force de sollicitations, le poëte et le savant eussent occupé certainement un siége au Capitole.

De jour en jour s'augmentait la difficulté de choisir entre deux hommes si chaudement patronnés.

Les partis, après avoir mesuré leur force, ne se décidaient à aucune concession.

— Vous serez nommé, cher poëte, disait à Laffitte-Vigordanne la vieille madame de Parrequeminières.

— Je perdrai plutôt mon nom de Labastide-Beauvoir, s'écriait le protecteur d'Escanecrabe, si l'Académie ne fait pas entrer un savant dans son sein.

Dans la ville, on scrutait l'attitude des candidats qui osaient à peine se montrer, tant le moindre de leurs gestes éveillait la curiosité. Suivant la façon dont Escanecrabe portait la tête, on plaignait le poëte, et quand Laffitte-Vigordanne semblait méditatif, les curieux aux aguets en inféraient que des soucis rongeurs présageaient sa défaite.

Les sceptiques qui sourient de l'importance attachée aux élections académiques ne se rendent pas compte du mouvement que la plus mince candidature donne à un salon. Alors une activité dissipe les brouillards du terre-à-terre quotidien. Tous ceux qui de près ou de loin appartiennent au monde académique prennent un relief particulier. La sonnette elle-même acquiert pendant les jours de visites officielles un timbre solennel.

Ces luttes innocentes qui, si on les compare aux actes importants qui se passent à la même heure sur la surface du globe, offrent à peine l'intérêt d'un détachement de fourmis allant à la conquête d'un grain de blé, prennent des proportions considérables par les intérêts en jeu.

Des candidats qui font leurs visites engendrent

une comédie à cent actes divers, dont les rôles les plus importants sont confiés aux femmes.

L'Académie des Jeux-Floraux pouvait se montrer fière de sa puissance. Madame de Parrequeminières à elle seule disposait de plus d'influence que tous les académiciens.

On riait dans Toulouse des vieillards qui dans ce salon se réunissaient en compagnie de douairières âgées.

Les uns avaient perdu la mémoire, d'autres l'ouïe. La plupart rabâchaient.

Ils représentaient *des principes*.

Au mot de *candidats*, ces vieillards tressaillaient comme un cheval hennit au son de la trompette.

Si les Illustres se souciaient médiocrement de Laffitte-Vigordanne comme poëte et d'Escanecrabe comme savant, ils les respectaient en tant que candidats et leur vouaient une certaine reconnaissance de ce qu'ils voulaient bien, en se présentant, jeter quelque huile dans la serrure rouillée des Jeux-Floraux.

Tous les jours, les deux camps additionnaient le nombre de voix sur lesquelles pouvait compter chacun des candidats. Il en résultait la certitude que la lutte serait vive, et que les Illustres combattraient au sein de l'Académie corps à corps, un contre un, car Escanecrabe et Laffitte-Vigordanne disposaient chacun de dix-huit voix qui ne paraissaient devoir se faire aucune concession.

L'élection, à la dernière heure, dépendait de M. de Castelgaillard, qui était allé chercher, l'hiver, un climat tempéré, aux îles d'Hyères. Sa parente, madame de Parrequeminières, l'avait supplié de revenir pour cette lutte mémorable ; mais le vieillard se faisait prier, craignant d'exposer ses rhumatismes au terrible vent marin de Toulouse.

Chaque matin, madame de Parrequeminières écrivait au pauvre rhumatisant, l'accusant d'abandonner le trône et l'autel, s'il restait plus longtemps éloigné du Capitole. Elle lui faisait un tableau pompeux de son arrivée dans la ville, de la gloire excessive qu'il amasserait pour ses vieux jours en se dévouant à l'Académie.

Sans pitié, madame de Parrequeminières atténuait de sa propre autorité le vent marin, et elle joignait à sa lettre l'attestation d'un astronome complaisant de son salon, qui certifiait que ledit vent marin était, par une faveur évidemment providentielle, d'une extrême modération.

C'étaient, suivant la marquise, des bénédictions dont l'Église comblerait le vieillard, qui, le lendemain, d'ailleurs, pourrait reprendre le chemin des îles d'Hyères.

Il ne s'agissait pas tant de récompenser le talent poétique de Laffitte-Vigordanne que de faire entrer à l'Académie un membre bien pensant, dont les opinions connues étaient le gage d'une résistance absolue aux « détestables doctrines modernes. »

Abandonner l'élection, c'était prêter la main aux adversaires de l'Académie ; venir, c'était signe de vaillance et de vitalité.

« Songez, mon oncle, écrivait la terrible madame de Parrequeminières, à la nombreuse famille qui doit son lustre à votre réputation, et qui sera marquée d'un signe réprobateur, si l'élection d'un candidat honorable échoue par votre abstention. »

Dans un post-scriptum pressant, la marquise donnait l'opinion du président des Jeux-Floraux, M. de Pompertuzat, qui, consulté à ce propos, s'était écrié : « *Vita extra academias non est vita.* »

M. de Castelgaillard répondit qu'il vivait parfaitement quoique éloigné de l'Académie, et qu'il saurait gré à sa nièce de ne plus revenir sur ce sujet.

Madame de Parrequeminières ne se tint pas pour battue. Sa dernière lettre se terminait ainsi : « Vous devez revenir, il le faut. Ce n'est plus votre nièce qui vous en prie, *Dieu le veut !*

M. de Castelgaillard ne put s'opposer à cette volonté suprême. Huit jours après, il arrivait couvert de laine, de rhumatismes et de fourrures, mécontent des obsessions de sa nièce, et exhalant sa mauvaise humeur contre Laffitte-Vigordanne, quoique la Providence le protégeât si ouvertement.

Cependant une telle ovation fut faite dans le salon de madame de Parrequeminières à cette voix qui allait décider de la majorité, que M. de Castelgaillard oublia momentanément les fatigues du voyage et ses rhumatismes.

Il devenait le sauveur des Jeux-Floraux ; il était l'honneur, l'admiration et la gloire des dix-huit mainteneurs qui, maintenant au nombre de dix-neuf, ne pouvaient cacher leur orgueil et allaient chanter par la ville le triomphe assuré de Laffitte-Vigordanne et la défaite du botaniste Escanecrabe.

Le lendemain de l'arrivée de M. de Castelgaillard, le scrutin fut ouvert au Capitole, et la population toulousaine put contempler les Illustres qui, sans crainte de faire tort à leur gloire, allaient appeler sur la tête d'un simple mortel des rayonnements inespérés.

Laffitte-Vigordanne et ses partisans ne se tenaient pas de joie. Le chef de la plus importante famille de la ville, un Castelgaillard, avait fait un long voyage pour assurer sa nomination ! Cela s'était vu rarement.

Escanecrabe, qui passait sur la place, la tête basse, entendit des murmures railleurs. Il ne disposait que de dix-huit voix ! Laffitte-Vigordanne prenait une excessive importance du chiffre dix-neuf. C'était avec une allure de triomphateur qu'il attendait la bataille, et un sentiment de pitié le poussa à présenter des doléances au pauvre Escanecrabe sur sa défaite assurée.

Cependant les mainteneurs, partisans de la candidature de Laffitte-Vigordanne, clignèrent des yeux en apercevant dans un coin de la cour du Capitole une vieille chaise à porteur, aux armes du marquis de Peschbusque.

Depuis quelques jours, le bruit de l'agonie du marquis courait à Toulouse. Comment sa chaise était-elle dans la cour du Capitole ?

Les mainteneurs du parti de Laffitte-Vigordanne montèrent l'escalier aussi vivement que leur permettait leur grand âge, et ils aperçurent (avec quel dépit !) dans la salle des séances, étendu sur une chaise longue, un Peschbusque parcheminé, la face empreinte de la verdâtre pâleur des saint Bonaventure que les peintres espagnols ont représenté dictant de pieuses instructions après leur mort.

Ce n'était plus un Peschbusque, c'était une relique.

En apprenant l'arrivée de M. de Castelgaillard, les partisans d'Escanecrabe s'étaient emparés du marquis moribond malgré sa famille et avaient décidé qu'une fois de plus M. de Peschbusque déposerait son vote dans l'urne.

Férocité des luttes académiques !

Le médecin de la famille protesta.

Les Illustres se souciaient bien de l'Académie de médecine ! D'ailleurs le docteur Dorliac, l'un des mainteneurs voués au triomphe d'Escanecrabe, avait déclaré que le transport au Capitole du marquis de Peschbusque était moins dangereux que le retour des îles d'Hyères de M. de Castelgaillard.

Cependant les académiciens étaient dans une certaine perplexité, qui se trouva justifiée par le premier vote.

Dix-neuf voix appelaient dix-neuf voix.

Les questeurs ayant fait circuler les urnes, le même nombre de boules noires et de boules blanches répondit à chacun des noms des deux candidats.

Dix fois, vingt fois, quarante fois l'entêtement fut égal de part et d'autre.

Soixante-dix-sept tours de scrutin amenèrent invariablement dix-neuf voix en présence. Encore les partisans de Laffitte-Vigordanne voulaient-ils continuer de voter, espérant qu'avant la fin de la séance, le marquis de Peschbusque rendrait le dernier soupir !

Les passions académiques peuvent engendrer de grands crimes.

Il y avait des membres enragés, excités par le vote, qui, sans hésiter, eussent poussé doucement M. de Castelgaillard du haut d'une falaise, quoique la volonté expresse de la Providence l'eût fait quitter les îles d'Hyères.

Si le malheureux marquis de Peschbusque eût été une lampe manquant d'huile (avec laquelle il avait d'ailleurs trop de ressemblance), combien eussent soufflé sur la mèche !

C'étaient des visages farouches et opiniâtres, des fronts plissés sur lesquels, chose à peine croyable, de nouvelles rides trouvaient place.

Des groupes agités s'échappaient les noms de Laffitte-Vigordanne et d'Escanecrabe.

Les deux candidats pouvaient être fiers : jamais on ne s'était autant occupé d'eux. Il est vrai que quelques railleries se mêlaient à leur nom, suivant qu'il était prononcé dans un camp ou dans l'autre.

Après soixante-dix-sept ballottages, il y eut un temps d'arrêt pendant lequel quelques Illustres se rendirent à la buvette.

Alors les esprits modérés s'interrogèrent du coin de l'œil.

Cette séance pouvait-elle se prolonger plus longtemps?

Les prudents se comprirent au premier coup d'œil. Il fallait nommer quelqu'un. Lequel des candidats? C'est ce qui semblait difficile, les deux partis étant au comble de l'irritation et ne voulant abandonner ni Laffitte-Vigordanne, ni Escanecrabe.

Seuls restaient assis M. de Castelgaillard et le marquis de Peschbusque, sans comprendre ce qui se passait, accablés d'avoir voté chacun soixante-dix-sept fois.

A cette heure ils n'avaient plus conscience de leur présence dans la salle des Illustres. Ils respiraient à peine et n'avaient pas la force de protester contre le rôle de machine à voter qu'on leur faisait jouer.

La bouche de M. de Castelgaillard pendait, les muscles manquant de ressorts ; les paupières abattues du marquis de Peschbusque étaient couleur de feuille morte.

Un des modérés, qui avait l'oreille de l'assemblée, fit observer que ces deux Illustres occupaient leur fauteuil sans doute pour la dernière fois. C'étaient donc deux places vacantes dans un avenir prochain. Rien n'était plus simple que de s'engager à donner à la première vacance ces deux fauteuils aux concurrents Laffitte-Vigordanne et Escanecrabe qui divisaient l'assemblée.

Une transaction sourde se forma dès cette ouverture.

L'Académie avait résolu de nommer ce jour-là Laffitte-Vigordanne ou Escanecrabe.

Elle se rallia à l'insidieuse motion de ne nommer ni l'un ni l'autre.

Alors les membres les plus opposés s'entendirent, se formèrent en groupe, se prirent l'un l'autre par le bras, et au soixante-dix-huitième vote fut nommé, à la majorité absolue, un homme dont le nom avait surgi tout à coup :

L'abbé Supplici !

XIII

Un sauvage qui trouve sur le corps d'un naufragé une montre n'est pas plus étonné de la vie intérieure de cette singulière machine que la bourgeoisie de Toulouse en apprenant la nomination de l'abbé Supplici au fauteuil vacant.

Par quel mystère trente-huit Illustres, rassemblés pour choisir entre Laffitte-Vigordanne et Escanecrabe, avaient-ils donné leur voix à l'abbé Supplici !

C'étaient des allongements d'yeux, des bouches agrandies par les suppositions, des commentaires baroques si éloignés de la réalité, que seul pourra les faire comprendre l'horloger patient qui a ajusté les diverses pièces de ce drame.

M. Supplici, desservant de la petite église de Kyrie-Eleyson, avait pour paroissiens la fraction de l'aristocratie trop éloignée de l'église de la Daurade pour assister aux offices. Son zèle, sa piété lui firent exercer un certain ascendant sur quelques familles nobles.

Dévoré par une ambition sans limites, le prêtre affectait l'humilité la plus grande. Il brûlait de jouer un rôle considérable ; il savait vivre solitaire dans sa cellule, ne voulant pas accepter une place de troisième ordre.

Ce dominateur attendait l'occasion, décidé à s'accrocher au plus mince cheveu de sa perruque.

Sa position de prêtre le mit en rapport avec madame de Parrequeminières, dont il devint le directeur. Il arriva ainsi, dans le salon le plus influent de Toulouse, à avoir une place marquée auprès de la maîtresse de la maison.

Quand se dessinèrent les élections et que fut débattue la candidature de Laffitte-Vigordanne, l'abbé Supplici, quoique depuis longtemps il enviât le fauteuil académique, travailla en apparence, de tout son pouvoir, au succès de la nomination du futur membre des Jeux-Floraux.

Pas un *mais* ne sortit de la bouche du prêtre pendant la recherche difficile des voix sur lesquelles Laffitte-Vigordanne devait s'appuyer.

Chacun dans le salon sentait la difficulté de l'entreprise ; l'abbé Supplici, plein d'activité et de dévouement, détacha deux voix importantes acquises à Escanecrabe pour les offrir au protégé de madame de Parrequeminières.

Ainsi fut constitué ce qu'on appelait le *parti des Dix-Neuf.*

Pour détacher ces deux voix, l'abbé Supplici avait épluché mot à mot la brochure du botaniste sur *le Pu-trilage des Champignons*. Une phrase vague dans la préface lui permit d'accuser Escanecrabe de matérialisme; à l'aide de la phrase, le prêtre montrait la discordance des doctrines du botaniste avec la Genèse. Grâce à l'épouvantail du matérialisme, Escanecrabe perdit deux voix.

Dès lors l'abbé Supplici, dont le zèle avait été remarqué, resta dans la mémoire de madame de Parrequemières comme un des hommes qui plus tard devaient rendre à la compagnie des Illustres une partie de son ancien éclat.

Le prêtre, quoique affectant un absolu détachement des plaisirs mondains, fréquentait d'autres salons; mieux qu'un autre il jugea de la lutte qui allait s'établir entre les deux candidats.

Plus d'une fois retiré dans sa cellule, l'abbé Supplici dressa des listes de votes, avec la conscience d'un acharné ballottage sans issue; cependant il ne dessinait pas encore ouvertement sa candidature et affectait, devant les amis de madame de Parrequeminières, de regarder ce fauteuil qu'on lui offrait dans l'avenir comme trop mondain pour un prêtre.

Qui aurait dit à Gardouch que lui seul avait été l'agent absolu de la nomination de l'abbé Supplici, eût fait tomber le docteur dans une stupéfaction semblable à celle de ses compatriotes.

Une fois en possession du manuscrit découvert par Saturnin, l'abbé Supplici dévoila ses batteries.

De même qu'un médecin qui teinte de noir le diagnostic de maladies innocentes pour faire valoir sa science auprès de ses clients, l'abbé Supplici exagéra, dans une conversation intime avec madame de Parrequeminières, la portée des attaques de l'excentrique Gardouch.

Suivant le prêtre, la patronne des Jeux-Floraux était au-dessus de telles injures et une négation si déterminée de son existence devait tourner en sa faveur: même dans *d'autres temps*, il eût été peut-être utile d'attiser ces haines, qui ne pouvaient que donner de la vitalité à l'Académie ; mais l'abbé Supplici craignait qu'il n'y eût pas, *à l'heure actuelle*, de polémistes assez autorisés pour renverser les bases du travail *remarquable* du docteur Gardouch, que le prêtre disait inattaquable sur le terrain de l'érudition. Le contempteur de Clémence Isaure ne pouvant être confondu par les textes, tout le combat était renfermé dans le champ clos de l'interprétation.

Or, l'abbé Supplici évoquait un à un les noms des Illustres, et quoique chacun d'eux fût doué, à l'entendre, de qualités considérables, à tous il manquait le souffle enthousiaste, qui est la meilleure arme à opposer aux pamphlétaires.

L'Académie, en appelant à elle le botaniste ou l'homme au quatrain, ne pouvait compter sur la défense d'un Laffitte-Vigordanne ou d'un Escanecrabe.

Clémence Isaure restait sans défenseur au moment où il faudrait des chevaliers recouverts d'une triple armure pour ruiner le système d'attaque de Gardouch.

Les flèches qu'un ennemi sans pitié se préparait à lancer contre la statue de la poétique figure, quoiqu'elles ne pénétrassent pas le marbre, devaient ricocher et blesser ceux qui l'entouraient, ses défenseurs naturels, les membres de l'Académie.

L'abbé Supplici regrettait *maintenant* de n'avoir point accueilli les vœux de madame de Parrequeminières, dont l'extrême bienveillance lui traçait le chemin de sa candidature *depuis longtemps*. (Madame de Parrequeminières en avait parlé seulement un mois avant, sans prendre garde à ses paroles.)

L'abbé Supplici termina en parlant des études qu'il avait consacrées *toute sa vie* à la compréhension de la figure de Clémence Isaure.

Ces adroites confidences, dont le conteur ne peut qu'indiquer les points saillants, portèrent leurs fruits. Dès le même soir, madame de Parrequeminières en parla à quelques mainteneurs influents, posant nettement la candidature du prêtre au prochain fauteuil vacant après l'admission de Laffitte-Vigordanne.

Ce fut ainsi que l'abbé Supplici, mis tout à coup sur le tapis académique par le ballotage sans résultats des deux candidats, enleva en un clin d'œil le fauteuil qu'assiégeaient de si nombreux concurrents depuis tant d'années.

XIV

Combien fut douce la convalescence de Raymond!
Le premier jour où il put respirer l'air de la rue, Paule était à sa fenêtre, comme ces statues de châtelaine sculptées à la façade des maisons de la Renaissance, qui regardent curieusement les passants. Paule apparaissait à Raymond telle qu'il l'avait vue la première fois, alors qu'un regard avait décidé de sa vie; mais aujourd'hui les deux amants, enhardis l'un par l'autre, cherchaient dans leurs traits les traces d'une si longue séparation.

Paule était plus belle encore. Les angoisses par lesquelles elle avait passé faisaient place à une tendre sérénité; car depuis quelques jours elle savait par l'abbé Desinnocends que celui qu'elle appelait « son ami de cœur » était hors de danger.

Qui eût vu Paule et Raymond en face l'un de l'autre eût compris la force de cet amour naissant.

Ni paroles ni serments ne furent échangés. Mieux que cela. Deux jeunes gens s'étaient vus et avaient été touchés. Il semblait impossible qu'un autre que Raymond aimât Paule, qu'une autre que Paule aimât Raymond.

Dans leurs yeux se lisaient dix mille paroles plus éloquentes que toutes les paroles humaines. Ils n'avaient pas besoin de se parler, le regard suffisait.

C'étaient de doux et mystérieux propos, des tendresses infinies qui traversaient la rue déserte. L'amour dans toute sa pureté, l'amour qui ne raisonne pas, à qui le mot *j'aime* suffit pour remplir le cœur d'enivrements, donnait naissance à de muettes litanies dans lesquelles, semblables à ces symboles mystiques au-dessus desquels brille une pure flamme, le nom de Paule s'entremêlait à celui de Raymond.

Tout ce qui intéressait Paule prenait, aux yeux de Raymond, des tons semblables à ceux de tendres nuages. La petite fenêtre où se tenait Raymond encore souffrant semblait à Paule plus douce qu'un nid d'oiseau.

Longtemps ils avaient été séparés. Une seconde effaçait ces angoisses.

La maladie en fit deux anciens amis qui, après un long voyage, ont de longues confidences à se faire, et pourtant ils semblaient hésiter à revenir sur la cause de leur séparation.

L'envoi des bouquets recommença. Tous les matins Raymond cueillait dans le jardin de la maison la rose la plus fraîchement éclose et l'envoyait à Paule.

Un jour, Raymond s'aperçut que la servante de sa mère le regardait avec curiosité.

— Vous aimez les fleurs, monsieur? dit-elle.

— Oui, le matin, dit Raymond en attachant la rose à sa boutonnière.

Comme il craignait que la servante ne s'aperçût de la disparition de cette rose destinée à Paule, désormais il en coupa un bouquet chaque jour, et pria la femme de service de poser quelques fleurs sur la table de sa mère, afin qu'elle les trouvât en se réveillant.

L'amour ouvre les portes du cœur à deux battants, et fait qu'il s'en échappe des gerbes de délicatesses dont chacun profite.

— Tu deviens galant, Raymond, dit la veuve qui recueillait la dîme de l'amour de son fils pour Paule.

La physionomie de Raymond, à mesure que la maladie s'enfuyait, prenait des rayonnements de bonheur. Tout était ouvert en lui. Ses yeux brillaient; sur ses lèvres se posaient naturellement d'aimables sourires.

Paule, touchée des assiduités de son voisin, mit à son corsage la rose qu'il lui envoyait. Grave imprudence!

Raymond répondit par un regard que la plume ne peut rendre ; avec le regard un baiser traversa la rue. Les deux jeunes gens, comme par un commun accord, se retirèrent de la fenêtre. Leur émotion était trop vive.

Ce jour-là Raymond prit la route de Pibrac, répétant mille fois pendant la route : *Je suis aimé!*

Il marchait plus léger qu'un oiseau, l'amour frayait sa marche.

Une tendresse particulière embellissait la nature,

activait le parfum des fleurs, colorait de tendres nuances l'azur du ciel, et remplissait le cœur du jeune homme de vaillance.

Les récits merveilleux des chevaliers combattant pour les dames dont ils portaient les couleurs se présentaient à l'esprit de Raymond, qui regrettait de vivre à une époque où ne se rencontraient ni rivaux à vaincre, ni forteresses à renverser. Des forces inconnues parcouraient le corps de l'amoureux, qui, sur un signe de Paule, eût accompli des travaux héroïques.

Seul sur la route, Raymond parlait à voix haute au vent pour que le vent portât ses paroles à l'intérieur de la Maison de pierre.

Il évoquait en lui le geste de chaste timidité avec lequel Paule avait accroché la rose à sa ceinture.

Quand Raymond la remercia par un baiser, quelle charmante rougeur s'était emparée de la figure de la jeune fille ! Comme elle s'était enfuie, pudique comme une nymphe surprise par un chasseur !

Le catalogue des charmes d'une femme aimée remplit un gros dictionnaire. Ce livre, Raymond le feuilletait, s'en enivrait, restait sous le coup de l'extase et devenait poëte.

A mi-chemin, l'amoureux rencontra, tapie dans le feuillage, une petite source coulant le long de rochers recouverts de mousse. Un platane, d'un vert doux et transparent, formait ombrage à la source. Raymond s'étendit sous le platane, en regardant couler l'eau. Les sensations accumulées depuis sa première rencontre avec Paule s'agitaient tellement dans son esprit que le clerc entreprit de les fixer sur son carnet.

Des vers s'échappaient de son cœur, sans recherche ni fatigue, doux et tendres, tels que ceux qu'improvisait Pétrarque pour Laure. Le petit ruisseau qui murmurait aux pieds de Raymond ne rappelait-il pas le souvenir de la fontaine de Vaucluse?

Les vers jetés sur le papier, Raymond continua sa route jusqu'à ce qu'il s'aperçût qu'il marchait depuis trois heures. Il était temps de reprendre le chemin de Toulouse pour ne pas inquiéter madame Falconnet par une première sortie si prolongée. L'amour donne des ailes. Raymond prit un chemin de traverse, arriva chez sa mère à l'heure du dîner, les habits couverts de poussière, la figure animée; et il sourit quand madame Falconnet lui demanda la cause de ce désordre de toilette. Pouvait-il avouer que l'amour, la poésie et le souvenir de Paule lui faisaient oublier les heures?

Le soir, Raymond relut ses vers, qui l'étonnèrent comme s'ils eussent été écrits par un autre. Il les trouvait bien, et pourtant regrettait de ne pouvoir se confier à un ami pour lui demander conseil. Pourquoi ne pas les envoyer à Paule? Ils avaient été composés pour elle : ils étaient son image et son souvenir. Raymond s'endormit avec cette idée qui ne le quitta pas de la nuit.

Ayant entouré de sa pièce de vers le bouquet qu'il faisait parvenir chaque matin à Paule, l'amoureux fut pris d'un certain serrement de cœur. En ce moment se signait son arrêt. Comment Paule accueillerait-elle cette hardiesse?

Paule reparut à la fenêtre, remerciant Raymond par un ineffable sourire.

Dès lors, matin et soir, se continua l'envoi de quelque poésie dont chaque vers contenait le nom et les charmes de Paule, qui sans crainte recevait cet envoi.

La jeune fille n'avait-elle pas été bercée avec la tradition de celle dont elle portait le nom, de la belle Paule qui, suivant une ancienne chronique, devait, par ordre des Capitouls, se montrer une fois par semaine en public, chaque dimanche, pour que le peuple ne fût pas privé de la vue de sa beauté?

XV

René d'Espipat, qui chaque jour avait fait prendre des nouvelles de Raymond, vint lui rendre visite.

— Me pardonnez-vous, dit-il, ce maudit coup d'épée que j'aurais voulu recevoir ?

Pour toute réponse, Raymond lui tendit les deux mains.

— Plaise à Dieu, s'écria René, que vous ayez un jour besoin de mon cœur et de mon épée !

— Votre amitié je l'accepte, l'épée je la repousse, dit Raymond.

René d'Espipat valait mieux que son apparence. Il sacrifiait à la mode du moment, qui était d'avoir la mine impertinente. L'élégance le voulait, comme de porter des moustaches en croc; mais dans les circonstances où ses sentiments d'honneur étaient mis en jeu, René sentait bouillonner en lui le sang de ses aïeux, les braves d'Espipat.

René avait été élevé dans Paris à risquer sa fortune sur une carte, à parler aux femmes d'un ton cavalier, à cacher soigneusement ses qualités, à faire parade de vices excessifs : il en était ainsi au Jockey, au Café Anglais, dans les coulisses de l'Opéra. René s'était laissé recouvrir de dédains, comme son tailleur l'habillait de vêtements à la mode. Un certain nombre d'hommes sont asservis à un apparent dandysme de corruption ; mais la délicatesse des sentiments se cache sous l'épiderme.

Un instant d'entretien ne s'était pas écoulé que Raymond et René devenaient amis pour la vie, et d'Espipat offrait de donner une leçon au lâche Fajon, cause du duel.

— Laissez ce pauvre homme, dit Raymond.

Pour montrer en public l'affection qu'il portait à Raymond :

— Vous me permettrez de fêter votre retour à la santé, dit René. Le jour qu'il vous plaira de m'indiquer, nous souperons au café Tivolier, où vous inviterez vos amis. Laissez-moi avoir l'honneur de vous présenter les miens.

Raymond ne pouvait refuser. Il appela à cette fête le docteur Gardouch, Loubens, Lagardelle et ses compagnons, les clercs de l'étude.

Ce fut un repas plein d'animation et de gaieté : les convives étaient heureux que deux adversaires fussent maintenant amis dévoués.

Maintes fois on but à l'heureux retour à la santé de Raymond. Le vin épanouissant les cœurs :

— D'Espipat, dit un des convives, récite-nous quelque gaie poésie.

— Une partie de lansquenet, répondit René, ne vaut-elle pas mieux que tous les vers du monde?

— Monsieur d'Espipat, reprit Gardouch, si vous consentez à nous faire entendre un morceau de votre composition, je vous ferai part d'un fragment de mon mémoire, qui prouve que Clémence Isaure n'a jamais existé.

— La bonne plaisanterie! s'écria René, croyant que le docteur raillait.

— Rien n'est plus sérieux.

— Ce sera fort intéressant, dit le journaliste Loubens, qui avait obtenu communication du mémoire et s'amusait à l'avance de l'effet de cette diatribe sur les amis de d'Espipat, la plupart nobles et titrés.

— Allons, René! s'écriaient les convives.

— Votre insistance, messieurs, ne me permet pas de refuser, dit René.

Sans vanité, il récita une élégante et railleuse ballade, tout à fait en situation à l'heure du vin de champagne et que chacun applaudit.

Suivant sa promesse, le docteur Gardouch fit montre une fois de plus de ses sentiments voltairiens, en lisant le factum où était traitée vertement, par un esprit sarcastique, la mémoire d'une femme qui a laissé dans Toulouse de poétiques souvenirs.

Seul, Saturnin de Poucharramet resta froid, protestant par son silence contre cette profanation.

Les amis de René d'Espipat, quoiqu'ils représentassent la noblesse du pays, étaient d'un âge où on s'inquiète médiocrement des opinions politiques. Ils ne se montrèrent ni enthousiastes, ni hostiles aux imprécations de Gardouch ; ils préféraient la poésie à la critique, l'inspiration au raisonnement, à la satire quelques rimes mélodieuses, qui répondissent à leurs natures méridionales.

C'est pourquoi René d'Espipat invita chacun des convives à réciter à tour de rôle un morceau poétique, tiré de son propre fonds ou de celui des poëtes contemporains célèbres. Cette motion obtint d'autant plus de succès qu'il était convenu qu'on ne nommerait l'auteur des poésies qu'après l'audition de la pièce. Ainsi furent acclamés des odes, des ballades, des sonnets empruntés à la poésie moderne, et le plaisir était vif pour celui qui le premier apportait la signature de l'ode, de la ballade ou du sonnet.

Quand vint le tour de Raymond, il hésita ; mais, pressé de toutes parts et l'image de Paule n'ayant pas quitté ses yeux pendant le repas, il récita le morceau poétique qu'il avait composé quelques jours auparavant, au bord de la source. D'abord il dit timidement ses propres vers, mais s'étant enhardi, Raymond se laissa gagner par la flamme intérieure qui illuminait ses propres accents, et des applaudissements éclatèrent de toutes parts, car cette pénétrante inspiration rappelait d'heureux temps à ceux qui avaient aimé.

Ceux qui aimaient étaient jaloux de traduire leurs sensations aussi vivement, et les ignorants en amour sentaient leur cœur palpiter, tant l'étan de cette belle pièce était sincère et rafraîchissant.

Tous les convives se regardaient, groupant pour

ainsi dire leurs connaissances en commun pour inscrire un nom célèbre sous ce cantique amoureux.

— Je ne crois pas me tromper, dit Loubens, mais j'ai rarement entendu un homme dire les vers d'un autre avec un tel accent.

René d'Espipat, frappé de l'émotion de Raymond pendant qu'il récitait sa pièce de poésie, se jeta dans ses bras.

— Et dire, s'écria-t-il, que j'ai failli tuer un tel poëte !

Raymond se refusait à accepter les ovations des convives ; toutefois, ému, la flamme dans les yeux, il se défendait faiblement, heureux que l'aveu poétique de sa passion ne fût pas regardé comme trop indigne.

— Pourquoi Raymond n'enverrait-il pas cette pièce au concours des Jeux-Floraux ? dit le peintre Lagardelle.

— Oui, aux Jeux-Floraux ! s'écrièrent les convives.

Mais Gardouch se levant :

— Hé quoi ! mes amis, dit-il, vous êtes assez jeunes pour croire que les mainteneurs comprendraient de telles émotions ? Envoyez-leur des froideurs académiques, des faussetés poétiques... Comment ! vous accepteriez pour juges des vieillards qui conservent dans la galerie des Illustres le portrait d'un inquisiteur qu'ils louent d'avoir fait brûler Vanini ! Mais c'est le musée des formes cérémoniales gothiques, des idées surannées, des abus ! Ils ont raison de s'appeler mainteneurs ! Oui, mainteneurs des préjugés, des réactions politiques, des vieux partis, des haines contre tout esprit indépendant ! Voilà les hommes à qui vous voulez envoyer notre ami Raymond... Laissez tranquilles des momies qui n'existent pas plus que Clémence Isaure, pas plus que la pléiade des dames toulousaines dont ces braves gens rappellent sans cesse les fades mièvreries. Vous avez dit des vers ; moi aussi j'en fais des vers, et puisque vous ne paraissez pas savoir ce qu'est l'Académie des Jeux-Floraux, je vais vous l'apprendre.

D'une voix vibrante, le docteur Gardouch récita :

> Prenez d'abord quinze verdets [1]
> Ajoutez-y douze cadets
> D'antique et haute noblesse,
> Dix jésuites, deux bedeaux,
> Plus un clerc pour servir la messe,
> Et vous aurez les Jeux-Floraux.

En toute autre occasion, cet épigramme de l'ardent libéral eût engendré des querelles parmi les convives ; mais le docteur Gardouch ne laissa pas le temps de discuter sa satire.

— Savez-vous, continua-t-il, comment on arrive à l'Académie des Jeux-Floraux ? Par la sacristie et le confessionnal. Ce n'est pas avec de l'encre qu'il faut écrire, c'est avec de l'eau bénite... Jetez votre plume, prenez un goupillon, faites-vous affilier à quelque pieuse société, sans quoi, nul d'entre vous ne passera le seuil du Capitole. Vous avez composé un beau morceau de poésie, Raymond ; il y manque le signe de la

[1] Il est bon de rappeler aux lecteurs que le drame se passe entre les années 1832-1834, ainsi que le prouve ce mot de *verdet*, qualification des ultra-royalistes quelques années auparavant. — C.-Y.

croix. Pourquoi n'avoir pas fait rimer *carmen* avec *amen?*

Le voltairien était en verve.

— Laissez, reprit-il, les Jeux-Floraux aux vieilles dévotes, aux magistrats de province, aux pédants qui ont appris, dans des traités de rhétorique, comment se fabrique l'inspiration. Si une idée s'empare de vous, si vous êtes dévoré par une flamme, une croyance, une passion, votre pièce ne sera pas couronnée à l'Académie. Les Jeux-Floraux sont faits pour l'intrigue et la médiocrité ; les mainteneurs veulent des alliés entichés de vieilles idées, ennemis de toute jeunesse. Ah ! mes amis, vous réussirez quand votre tête sera couverte de cheveux grisonnants, quand l'âge aura glacé votre sang, quand les malheurs de la vie auront desséché votre cœur.

Cet emportement de Gardouch plut à la jeunesse. A cette heure, l'incisif docteur avait recruté des alliés; et les libations continuant, plus d'un héritier des familles aristocratiques de Toulouse traversa le soir la place du Capitole, accablant de sarcasmes le palais, siége des Jeux-Floraux.

XVI

Cette soirée décida de l'intimité de Raymond avec Lagardelle et Loubens, touchés du sentiment poétique de l'amoureux.

Loubens et Lagardelle se mouraient d'ennui à Toulouse. Le peintre arrivait de Rome après ses études à Paris, envoyé par le conseil général du département qui avait fait les frais de son instruction artistique; mais la ville ne lui fournit pas les moyens d'exercer son talent.

Dans l'atelier du peintre, le journaliste Loubens, choisi par le ministère pour rédiger *l'Étoile de Toulouse*, passait la majeure partie de la journée étendu sur un divan.

Ayant habité longtemps Paris, tous deux en avaient conservé un vif souvenir, et les petites questions de la province ne pouvaient les intéresser. Les poésies de Raymond, jointes au rôle qu'ils jouèrent dans le duel, firent qu'ils s'éprirent d'une vive amitié pour un jeune homme dont les tendances n'avaient rien de commun avec la vie provinciale.

Le cœur de Raymond était plein de motifs poétiques. Pendant les longues insomnies de sa maladie, la petite chambre de Paule apparaissait comme un cadre d'où se détachait la blonde physionomie de sa voisine; ces souvenirs donnèrent naissance à des poésies claires et transparentes au fond desquelles apparaissait la jeune fille, prêtant quelque chose de chaste et de rose à ces *juvenilia*.

Loubens et Lagardelle, qui avaient reçu confidence de la plupart des pièces, furent touchés de cette fraîcheur de sensations. Ils avaient jadis passé par des émotions semblables, moins pures. Il est si rare de rencontrer des femmes qui s'enivrent de tels parfums! Pourtant les deux amis comprenaient la délicatesse de sentiments de Raymond, et, en l'écoutant, ils se demandaient non sans mélancolie : Pourquoi n'avons-nous pas trouvé au début de la vie une femme semblable à celle qui a inspiré ces poésies ?

Une après-midi Raymond entra dans l'atelier de Lagardelle, étendu dans un hamac et occupé, suivant son habitude, à fumer de nombreuses cigarettes, en compagnie de Loubens.

— N'êtes-vous pas fatigués d'une telle existence? demanda Raymond, à qui l'amour avait communiqué une activité et des élans particuliers.

— Je travaille, dit Loubens.

— Ah! s'écria Raymond.

— Je travaille à ne pas travailler, reprit Loubens.

Le propre du parfait journaliste en province est de ne jamais toucher à une plume. Je serais perdu si quelqu'un trouvait une bouteille d'encre chez moi. Quand je suis arrivé ici, le préfet m'a dit : « Monsieur, soyez prudent. » J'ai suivi le conseil, et je m'en trouve bien. La prudence consiste à ne pas écrire une ligne.

— Cependant, quand j'étais malade?... dit Raymond.

— Oui, un moment de faiblesse m'a fait donner le bulletin de ta santé.... Chaque mot de ces bulletins pouvait me faire pendre... Si le docteur Gardouch ne m'avait pas envoyé ses bulletins, malgré l'amitié que je te porte, du diable si j'aurais imprimé quelques lignes qui pouvaient déplaire à tes parents, à tes adversaires, au procureur du roi, car j'éternisais la mémoire de ce duel... Les élections municipales approchent... T'imagines-tu, Raymond, que je prendrais parti pour un candidat? Chacun imprimera dans les colonnes du journal sa circulaire, qui ne sera précédée ni suivie d'aucune réflexion de ma part... Grand Dieu! que deviendrais-je entre les candidats du gouvernement et ceux de l'opposition? La poste aux lettres reçoit des lettres d'affaires, des lettres d'amour, des lettres d'injures... La poste distribue le tout sans se troubler... Un journal est une boîte aux lettres dont je suis le facteur.

— A l'exception, dit Raymond, que les facteurs courent sans cesse et que tu restes étendu sur un divan les deux tiers de la journée.

— Il a été constaté, reprit Loubens, que les facteurs ne dépassent pas une moyenne de cinquante ans sans succomber aux fatigues de leur profession. Je ne veux pas m'user à ce jeu-là. Un homme assis est plus heureux qu'un homme debout, et un homme étendu vaut mieux qu'un homme assis.

— Bien parlé, s'écria Lagardelle. Moi, à qui le conseil général n'a pas dit : « Soyez prudent, » j'affirme que Loubens a parlé en sage, non-seulement pour lui, mais aussi pour moi. Je pourrai peindre ici, à la condition d'entasser mes tableaux dans un coin de l'atelier. A Paris, mes amis les regarderaient ; les gens de Toulouse ont autre chose à se soucier que de peinture. A quoi bon préparer des nids aux araignées ? En dissertant de l'art avec Loubens, chacun se dit que je m'occupe de peinture, et cela suffit. Si j'avais le malheur de peindre, tous les bourgeois me traiteraient de paresseux... Je ne fais rien, je passe pour un homme sérieux.

Par ces paradoxes, Lagardelle et Loubens se justifiaient vis-à-vis l'un de l'autre de l'atonie dans laquelle les jetait la vie provinciale ; mais Raymond plaignait ses amis de l'affaissement dans lequel ils étaient tombés.

— Pourquoi ne sortirions-nous pas ? dit-il.

— Marcher ! s'écria Lagardelle se balançant dans le hamac.

— Tu ne marcheras pas.

— La voiture de monsieur Raymond est-elle à la porte ? demanda ironiquement Loubens.

— Mieux qu'une voiture.

— Des chevaux ? demanda Lagardelle.

— Mieux que des chevaux, dit Raymond.

— Un ballon? dit Loubens.

— Mieux qu'un ballon. Venez avec moi.

Le peintre et le journaliste se levèrent, se demandant quel était le moyen de locomotion plus agréable que des chevaux et une voiture. Guidés par Raymond, ils descendirent sur le quai, où était amarré un bateau au mât duquel flottait un pavillon.

— Ah! les bords de la Seine! soupira Loubens.

— Espères-tu, demanda Lagardelle, que nous allons nous fatiguer à ramer?

— Je me charge de tout, dit Raymond.

— Un canot à Toulouse, dit Loubens, c'est d'une galanterie!

En effet, le canot était une prévenance à l'adresse de Paule. Raymond l'avait avertie que l'après-midi il naviguerait sur la Garonne en face du jardin de la Maison de pierre. Un pavillon rouge servirait de signal. Les amants étaient séparés par l'île de Tounis; mais les yeux amoureux ne connaissent pas de distances.

Raymond savait que Paule, accoudée sur la balustrade du jardin, suivrait du regard le pavillon rouge. Au lieu de descendre la Garonne, il imprima au bateau une direction particulière, allant d'un bord de la rive à l'autre bord, revenant, restant en place, tournoyant, et cela avec tant d'opiniâtreté que Loubens en fit la remarque.

— Voudrais-tu apprendre le métier de passeur?

— Peut-être, dit Raymond.

— Nous serions si heureux d'aller à la dérive, sans penser à rien! s'écriait Lagardelle.

— J'ai fait un pari, reprit Raymond; vous me servirez de témoins.

— Encore! dit Loubens.

— Amère désillusion, s'écria Lagardelle. Je croyais que nous venions en bateau uniquement pour notre plaisir. En quoi consistera notre témoignage?

— Dans le dénombrement des traversées que je ferai d'une rive à l'autre.

— Faudra-t-il que nous prenions la peine de compter ces passades? demanda Loubens.

— Juste, dit Raymond en souriant.

Mais son sourire ne répondait pas à la déconvenue de Loubens. Le regard de Raymond s'efforçait de traverser les espaces; par instants une illusion lui faisait croire aux signaux d'un point blanc, sur la terrasse de la Maison de pierre.

— Un beau tableau que le ciel et la rivière! s'écria Lagardelle. Pas de figures, rien que des nuages se mirant dans l'eau. L'arbre remue, la rivière coule, le nuage flotte. Il faut que j'essaye de rendre cette impression... à mon arrivée à Paris.

— Et tu espères, dit Loubens, rencontrer un homme assez ami de la nature pour ne pas te prier d'ajouter un pêcheur au bord de la rivière, et à côté du pêcheur un cabaret, et dans le cabaret des canotiers qui chantent, et au fond un troupeau de vaches, et derrière le troupeau le chien du berger qui aboie après le taureau, et à quelques pas du taureau une grosse dame qui frémit, et à côté de la grosse dame...

— Assez! ne m'enlève pas mes illusions, s'écria Lagardelle.

Ainsi dissertaient le journaliste et le peintre, étendus dans le bateau, pendant que Raymond, tout entier au souvenir de la Maison de pierre, espérait être vu de Paule.

Cependant Loubens poussa Lagardelle du coude et lui montra Raymond qui, oubliant ses amis, faisait des signaux du côté de la berge, saluait de la main, et les yeux pleins de langueur, ne pouvait cacher sa flamme intérieure.

— Raymond! cria le peintre.

Raymond tressaillit, s'apercevant que ses compagnons suivaient la direction de ses regards. Par un brusque mouvement de rames, il fit tourner le bateau qui, pour la première fois, alla à la dérive.

— As-tu gagné ton pari? demanda ironiquement Loubens.

— Ton adversaire, dit Lagardelle, demeure, à ce qu'il paraît, dans l'île de Tounis.

Raymond se troublait.

— Tu lui fais des signes qui indiquent sans doute combien de fois tu as traversé la Garonne.

— Bizarre pari! reprit Lagardelle. Je me trompe fort ou ce prétendu pari cache un rendez-vous avec quelque beauté mystérieuse...

— Qu'un père barbare empêche de sortir, ajouta Loubens.

Raymond souriait malgré son trouble.

— Est-elle jolie? demanda Lagardelle.

— Si elle est jolie, dit Loubens : mais c'est à cette beauté mystérieuse que s'adressent les poésies de Raymond. Et moi qui imprimais dans mon journal ces déclarations amoureuses, croyant naïvement qu'il s'agissait d'un amour idéal... Raymond est entré parfaitement dans mes idées en prenant *l'Étoile de Toulouse* pour sa boîte aux lettres !

— C'est une histoire intéressante, reprit le peintre. Un pavillon rouge ! Cinquante traversées en face de l'île de Tounis... Raymond se moquait de nous ! Un bateau, deux badauds... Tu seras surveillé, mon cher Raymond, car tu cours des dangers.

— Qui sait, dit Loubens, si le duel avec d'Espipat n'a pas son origine dans cette passion mystérieuse ?

— Je vous en prie, disait Raymond qui se sentait deviné.

— Quand le soir, reprit Lagardelle, tu rencontreras aux environs de l'île deux hommes enveloppés dans de larges manteaux...

— Couleur de muraille... ajouta Loubens.

— Songe que tes amis veillent sur toi et qu'ils sont prêts à te donner un coup de main. La vie à Toulouse est d'un ennui ; il fallait un Raymond pour en rompre la monotonie.

— Le mot d'ordre sera Amour et Discrétion, ajouta Loubens.

Mais Raymond, de nouveau livré à lui-même, n'entendait plus les railleries de ses amis. Le bateau allait à la dérive. Couché près du gouvernail, Raymond suivait les nuages se détachant sur le ciel bleu. Les nuages sont les confidents des amoureux. La nature est discrète. Impalpable comme l'horizon, varié comme la tendresse, le nuage fuit, reparaît, se teinte de riches couleurs auxquelles succèdent de tendres nuances ; sur cette palette l'amoureux choisit sa couleur préférée. Dans chaque forme vague il retrouve le portrait de celle qu'il aime.

A cette heure, Raymond voyait Paule à travers de blancs moutonnements.

Ses amis pouvaient s'égayer en toute liberté; Raymond ne les entendait plus. Le soleil se couchait, et dans ses rayonnements irisés de vert et de rouge, le poëte regardait étincelante la figure de la belle Paule.

XVII

Le lendemain du souper offert aux amis de Raymond par d'Espipat, Saturnin en raconta les principaux incidents à l'abbé Supplici, s'accusant d'être resté jusqu'à la fin de la soirée en une telle société.

— Cher enfant, dit l'abbé, j'aime à vous entendre exprimer d'aussi bons sentiments ; en effet, on ne saurait trop blâmer la conduite de M. d'Espipat, qui se mésallie à un pareil contact. Le cœur de sa parente, madame de Parrequeminières, saignerait si elle avait connaissance de ces orgies. Quant à ce qui vous touche personnellement, vous aurez tiré plus d'un enseignement de cette soirée, ne fût-ce que de vous ancrer dans les idées vraiment religieuses.

Alors l'abbé Supplici traça un sombre tableau du scepticisme de la bourgeoisie, représentée par le docteur Gardouch.

— Ce sont bien les fils de leurs pères, dit-il ; ils continuent avec la plume les dévastations que leurs aïeux ont commencées avec la hache. Les révolutionnaires faisaient couler le sang ; les bourgeois font couler une encre plus dangereuse encore.

Comme les Jeux-Floraux étaient menacés des attaques du docteur, l'abbé fit part à Saturnin du rôle que l'Académie jouait, sur quels intérêts elle s'appuyait, et de quelle importance elle était dans une société sans croyances.

— Aurais-je accepté un fauteuil de mainteneur, s'écria l'abbé, car ce sont des fonctions délicates et difficiles qui m'enlèvent à mes devoirs religieux, si je n'avais pas jugé qu'il y a une place de phare à prendre, oui de phare destiné à guider les naufragés roulés dans les flots des mauvaises doctrines !

Suivant M. Supplici, l'Académie avait des racines si profondes que les amis de René d'Espipat, malgré leur peu de croyances, reconnaissaient la suprématie des Jeux-Floraux en conseillant à Raymond d'envoyer ses poésies au prochain concours.

— Ainsi, dit l'abbé, l'athée le plus endurci invoque sans le vouloir le nom de Dieu.

A entendre le prêtre, certains membres de la bourgeoisie n'étaient hostiles à l'Académie qu'à cause des blessures faites à leur vanité.

— Ce Gardouch, dit-il, a usé plus d'une paire de souliers en démarches pour siéger au Capitole ; mais, voyant à l'accueil des membres dont il sollicitait les suffrages combien il avait peu de chances, il se venge aujourd'hui en attaquant la mémoire de notre patronne, qu'on ne peut pas plus nier que les mystères de notre religion.

Saturnin de Poucharramet écoutait attentivement.

— Pourquoi, cher enfant, s'écria l'abbé, le ciel semble-t-il vous avoir refusé le don de la poésie ? Sans doute, pendant cette orgie, le sang a dû monter à votre visage ; vous avez peut-être senti la parole s'emparer de vous, vous commandant de répondre à ces blasphémateurs. Et pourtant vous avez sagement agi en refoulant vos impressions et en me demandant conseil. Continuez, Saturnin, à fréquenter ces jeunes gens et ne craignez pas de salir votre robe d'innocence dans leur société : les principes que je vous ai inculqués sont une armure qui vous préservera de toute souillure. Écoutez les discours de ces libertins. Il est bon que je sache à quel degré l'erreur s'est emparée de leurs âmes. Un jour, j'aurai à les guérir. Ces jeunes gens parlent en têtes folles : quand ils connaîtront la vie, ils se diront que l'homme ne peut s'appuyer sur d'abominables sarcasmes.

L'abbé recommandait à Saturnin de noter les principales attaques de ses adversaires, de les peser, de les juger et de se livrer à une sorte de réfutation.

— Quelle gloire pour vous, cher enfant, quand ce Gardouch aura livré à l'impression son scandaleux mémoire, d'arriver, armé de toutes pièces, pour la défense de Clémence Isaure ! Songez qu'après trois prix à l'Académie, un fauteuil attend l'heureux vainqueur.

A la physionomie de Saturnin, l'abbé Supplici s'aperçut que la réfutation qu'il indiquait au jeune homme ne convenait pas à sa nature.

— Oui, dit-il se parlant à lui-même, un érudit serait utile pour prouver combien les négations de ce Gardouch partent d'une âme basse et vicieuse.

L'abbé Supplici se promenait à grands pas.

— C'est une inspiration du ciel, dit-il à Saturnin, qui vous a conduit au milieu de ces jeunes gens... Vous avez entendu les poésies de M. Raymond ; on les a couvertes d'applaudissements... A ce moment, n'avez-vous ressenti aucun tressaillement intérieur ?

L'abbé Supplici prit les mains de Saturnin.

— Cher enfant, vous avez peut-être composé en secret quelque morceau de poésie sans me l'avouer ?

Saturnin ne répondait pas et baissait les yeux.

— Parlez, je ne puis deviner, disait l'abbé Supplici en pressant les mains de son élève. Vous semblez dire que non... Pourtant une flamme a jailli de vos regards quand je vous ai parlé des poésies de votre camarade.

L'abbé tenait toujours les mains de Saturnin comme pour en exprimer la pensée.

Un instant tous deux restèrent silencieux, le prêtre attendant qu'une confidence s'échappât du cœur de Saturnin ; elle ne vint pas de sa bouche, mais de son front et de ses mains.

— Tant mieux, s'écria l'abbé Supplici, les yeux plongeant dans les paupières baissées de son élève, tant mieux si vous êtes froissé de la supériorité de votre compagnon de jeunesse... L'émulation vous manquait... Quand vous sentirez l'aiguillon d'un rival, vous aussi deviendrez poëte.

Saturnin était confus de se voir pénétré par le prêtre.

— Il convient tout d'abord, cher enfant, de savoir quel habillement poétique vous revêtirez... Avez-vous quelquefois songé aux différents modes à l'aide desquels l'homme rend ses sensations ? Vous avez entendu les sonnets cavaliers de M. d'Espipat ; le peu de plaisir que vous y avez pris prouve que le genre de vie qui les a produits vous est heureusement inconnu. La fatuité jointe à l'impertinence ne répond pas à votre nature réfléchie. Non plus la poésie amoureuse de M. Raymond ne saurait être votre idéal. L'églogue et l'idylle sont d'une essence plus délicate : chanter la verdure des bois, les charmes du printemps, le troupeau et son berger veulent des natures distinguées qui dépasseraient facilement les classiques trop vantés de l'antiquité. Car quel succès attendrait un poëte idyllique qui ferait intervenir le Créateur dans le vol de l'oiseau, dans l'éclosion de la rose ? Dieu est partout ; nos poëtes modernes ne le montrent nulle part. Cher enfant, vous n'avez pas assez goûté les charmes de la vie des champs. Laissons donc de côté l'idylle et l'églogue. Élégiaque, vous ne l'êtes pas encore. Votre nature semble se refuser même pour l'avenir à l'élégie... Attachez-vous, Saturnin, à choisir un genre mixte entre l'ode et l'épître. Monseigneur le disait encore dernièrement à la séance des Jeux-Floraux : « L'ode s'en va, l'ode est morte ! » Mais il faut un instrument puissant, un tube d'airain pour y souffler des notes de victoire... L'épître est plus modeste.

En ce moment, la servante apporta un billet de deuil à l'abbé Supplici.

— Ce pauvre chanoine Vafflart qui s'est laissé mourir! s'écria le prêtre en décachetant la lettre. L'Église ne fait pas une perte considérable. C'était une pauvre tête, un esprit faible, que l'abbé Vafflart. Il n'a pas combattu pour faire triompher les principes de la religion. Un prêtre indifférent, à quoi bon? Le chapitre ne le regrettera pas.

Sans prendre garde que Saturnin l'écoutait, l'abbé Supplici prononça une ironique oraison funèbre du chanoine Vafflart.

— Eh! mais, s'écria-t-il tout à coup, voilà un sujet admirable : *La mort du prêtre !* Monseigneur avait quelques bontés pour M. Vafflart... Quelle excellente idée que de peindre ses derniers moments! Ah! cher enfant, le clergé vous saurait gré de ce pieux souvenir. M. Vafflart avait des qualités... Il n'était pas brillant en chaire, mais je me rappelle le cas que j'ai entendu faire de sa diction par des membres du barreau... Saturnin, voilà un thème que, mieux qu'un autre, vous êtes en état de traiter... L'enterrement se fera avec pompe; n'y manquez pas... Prenez modèle sur les discours qui seront prononcés sur la tombe du digne chanoine Vafflart.... Vous recueillerez quelques traits de sa vie intime... C'était une honnête et candide nature que notre regrettable Vafflart. Sa mort a dû être bien douce...

Ayant congédié Saturnin, l'abbé Supplici l'engagea à méditer le sujet et à lui soumettre ses essais pour lesquels il était prêt à lui donner d'utiles conseils.

XVIII

Raymond profita de ses premiers jours de sortie pour rendre visite à Negogousse. Les nouvelles qu'avait envoyé prendre fréquemment le marchand d'huiles par Mamette permettaient à l'amoureux de franchir le seuil de cette Maison de pierre, dans laquelle il n'avait jamais osé rêver d'entrer.

Une émotion singulière fit palpiter le cœur du jeune homme quand il sonna à la porte de l'hôtel.

Negogousse était à table, en compagnie de sa fille, à l'heure où Raymond se présenta. Paule rougit, quoique préparée à cette visite. Pour la première fois, elle entendait la voix de celui qui remplissait sa vie, et quand Negogousse présenta sa fille, les deux amants ne sourirent pas de ce père qui croyait que les deux jeunes gens se voyaient pour la première fois.

Un trouble plus considérable encore que celui de Paule s'était emparé de Raymond ; il se repentait de sa démarche, la pureté de son amour l'empêchant de trouver légitime la tromperie que, de complicité avec Paule, il se permettait vis-à-vis de son père.

Sans passions, Negogousse comprenait à peine les nécessités d'un duel : cela n'avait pas cours dans son commerce, et il avait apporté une médiocre attention à la maladie du fils de sa voisine, quoique cet événement eût rempli la ville. Aussi la conversation fut-elle froide. Quant à Raymond, il n'osait pas même regarder Paule à la dérobée, craignant un redoublement d'émotions.

Ce fut une de ces visites à la suite desquelles les amoureux timides se retirent le cœur gros, les nerfs irrités, les yeux voyant tout en noir.

Negogousse n'avait pas invité Raymond à revenir. La Maison de pierre plus que jamais était fermée au clerc. Il avait perdu ce jour-là une des rares occasions de se rapprocher de Paule. Raymond souffrait tellement qu'il accumula toutes ses douleurs dans une lettre pour se justifier auprès de Paule, croyant l'avoir blessée par son attitude embarrassée. Lettre brûlante où le feu comprimé dans le cœur de l'amoureux débordait à chaque ligne.

Les regrets de Raymond étaient d'autant plus cuisants que maintenant il fallait rentrer à l'étude de Me Trebons et se plonger dans l'examen de fastidieuses procédures.

Par un de ces hasards que les amoureux mettent sur le compte de la Providence, le jour même où Raymond reprenait sa place au milieu de ses compagnons, Negogousse entra peu après lui dans l'étude. Heureusement Raymond était assis, car son trouble l'eût trahi. A la vue du père de Paule, il avait pâli ; un frémissement s'était emparé de tout son corps, et la plume qu'il tenait dans la main laissait tomber sur la feuille de papier une noire biffure.

Le maître clerc indiqua à Negogousse la porte du cabinet de l'avoué, et le marchand entra, laissant une angoisse profonde au cœur de Raymond.

Son amour pour Paule avait-il été surpris par un père irrité, qui venait se plaindre à Me Trebons de la conduite de son clerc ? La lettre qu'il envoyait la veille à Paule, à la suite de sa visite, avait-elle été trouvée par le marchand ?

L'imagination des amoureux travaille tellement dans le sens *amour* qu'elle peut se comparer, quoique l'image soit vulgaire, aux jambes des danseurs, qui prennent de la force aux dépens des autres parties du corps. Ne s'appliquant à aucune autre matière, l'imagination des amoureux devient faible en tous points, dès lors qu'il ne s'agit plus de passion.

Pour les clercs l'entrée de Negogousse dans le cabinet de Me Trebons voulait dire *affaire*. Raymond ne pensa qu'à ce qui le touchait personnellement. Toutefois, il fut tiré de sa désillusion par le maître clerc qui, appelé par l'avoué, annonça qu'il s'agissait d'un important débat commercial entre Negogousse et un riche négociant d'Avignon.

— Un beau procès ! s'écria en se frottant les mains le maître clerc, déjà assez épris de la procédure pour se féliciter d'une affaire dans laquelle combattaient d'importants capitalistes.

Raymond écoutait attentivement la parole du maître clerc, comme aussi les propos de ses camarades qui, répétant les dictons de la ville, décuplaient la fortune et les opérations du riche Negogousse.

— Quelle dot pour la fille ! s'écria le maître clerc, rêvant à l'achat d'une étude future.

Ce mot fit mal à Raymond. *Argent* rime mal avec *amour*.

Le maître clerc ne raisonnait pas de la sorte. Il revenait constamment sur la dot de la jeune fille, qui, à l'entendre, payerait la meilleure charge de Toulouse.

Dure conversation pour un amoureux ! N'étaient-ce pas de cruelles réalités que celles qui se cachaient sous ces paroles ? A cette heure, Raymond souhaitait la pauvreté à Paule et à son père !

Un homme de condition médiocre fût entré dans le cabinet de l'avoué sans soulever d'observations parmi les clercs. Au contraire, un être riche, par cela seul qu'il est riche, semble précédé de laquais invisibles qui font sonner de gros sacs d'écus; partout où l'homme passe, le son des écus bourdonne aux oreilles des gens et amène des commentaires sans fin.

Raymond n'en était pas arrivé à l'âge où le bref dictionnaire à chaque page duquel sont gravés trois mots; *amour, argent, ambition*, et autour de ces mots d'autres qui en sont les humbles serviteurs, inquiète tant de gens.

Raymond épelait encore le premier mot, et avant d'arriver à sa parfaite compréhension, plus d'une année devait se passer.

A différents intervalles Negogousse reparut à l'étude, sans remarquer la présence de Raymond parmi les clercs. Le marchand était préoccupé de son affaire, qui elle-même s'empara de toutes les imaginations de l'étude.

Maître Trebons reconduisait Negogousse avec autant de saluts que s'il eût reçu un prince.

Le nom de Negogousse prit dès lors, dans la bouche de l'avoué, une solennelle tournure, qu'imita de son mieux le maître clerc ; mais le secret de cette prononciation semblait réservé à M⁰ Trebons, qui, sortant de son cabinet, s'écriait :

— Et l'affaire-Negogousse ?

Ou :

— S'occupe-t-on de l'affaire-Negogousse ?

Ou :

— Pressons l'affaire-Negogousse.

Quand M⁰ Trebons saluait Negogousse, il saluait l'*affaire-Negogousse* bien plus que l'homme. Le négociant était grand, fort, carré des épaules. L'avoué chétif, maigre, de petite taille. C'était un spectacle divertissant pour les clercs que le moineau saluant l'éléphant ; mais l'avoué avait plus de sagacité qu'un moineau, et rien ne démontrait que Negogousse eût l'intelligence d'un éléphant.

Raymond, ayant échappé aux émotions de la première visite du négociant, ne pensa guère plus à ce nuage que le paysan ne songe à la grêle prête à fondre sur son champ, aussitôt que l'a chassée le vent.

Un jour le maître clerc, d'une voix où se remarquait quelque altération, pria Saturnin de passer dans le cabinet de M⁰ Trebons; la figure soucieuse, le maître clerc fit confidence aux jeunes gens placés sous sa direction d'un fait inouï dans les fastes de la procédure.

M⁰ Trebons livrait le dossier Negogousse aux mains de Saturnin de Poucharramet, qui n'avait que six mois de stage. Un patron ingrat enlevait au maître clerc des attributions auxquelles il avait droit par son titre et cinq ans de service. On le dépossédait de ses fonctions pour en investir un sournois, un mauvais camarade !

Cette confidence excita de tels murmures que Raymond fut tiré de ses méditations. La figure ahurie comme celle d'un homme qu'on réveille tout à coup, il ne comprenait rien à l'irritation de ses camarades; mais quand il entendit accoler le nom de Negogousse à celui de Saturnin, il écouta.

Le maître clerc, en ce moment, détaillait l'importance telle de l'affaire Negogousse, qu'il n'en avait jamais vu de si grave au tribunal civil, depuis son entrée dans l'étude.

Ce devaient être des procès enchevêtrés les uns dans les autres qui dureraient certainement une couple d'années, affaire d'or à la suite de laquelle M⁰ Trebons se retirerait sans doute. Confier la direction de l'affaire à Saturnin, c'était faire reviser le plan d'une bataille par un simple soldat.

— Je suis décidé à ne recevoir ni ordres ni conseils d'un Poucharramet, disait le maître clerc, et si le patron ne me rend pas justice, je plante là la boutique.

Aucune sympathie n'était résultée vis-à-vis de Saturnin de son séjour dans l'étude. Les regards baissés, l'onction des mains chaudes de l'élève de l'abbé Supplici ne lui avaient pas ouvert les portes de la confiante camaraderie de jeunesse. Malgré les modifications de toilette de Saturnin, ses nouveaux habits semblaient d'emprunt et gênants ; il y avait, dans toute sa personne, du *travesti* d'un acteur maladroit. Il n'était pas arrivé à ce scepticisme apparent qui distingue les prêtres dans les salons. Tout propos plaisant lui semblait satanique ; sa bouche se refusait à un semblant d'approbation complaisante.

Au contraire, Raymond, malgré ses rêveries, attirait la sympathie de tous. Doux et facile compagnon que les clercs plaisantaient sur ses étonnements successifs, Raymond, n'écoutant que des voix intérieures, quand il était rappelé au monde réel par quelque interrogation, souriait lui-même le premier de ses absences et supportait avec bienveillance les malices de ses camarades.

Si le dépit du maître clerc de se voir supplanté par Saturnin trouva un écho chez les jeunes gens, Raymond fut atteint d'une commotion si rude qu'un coup de brancard de voiture dans la poitrine ne l'eût pas blessé plus fortement.

L'amour rend égoïste.

Tout ce qui touchait à Paule semblait devoir appartenir à Raymond.

Saturnin se trouverait en rapport avec le père de Paule. Le service de l'étude l'amènerait infailliblement dans la Maison de pierre. Il rencontrerait Paule. Peut-être l'aimerait-il ? Qui peut voir Paule sans l'adorer ? pensait Raymond.

Les amoureux placent si haut la femme de leur choix et l'entourent de rayons tellement éclatants qu'il est impossible, selon eux, qu'à sa vue tous les hommes n'en deviennent pas ardemment épris. Qui dit amour dit jalousie. Aimer sans jalousie n'est pas aimer, et la jalousie est le plus cruel châtiment que l'homme puisse subir.

Raymond épia la figure de Saturnin pendant qu'il travaillait et remarqua pour la première fois les lignes hypocrites qui couraient sur le masque de son camarade ; il souffrait que celui qu'il appelait son rival fût hypocrite, car il craignait que l'hypocrisie à l'aide de laquelle sont pipés tant d'hommes ne servît Saturnin auprès de Negogousse. L'affaire dont il était chargé au détriment du maître clerc n'avait-elle pas été longtemps sollicitée par Saturnin ? Se pouvait-il que Mᵉ Trebons confiât à un clerc si nouveau d'étudier un procès compliqué qui commandait l'attention d'un praticien rompu aux affaires ? Plus d'une nuit, Raymond la passa à peser les raisons qui militaient en faveur de son rival.

Cependant le maître clerc n'avait pas été sans exprimer ses griefs à l'avoué.

— Vous auriez raison, Julien, dit Mᵉ Trebons, si je vous enlevais ma confiance pour la donner tout à coup à un débutant. J'ai communiqué l'affaire Negogousse à M. de Poucharramet afin qu'il pût suivre attentivement le débat d'un procès qui, certainement, en amènera d'autres. M. de Poucharramet m'a été recommandé, vous le savez, par un ecclésiastique à qui je n'ai rien à refuser... Saturnin sera initié à une affaire importante, rien de plus... J'ai voulu éveiller sa curiosité ; aujourd'hui les jeunes gens font du droit sans en comprendre l'intérêt.

Le maître clerc, rayonnant de n'avoir pas démérité dans l'esprit de son patron, conta à ses camarades le résultat de sa conversation avec l'avoué ; et s'il resta dans l'esprit de Raymond quelque amertume, l'affaire Negogousse eut pour résultat d'enlever Raymond à l'image exclusive de Paule. Lui aussi se surprenait à poser des questions de droit au maître clerc. Il voulait sonder les mystères de ce gros procès.

XIX

La nomination de l'abbé Supplici en fit un personnage considérable, particulièrement dans le salon de madame de Parrequeminières. On lui savait gré d'avoir tourné heureusement une grave difficulté académique ; et si Laffitte-Vigordanne et Escanecrabe lui gardèrent quelque rancune de les avoir supplantés, les deux rivaux n'en avaient pas moins été faire à la cure une visite de politesse.

A partir du jour de l'élection, le marquis de Peschbusque baissa, ayant été rapporté à demi mort à la suite de la longue séance du Capitole ; mais l'oncle de madame de Parrequeminières subit l'assaut avec plus de résistance, et il put repartir quelques jours après pour les îles d'Hyères, annonçant toutefois qu'il était inutile désormais de l'appeler en cas d'élections, puisqu'une sentinelle vigilante, l'abbé Supplici, était posée au seuil de l'Académie.

Le prêtre n'eût-il pas creusé lui-même le sillon de sa fortune dans cette terre aristocratique, que l'opinion de M. de Castelgaillard eût suffi à l'implanter profondément dans un salon d'où partaient de mystérieux fils électriques qui traversaient Toulouse pour aboutir aux Jeux-Floraux.

Dès lors, l'abbé Supplici dressa ses batteries afin de préparer le succès de Saturnin. Comment le jeune homme se tirerait-il des *Stances du Prêtre mourant*? L'abbé parfois croyait à l'impossibilité de la réalisation ; mais ayant cité le nom de Saturnin de Poucharramet comme celui d'un poëte d'avenir, sur lequel l'Académie devait jeter les yeux, cette annonce produisit une certaine sensation parmi les invités de madame de Parrequeminières.

Profitant d'un instant où les invités étaient divisés en petits groupes, l'abbé Supplici dénonçait à madame de Parrequeminières la conduite de son neveu, qui scandalisait les natures pieuses.

— René ! s'écria madame de Parrequeminières.

— Oui, madame la marquise, M. d'Espipat, qui compromet son nom par des fréquentations avec nos ennemis, applaudit à leurs sacriléges et fait cause commune avec les ennemis de l'Église.

Madame de Parrequeminières sourit, et ce fut au tour de l'abbé Supplici de subir la même leçon qu'il avait infligée à Saturnin, alors qu'il l'engageait à montrer au besoin quelque scepticisme.

Le duel avec Raymond avait posé tout à fait René d'Espipat dans Toulouse.

Si René eût été pris de l'amour des succès vulgaires,

il fût devenu le roi des étudiants ; mais d'Espipat était une nature aristocratique, qui ne le portait pas à accepter le rôle d'un Fajon parmi la jeunesse. Il se mêlait rarement aux étudiants, préférant à leurs plaisirs l'équitation, le jeu, la salle d'armes ; et il eût été taxé de mauvais camarade à l'École de droit si sa bravoure, son audace, ses prodigalités, sa mine fière n'en eussent imposé.

La moustache rousse en croc, l'œil petit mais perçant, le menton fin et en saillie, d'Espipat n'était pas sans rapport avec les infants d'Espagne, qu'un Velasquez a représentés dans leur suprême dédain.

René était un cavalier accompli : toutefois, les plaisirs du monde, les orgies, les folles amours n'avaient pas prise sur son intelligence. Un volume ayant pour titre *Fumée de cigare*, qu'il publia pendant un précédent séjour à Paris, fit son trou par la jeunesse et l'impertinence, quoique ces crâneries fussent découpées sur le patron d'Alfred de Musset ; mais parmi les étudiants de Toulouse, ces spirituelles poésies suffisaient à la réputation d'un gentilhomme qui, aux exercices du corps, joignait une certaine culture de l'esprit.

Les Toulousaines, grandes dames et grisettes, étaient affolées de ce René triomphant qui ne donnait pas son cœur à la première venue. Il était jeune, il avait grand air, beaucoup de distinction, plus encore de dettes ; sa parente, madame de Parrequeminières, le défendait chaudement en toute occasion, et si quelques nobles dames se plaignaient des désordres de ce « mauvais sujet, » elles lui faisaient mille avances quand il entrait dans un salon.

Ce fut une leçon pour l'abbé Supplici, qui se mordit les lèvres de sa maladresse. Ne reste-t-il pas dans l'esprit de la noblesse ennuyée un fonds d'intérêt pour les jolis garçons porteurs d'un beau nom, assez fiers de leurs titres pour ne pas se mésallier, et qui jouent galamment de l'épée comme sous la Régence?

René, c'était la distraction du quartier de la noblesse. A-t-on vu René? Que fait René? Telles étaient les questions que les femmes se posaient quand le jeune homme restait une huitaine sans se montrer chez la marquise.

— Je crains que vous ne connaissiez pas mon neveu, monsieur l'abbé, dit madame de Parrequeminières. Il est jeune et s'amuse; loin de se poser en ennemi de l'Église, il vous séduirait tellement par sa conversation que, certainement, vous le défendriez en toute occasion.

Le même soir, René vint rendre ses devoirs à sa tante. A l'accueil qui fut fait au jeune homme par les douairières, l'abbé Supplici se promit de réparer sa faute.

— Chère tante, dit René en baisant la main de madame de Parrequeminières, excusez-moi d'être resté si longtemps sans vous embrasser; mais vous me pardonnerez quand je vous dirai qu'il fallait faire oublier à un charmant garçon un abominable coup d'épée de ma façon. Mon adversaire est devenu mon ami, et je vous demande la faveur de vous le présenter.

— Est-il noble? demanda la marquise.

— Il est poëte, madame.

— Vraiment! s'écria madame de Parrequeminières

Les cours d'amour vont-elles rouvrir leurs séances? Il n'est question que de poésie à Toulouse... Tout à l'heure M. l'abbé nous parlait d'un jeune barde de grande espérance, l'auteur des *Stances du Prêtre mourant*.

René regarda l'abbé Supplici, qui s'inclinait en signe de remerciement du souvenir de la marquise pour son protégé.

— L'auteur du *Prêtre mourant*, connais pas! dit René sur un ton parisien qu'à lui seul on passait chez la marquise.

— Monsieur d'Espipat, dit l'abbé, le jeune poëte, placé sous ma direction par sa famille, m'a dit quelle heureuse impression vous aviez produite sur lui dans le banquet offert si noblement à votre adversaire.

— Comment se nomme ce jeune barde, monsieur l'abbé? demanda madame de Parrequeminières.

— Saturnin de Poucharramet, madame la marquise.

— Je ne me rappelle pas, dit René, avoir entendu prononcer ce nom pendant le dîner.

— Il était tout oreilles à vos spirituelles poésies, monsieur le marquis. Saturnin est devenu jaloux de votre génie... Chaque vers, me disait-il, est une merveille de grâce et d'élégance... Et s'il n'y avait pas d'indiscrétion, monsieur le marquis, à vous demander communication de votre volume de poésies, je serais trop heureux de l'occasion que m'a fournie la bienveillante madame de Parrequeminières, en me mettant à même de faire votre connaissance.

René s'inclina. Toutefois la physionomie de l'abbé Supplici ne lui était pas sympathique.

— Monsieur l'abbé, dit-il, j'aurai l'honneur de vous envoyer le volume qu'il vous plaît de me demander... Ce sont de purs caprices qu'il me paraît inutile de communiquer à l'auteur du *Prêtre mourant;* il les goûterait médiocrement.

— Pourquoi, monsieur le marquis?

— Il y avait, en effet, à notre table un convive qui ne s'associait pas à notre gaieté...

— Le bon Saturnin est si timide! reprit l'abbé.

— Nous n'y avons pas pris garde, du reste, étant trop occupés de folies.

— J'espère, monsieur le marquis, dit M. Supplici, que l'auteur des *Stances du Prêtre mourant* se fera connaître à vous sous un meilleur jour, s'il a l'honneur d'entrer en plus intime connaissance avec un poëte aussi distingué que le neveu de madame de Parrequeminières.

Ainsi se termina la présentation entre d'Espipat et l'abbé. Ils se retrouvèrent à une des soirées suivantes où René avait obtenu de sa tante l'autorisation de présenter Raymond.

D'abord madame de Parrequeminières reçut froidement le nouveau venu. Il n'avait pas de titres, et son nom sentait la roture; mais René s'était mis en tête de faire prendre pied à Raymond dans un salon dont il n'ignorait pas l'influence.

Alors régnait dans le cénacle aristocratique une demoiselle de la Couroude, oracle de la maison. En compagnie de madame de Parrequeminières, elle jouait un rôle considérable dans les élections académiques. Les deux dames, pour ne point se jalouser, s'étaient réservé des tâches différentes, et la marquise parlait sans cesse des éminentes qualités poétiques de mademoiselle de la Couroude, qu'un académicien galant avait comparée à un timbre délicat sans cesse en vibration.

Cette exquise sensibilité avait pris naissance au détriment de la matière. Longue, maigre, sèche, mademoiselle de la Couroude n'offrait, du menton à la poitrine, qu'une succession de cavernes reliées par des nerfs bleuâtres tranchant sur le parchemin de la peau.

— Souffrez, monsieur, que je vous présente à la Muse de notre salon, dit madame de Parrequeminières à Raymond.

Raymond resta anéanti devant de longues dents à l'anglaise, qui s'avançaient comme pour dévorer une proie. Le sourire attaché à ces défenses sentait l'ogresse.

— Ma chère *enfant* (on appelait ainsi mademoiselle de la Couroude, quoiqu'elle eût dépassé la cinquantaine), voulez-vous me permettre de présenter à notre dixième Muse M. Raymond, qui va tout à l'heure nous donner un échantillon de ses essais poétiques.

Mademoiselle de la Couroude tendit sa maigre main à Raymond, qui crut serrer un clavier de piano avec les cordes.

— Du courage, dit René, venant au secours de Raymond. Lis ta dernière pièce de vers, chacun brûle d'impatience.

Quoiqu'il s'en défendît, Raymond fut obligé de réciter le morceau que souhaitait d'Espipat.

— Bravo, monsieur, dit mademoiselle de la Couroude, c'est de la véritable *poasie* que vous venez de nous faire entendre ; vous êtes *poate*, monsieur.

— Je vous laisse, dit la marquise, en compagnie de l'arbitre le plus délicat de Toulouse.

Raymond n'était pas sans émotions. Les longues dents de l'arbitre, deux larges narines en forme d'accents circonflexes, la façon mystagogique dont elle prononçait *poasie*, ne donnaient pas au jeune homme l'assurance nécessaire dans ce salon académique.

Assis sur une étroite causeuse à côté de mademoiselle de la Couroude, il voyait circuler aux alentours de grands abat-jour verts sous lesquels disparaissaient les yeux, des bonnets de soie noire protégeant oreilles et crânes, de hauts collets d'habits formant bourrelets à des nuques chenues, d'énormes lunettes à grands verres brillants. Sous ces engins préservatifs de la vue, de l'ouïe, s'agitaient fantastiquement les mainteneurs des Jeux-Floraux.

Derrière mademoiselle de la Couroude se tenait un énorme perroquet sur son perchoir. Il se dodelinait de droite et de gauche, penchait la tête, fermait l'œil à demi comme pour mieux écouter, et semblait lui-même un académicien. Si ses interjections troublaient Raymond, mademoiselle de la Couroude le troublait encore plus. Chacune des questions de la dixième Muse avait trait à quelque chose d'intime. Raymond sentait une vrille cherchant à pénétrer ses secrets.

— Il faut avoir profondément souffert, disait mademoiselle de la Couroude, pour que s'allume le feu sacré de la *poasie*... Confiez-moi, jeune *poate*, vos souffrances sans crainte.

Comme Raymond ne répondait pas, l'arbitre entama une longue dissertation sur la souffrance, envisagée comme un des plus actifs excitants des facultés intellectuelles.

Cette fontaine de paroles qui coulaient monotones et incessantes, sur un ton de convention, rappela, au souvenir de Raymond, Paule, une image si absorbante, qu'il n'entendit plus dès lors les variations verbeuses de la Muse.

— Vous êtes bien jeune pour avoir tant souffert, disait mademoiselle de la Couroude.

Raymond ne répondait pas. Visiblement sa pensée flottait ailleurs.

— Vous avez des distractions, monsieur, reprit mademoiselle de la Couroude d'un ton sec.

Se levant de l'étroite causeuse où elle était prête à entendre les confidences de Raymond, elle rencontra madame de Parrequeminières.

— Avez-vous bien confessé M. Raymond? demanda la marquise. Ce jeune barde annonce-t-il quelque avenir?

— Manque de sentiments élevés, dit mademoiselle de la Couroude.

— Vraiment!

— Nature commune, sans horizons.

— Comment mon gentil René nous amène-t-il de tels gens?

— Conversation terre-à-terre, continua mademoiselle de la Couroude. La croûte de vulgarité est trop épaisse pour que l'idéal puisse la traverser.

— Quel excellent juge vous êtes en ces matières, chère enfant! s'écria la marquise, et comme je remercie le ciel que mon salon soit éclairé par un tel flambeau!

— Voyez! dit mademoiselle de la Couroude, en montrant à la marquise Raymond.

Resté sur la causeuse, le poëte semblait fasciné par le perroquet qui, faisant des frais de politesse, était descendu au dernier degré de son perchoir, se rapprochait du jeune homme et lui parlait une langue aussi étrange que son plumage.

Les natures méditatives sont frappées par le grotesque. Devant les paupières ridées du perroquet sans crâne, Raymond restait étonné. Le bec en demi-cercle, la langue noire comme un parchemin brûlé, les plumes écarquillées de l'oiseau le remplissaient d'idées bizarres, et il ne fut rappelé à la réalité que par une servante qui, ayant soufflé les bougies, enleva le perchoir.

La soirée terminée, les invités étaient partis sans que Raymond s'en fût aperçu.

XX

L'époque du concours aux Jeux-Floraux approchait. Pressé par Loubens et Lagardelle d'y prendre part, Raymond maintenant reculait.

Il était de ces poëtes qui, ayant jeté leurs impressions sur le papier, ne s'inquiètent plus des inspirations passées. Toujours fermente le cerveau de ces natures qui croient n'avoir rien fait quand quelque chose reste à faire.

Défiants vis-à-vis d'eux-mêmes, de tels hommes sentent palpiter en eux d'immenses joies pendant l'exécution d'une œuvre qui leur apparaît rayonnante. A peine cette œuvre a-t-elle pris corps qu'elle se dissipe comme les brumes du matin. Le poëte a tiré son feu d'artifices de sensations. La nuit succède au jour, la fatigue à l'activité.

Véritable tonneau des Danaïdes que celui de la poé=

sie, où l'artiste accumule joies, douleurs, plaisirs, chagrins, jusqu'à ce qu'il s'aperçoive qu'il n'y peut plus rien jeter.

Raymond n'en était pas réduit à cette cruelle extrémité. Chaque jour lui fournissait une somme d'inspirations, chaque événement faisait vibrer les cordes de son cœur.

Tout devenait pour Raymond prétexte à poésie, jusqu'à l'étude de l'avoué, qui lui faisait paraître plus vert le feuillage des arbres, plus bleu l'horizon.

Alors ce qui entoure les amoureux se pare des couleurs de l'amour. La nature elle-même porte les couleurs de la bien-aimée. Un rayon de soleil inattendu semble envoyé par l'amour. Si l'oiseau chante, ce sont des chansons amoureuses. L'eau qui coule d'une fontaine est moins pure que leur amour.

Les amoureux vivent dans des pays féeriques où ne se murmurent que tendres paroles. Tout commerce avec le vulgaire se transforme pour eux. Le pavé sur lequel ils marchent devient un tapis de fleurs ; d'arides besognes leur apparaissent riantes.

Le cœur s'ouvre assez grand pour contenir un monde. Les yeux, devenus bienveillants, se détournent des laideurs de la vie. Il n'existe plus de méchants. Toute basse passion reste avec les scories au fond du creuset chauffé à la flamme de l'amour. Les choses les plus communes se teintent des couleurs de l'arc-en-ciel. Ce sont de vivifiantes senteurs qu'aspirent les poumons. Les sens deviennent exquis et prennent des qualités particulières. L'homme devient plus qu'homme. Une paupière de femme qui s'abaisse contient un monde.

On affronterait la mer en courroux. Une larme de celle qu'on aime semble plus menaçante qu'une vague de quarante pieds. La guerre civile peut éclater, les citoyens se déchirer entre eux. Ce n'est rien à côté d'un reproche de femme. Celui qui a bravé l'épidémie décimant une ville se trouble en face du plus léger malaise de celle qu'il aime.

Quand l'homme peut traduire une telle absorption de son être, il est deux fois poëte, car ce sont déjà des poëtes que les amoureux.

Raymond se laissait aller à la source de sensations assez grande pour qu'il pût y puiser sans cesse.

Il eût rempli dix volumes de semblables incidents :

Un matin qu'elle ouvrait la fenêtre ;

Le ruban qui flottait dans ses cheveux ;

Bouquet de fleurs blondes ;

Délicatesses de sa main ;

Profondeurs d'un regard bleu ;

Étoile du matin ;

Les blés moins blonds que sa chevelure.

Par ces titres on jugera des sentiments du poëte dont les mots, éclairés par d'intimes lueurs, devenaient pour ainsi dire transparents.

De ces morceaux, Raymond en avait détruit un certain nombre, ne se contentant pas de sensations superficielles. Il fallait qu'elles fussent profondes, qu'il y reconnût le fond de son cœur, ou, sans pitié, il les déchirait comme n'étant pas ressemblantes.

Les joies intérieures devaient illuminer le papier, l'embraser. Un seul cran au-dessous de ses impressions les condamnait.

Dans ce jury, d'ailleurs, entrait un autre juge, Paule elle-même.

Chaque nouvelle pièce, Raymond la lui faisait parvenir. Des nuances imperceptibles dans la physionomie indiquaient au poëte celle de ses pièces qui agitait plus vivement le cœur de la jeune fille.

C'étaient une rougeur, un abaissement de paupières, une agitation des cils impénétrable pour tout autre.

Il ne se trompait pas sur la valeur de certaines pièces. Ce jour-là Paule y avait répondu par des regards d'une expression telle, que l'amoureux ne pouvait s'y méprendre.

Cependant Raymond hésitait à concourir aux Jeux-Floraux. Rendre publiques de si délicates intimités lui semblait une profanation.

Pour juge, *il* ne reconnaissait qu'*elle*.

Sans les amicales importunités de Loubens, Raymond n'eût pas songé aux Jeux-Floraux.

Pourtant il avait l'orgueil d'obtenir une récompense publique en présence de celle qu'il aimait. Paule, à la séance officielle, entendrait répéter le nom du triomphateur. Le bruit en parviendrait peut-être aux oreilles de Negogousse.

Qui sait où mènent les applaudissements de la foule? Raymond les entendait quelquefois la nuit. Des lauriers couronnaient son front, et il détachait sa couronne pour la poser sur la tête de Paule.

XXI

Cette année-là, les Jeux-Floraux furent célébrés avec une solennité inaccoutumée. L'Église voyait entrer avec joie un de ses membres parmi les mainteneurs qui siégent au Capitole.

Toutefois, la ville était partagée en deux camps : l'aristocratie applaudissait à la nomination de l'abbé Supplici, la bourgeoisie se montrait hostile.

Le maire de Toulouse n'était pas sans crainte sur l'issue d'une séance qui s'annonçait menaçante, car tous les jours s'augmentait le groupe de négateurs qui sapaient l'édifice par sa base, disant qu'il était d'utilité publique de détruire, ou tout au moins de transformer une caste imbue de préjugés gothiques, hostile aux idées modernes, taquine quoique endormie, agressive quoique peureuse, faisant une mesquine opposition d'égratignures.

Membre des Jeux-Floraux avec le préfet, titre qu'imposaient des fonctions officielles, le maire avait pris pour la première fois des mesures d'ordre.

On voit dans la salle des Illustres, au milieu des bustes des personnages toulousains qui ont occupé le monde de leurs exploits, deux portraits contre lesquels protestent journellement les libres penseurs.

Le premier est celui d'Antoine de Tolosan, général de l'ordre de Saint-Antoine-de-Vienne, signalé à l'admiration de la postérité comme « vengeur insigne du *crime* de Calvin. »

Calviniani sceleris ultor insignis est l'inscription gravée en lettres d'or sur une plaque de marbre.

Le second buste, signalé à diverses reprises par le docteur Gardouch à l'indignation des libéraux, est celui de Guillaume de Catel, conseiller au Parlement de Toulouse à la fin du seizième siècle. Son titre principal est d'avoir fait brûler le philosophe Vanini.

Qui sait si les amis du médecin ne profiteraient pas de la séance pour briser la tablette où sont inscrites ces paroles :

« *Ce fut sur le rapport et les conclusions de Guillaume de Catel, adoptées unanimement par les juges que le fameux athée Vanini fut condamné à périr dans les flammes?* »

La municipalité commanda un peloton de gardes nationaux pour escorter les commissaires qui allaient chercher à l'église de la Daurade les fleurs d'or et d'argent exposées dès le matin sur le maître-autel, avant de passer dans les mains des vainqueurs du tournoi poétique ; mais le préfet et le maire échangèrent un regard de satisfaction en voyant derrière les tambours la foule accompagner le cortége précédé de bedeaux, tandis que le chevalier de la Tremblaye, M. de Pompertuzat, M. Pons de Lunel, M. Resplandy et M. Limoges cadet rapportaient triomphalement :

L'Amarante d'or,

Le Souci d'argent,

La Violette,

La Primevère d'argent,

Et l'Églantine d'or.

Quand le tambour battit aux champs, un murmure d'enthousiasme éclata dans la salle. Imposant spectacle que celui des mainteneurs, debout et découverts, pour saluer l'arrivée des commissaires portant les fleurs !

En tête, derrière les bedeaux, s'avançait le chevalier de la Tremblaye, coiffé à l'oiseau royal avec une petite queue qui frétillait sur le grand col de son habit. D'une main tremblante, il tenait l'Amaranthe d'or, et un éclair d'orgueil animait encore son regard.

M. de Pompertuzat le suivait, les cheveux en coup-de-vent, portant triomphalement l'Églantine d'or, qu'il faisait miroiter au-dessus de sa tête.

Souriant et narquois, se présentait ensuite M. Pons de Lunel, avec le Souci d'argent.

Derrière lui marchait M. Resplandy, coiffé d'une calotte noire, sur laquelle se détachaient d'agréables houppettes de coton débordant des oreilles. D'une main, il tenait un petit manchon ; de l'autre, la Primevère que, de temps à autre, il introduisait dans le manchon, comme pour la réchauffer.

Le cortége était terminé par Limoges cadet, à qui

l'Académie avait tenu compte du passage dans son sein de ses aïeux les Limoges, qui quoique n'ayant pas jeté un lustre considérable sur la compagnie, avaient contribué à maintenir la tradition. Limoges cadet portait la Violette d'argent.

Tout le public se pressait pour admirer ce spectacle, et l'aristocratie n'avait pas assez de reconnaissance pour le chevalier de la Tremblaye d'avoir une fois de plus témoigné de son zèle, en allant, malgré son grand âge, cueillir ces fleurs poétiques à l'église de la Daurade.

Les dames admiraient généralement la tournure triomphante de M. de Pompertuzat.

Au fond de la salle, autour d'une grande table, étaient assis, suivant leur grade : mainteneurs, modérateurs, sous-modérateurs, censeurs et dispensateurs, qui sont les titres affectés à diverses fonctions de l'Académie.

Véritablement ces titres honorifiques étaient bien portés. La plupart des académiciens qui, dans la vie privée, manquent quelquefois d'éclat, prenaient un aspect rayonnant en corps, au jour solennel de la fête des Fleurs. Assis autour du bureau circulaire au fond de la salle des Illustres, entourés des bustes de poètes, de jurisconsultes, d'anciens capitouls, ces vieillards sentaient une nouvelle vie circuler dans leurs veines et n'avaient pas de peine à se croire illustres eux-mêmes.

Tout concourait à leur donner du prestige, jusqu'à la haute pendule en forme de lyre placée derrière le bureau.

Les envois prouvaient d'ailleurs que les Jeux-Floraux n'avaient point perdu de leur influence. Dans le rapport du concours par le secrétaire perpétuel, M. Pons de Lunel, il était mentionné comme arrivant de divers points de la France :

Cent et une odes ;
Trente-six poëmes ;
Vingt-quatre épîtres ;
Quatre discours en prose ;
Soixante-dix-sept élégies ;
Trente-quatre idylles ;
Quatre églogues ;
Vingt-sept ballades ;
Cinquante-trois hymnes et sonnets à la Vierge ;
Treize discours en vers.

En somme *trois cent soixante-quinze envois* pour *six* fleurs !

D'un coin de la salle Raymond échangeait de tendres regards avec Paule, accompagnée de l'abbé Desinnocends. Quoique tremblant sur l'issue du concours, Raymond avait prié Paule de venir aux Jeux-Floraux; mais la jeune fille ne put décider son père à se rendre au Capitole. Negogousse, n'étant pas initié à l'intérêt particulier qui appelait Paule à cette séance, n'eût rien compris à la curiosité de l'assemblée, à son émoi et à son impatience pour les longueurs qui précédaient l'ouverture du tournoi.

D'abord le président prononça l'éloge du mainteneur que la mort avait enlevé avec autant de brutalité qu'un manant. Feu Montastruc était un vieillard depuis longtemps tombé en enfance.

— Le compagnon de nos travaux, dit le président, le regretté Montastruc, avait été préservé des misères de la vieillesse par le culte des Muses. Le flambeau poétique, il put le tenir allumé jusqu'à sa dernière heure.

Montastruc vivait au fond d'un faubourg sous le joug d'une cuisinière acariâtre qui fit déshériter la famille de l'académicien et empêcha ses enfants d'assister à sa dernière heure.

— Notre regrettable collègue, dit le président, connut les joies intimes du foyer. Ses fils et ses petits-fils, s'ils étaient dans cette enceinte, témoigneraient par leurs larmes du souvenir touchant qu'ils ont conservé de leur père et de leur grand-père dont ils eurent la consolation de fermer les yeux.

L'abbé Supplici, reçu en remplacement de feu Montastruc, reprit l'éloge du défunt, égrena ses qualités une à une, et se jugea indigne nécessairement de succéder à cet esprit ingénieux qui, parvenu à la maturité, avait fait profiter les lettres de ses découvertes et était occupé à corriger une nouvelle édition du poëme de *l'Art du Tour*, lorsque la mort le surprit.

— Notre honorable confrère, dit l'abbé Supplici, était croyant. A cette heure, au comble des félicités, il suit nos travaux, avec le regret, toutefois, comme me l'a confié le Père Requédat qui l'a assisté à son lit de mort, de n'avoir pas marqué plus directement l'intervention divine dans ses œuvres.

— Feu Montastruc, reprit l'abbé Supplici, en entreprenant le poëme sur *l'Art du Tour*, était guidé par la Providence. Les descriptions ingénieuses qui abondent dans l'ouvrage de notre collègue, en même temps qu'elles donnent le goût du travail, inspirent la honte du désœuvrement. Le regrettable Montastruc, à son lit de mort, souhaitait cependant qu'une main délicate ajoutât une pieuse conclusion au poëme. Tranquillement il rendit le dernier soupir, quand le Père Requédat lui eut annoncé que, parmi les heureux triomphateurs de cette année, se présentait un jeune candidat qui réunissait les rares qualités chrétiennes sans lesquelles toute œuvre n'est que malsain badinage et prétexte à dangereuses frivolités.

Après ce discours couvert d'applaudissements, M. Pons de Lunel se leva, tenant en main les rapports sur le concours.

Là gisait l'intérêt de la séance. Six triomphateurs choisis dans une mêlée de trois cent soixante-quinze combattants !

Le cœur de Raymond se serra. En ce moment, il se jugeait indigne de faire partie des six triomphateurs. Ce qu'il venait d'entendre ne répondait guère à ses aspirations. Tour à tour l'espoir et la crainte se succédaient sur son visage et il osait à peine regarder Paule, craignant de l'associer à sa défaite.

D'abord, M. Pons de Lunel montra le rôle de l'Académie :

— Sous l'impulsion que lui ont donnée les sept mainteneurs de l'année 1323, date, disait-il, inscrite en lettres d'or dans vos fastes domestiques, Toulouse apparaît aujourd'hui comme le séjour des lettres et l'arbitre des intelligences.

L'Académie tout entière applaudit à cet agréable exorde. De tels compliments, quoique faits par les membres d'une corporation, n'en sont pas moins agréables à la corporation tout entière.

— Toute la France, continua l'orateur, est attentive à nos travaux et demande à y prendre part. Je voudrais, messieurs, qu'il me fût permis de soumettre à l'assemblée le tableau des aspirations intellectuelles tournées vers nous, qui ont lieu dans la France entière.

Pons de Lunel ayant jeté un coup d'œil sur le bureau, fut invité par le Président à soumettre sa statistique.

— Peu de pays qui ne soient représentés à l'Académie des Jeux-Floraux depuis sa fondation. Le concours actuel nous offre une ode envoyée par un poëte d'Ailly-sur-Noye, un bourg du département de la Somme qui compte à peine neuf cents habitants. Il est admirable que sur neuf cents âmes, il en surgisse une assez robuste pour se mesurer avec l'ode. L'ode en question n'est pas de premier ordre, et nous regrettons de ne pouvoir couronner son auteur ; mais le poëte d'Ailly-sur-Noye fera certainement de nouveaux efforts en voyant combien l'Académie est préoccupée de son envoi.

M. Pons de Lunel ayant humecté ses lèvres de quelques larmes d'eau sucrée, continua :

— D'Aparjon il nous est arrivé deux pièces de nature différente...

Ici l'orateur prit un ton plus doux :

— Une idylle.

D'une voix mourante, il soupira :

— Une élégie.

Un murmure de satisfaction prouva au rapporteur combien le public était sensible aux délicates variations de ses cordes vocales.

— Ainsi, dit M. Pons de Lunel, il existe deux rivaux poétiques dans Arpajon. N'est-ce pas un fait curieux qu'une ville de quinze cents âmes puisse donner naissance à des concurrents dans des genres si opposés?... L'idylle (l'orateur imita la flûte) manque de délicatesse, et l'élégie (Ah! l'élégie! soupira le rapporteur) manque de mélancolie... Le poëte d'Arpajon n'est peut-être pas doué par la nature des dons que réclame la culture de l'élégie... Une bouteille cassée dont le vin s'est répandu sert de trame à l'élégie qui nous est envoyée d'Arpajon. Je n'aurais pas mentionné cette affabulation si elle ne m'engageait à répéter une fois de plus que l'Académie proscrit le genre bachique, de même que sont rayés depuis longtemps dans son code les ouvrages satiriques ou burlesques. Éloignons de nos yeux ces tableaux vulgaires... Les deux concurrents n'ont pas compris notre programme... Cependant, il ne faut pas les décourager... A l'œuvre donc, émules d'Arpajon! L'Académie me charge de vous engager à continuer... Évitez les ornières où Pégase ne peut que trébucher.

Quelques applaudissements se firent entendre toutefois avec modération, la citation de la bouteille ayant choqué les esprits délicats.

— Lyon, continua Pons de Lunel, a envoyé au concours trois sonnets à la Vierge et deux hymnes pieuses. Si la croyance suffisait à la poésie, nous aurions été heureux d'appeler dans cette enceinte les auteurs de ces pièces ; mais l'art n'a pas étendu son manteau de pourpre sur ces compositions. Que les auteurs se cramponnent davantage à la prosodie ; elle est la rame qui, sans tempête, les conduira jusqu'à nous sur les flots poétiques.

M. Pons de Lunel tira encore de sa carte intellectuelle les noms de Montargis, Aubenas, Bagnolles, la Capelle, Villedieu-les-Poëles, Thourotte, Elbeuf, Rive-de-Gier, Fontaine-Châlon, Pontarlier, Grisolles, Pont-à-Mousson, Nonancourt et autres villes dont les habitants sollicitaient l'honneur d'accrocher des fleurs académiques à leurs boutonnières.

Une double salve d'applaudissements permit à l'orateur de s'arrêter pour prendre un nouvel élan. Jusque-là, il n'avait accompli que la tâche la plus faible. M. Pons de Lunel voulait faire toucher à l'assemblée la *plaie du jour*.

Alors, comme dans une tempête, furent évoqués :

L'Invasion du matérialisme dans les âmes,

L'Agiotage devenu la préoccupation exclusive des esprits,

L'Amoindrissement moral,

L'Affaiblissement des caractères,

L'Arrêt de développement du mouvement intellectuel.

Pons de Lunel pleurait sur *l'Idéal chassé du Temple*, et montrait le poing au *fangeux réalisme*.

Seule, l'Académie des Jeux-Floraux, tenant d'une main la hampe du drapeau de l'idéal, appelait à elle les consciences et tentait de les raffermir.

Le docteur Gardouch recevait en passant une décharge en pleine poitrine. Sous le titre générique d'iconoclastes, Pons de Lunel engageait les négateurs à entrer dans la salle des séances et à se confirmer par leurs propres yeux des hommages que chacun rendait à Clémence Isaure.

— Le niveau poétique s'abaisse de toute part, s'écria Pons de Lunel pour conclure, c'est à l'Académie à lui prêter son appui.

Pour relever ce niveau, fut alors proclamée membre de l'Académie madame Douladoure qui, ayant déjà remporté deux prix, venait de conquérir glorieusement une troisième fleur, ce qui lui donnait le droit de porter le titre de maître ès-Jeux-Floraux.

— Veuillez approcher, madame Douladoure, dit le président.

Du milieu de l'assemblée se leva une sorte de grosse pivoine qui, soufflant, gesticulant et jouant des coudes, parvint non sans peine à se frayer un passage à travers l'assemblée.

La pivoine avait composé une élégie, *le Chien de l'Aveugle*, qu'elle jappa sur un ton de fausset.

Il est d'usage que le président donne l'accolade aux nouveaux membres des Jeux-Floraux. Madame Douladoure ouvrit de gros bras et l'assemblée put craindre que le président, mince et chétif, ne sortît écrasé de cette étreinte. Ce fut avec un noble orgueil que madame Douladoure s'arrêta sur les degrés du bureau, secouant en l'air la fleur qui venait de lui ouvrir les portes de l'Académie. Peu s'en fallut qu'elle n'accrochât à son chapeau l'Amarante d'or qu'elle tenait comme une palme, avec le regret de ne pouvoir l'agrandir de dix coudées.

Madame Douladoure était venue de Bergerac pour cueillir l'Amarante d'or ; mais combien un tel voyage était payé par l'accolade du président, les applaudissements de la foule et un fauteuil au bureau !

M. de la Tremblaye, pour montrer l'heureux choix de l'Académie, lut la pièce couronnée, en analysa les beautés vers par vers et termina en laissant tomber deux larmes, une pour le chien, une pour l'aveugle.

Paule ne partageait pas l'enthousiasme général ; déjà elle avait fait remarquer à l'abbé Desinnocends les gros bras et la face empourprée de madame Douladoure. Paule eût voulu associer Raymond à des malices innocentes qui prenaient leur naissance dans l'extrême longueur de la séance.

C'était par un sourire triste que le poëte, blotti dans un coin, répondait aux furtifs coups d'œil de Paule.

En ce moment, Raymond était pris de vives impatiences qui lui permettaient à peine d'entendre la réponse à la fameuse question proposée par l'Académie :

D'où vient que de nos jours la haute comédie a disparu de la scène pour céder la place à des compositions dramatiques où la morale n'est pas moins offusquée que l'art ?

Pons de Lunel, heureusement pour l'assemblée, constatait que le concours d'une extrême faiblesse ne permettait de donner lecture d'aucun mémoire sur ce sujet. S'adressant à l'Églantine d'argent, qu'il fit briller aux yeux de tous, le rapporteur s'écriait :

— Tu resteras dans notre sein, pauvre fleur ; nous t'y réchaufferons jusqu'au concours prochain !

Alors le président se leva.

— Nous allons couronner, dit-il, un jeune débutant dont le front est marqué au sceau de la poésie.

Paule rougit, Raymond pâlit.

— L'Académie des Jeux-Floraux, continua le président, est fière de voir de jeunes néophytes faire leurs premiers pas sous l'égide de Clémence Isaure.

Un regard rapprocha Paule et Raymond.

— Veuillez approcher, monsieur Saturnin de Poucharramet, dit le président.

A ce nom, un même coup frappa les deux amants.

— Messieurs, disait le président, le jeune lauréat a interprété avec un rare talent des sentences latines en l'honneur du regrettable chanoine Vafflart, et M. l'abbé Supplici veut bien nous faire entendre, comme un écho, les principaux motifs qui ont heureusement inspiré le poëte.

Saturnin de Poucharramet, monté sur les gradins, commença :

— J'ai franchi le sentier sans retour de la vie.

— *Breves anni transeunt, et semitam per quam non revertar ambulo*, répondit l'abbé Supplici.

— Oui, mon cœur et ma chair tressaillent d'allégresse, lisait Saturnin.

A haute voix, l'abbé Supplici disait :

— *Cor meum et caro mea exultaverunt in Dominum.*

Ce duo poétique et religieux étonna d'abord l'assemblée ; mais l'abbé Supplici emporta bientôt les suffrages par sa pure accentuation latine. Au contraire, son élève prononçait d'une voix étranglée par l'émotion :

— Je vais donc habiter la maison du Seigneur.

Tout en lui lançant un coup d'œil pour lui rendre courage, l'abbé Supplici, s'affermissant dans son débit, prononçait à voix haute :

— *In domum tuam, Domine, ibimus. Ut inhabitem in domum Domini omnibus diebus vitæ meæ.*

De nombreux applaudissements éclatèrent, qui s'adressaient particulièrement au prêtre.

L'abbé Desinnocends ouvrait de grands yeux. Cet appareil théâtral le froissait.

— Le voyant tel qu'il est et l'adorant sans cesse, reprit Saturnin.

D'une voix éclatante, comme s'il eût été en chaire, M. Supplici répondit :

— *Videbimus eum sicuti est, facie ad faciem.*

— Salut, ô bonne Croix! Salut, mon Espérance, continua Saturnin.

— Messieurs, pardonnez l'émotion du jeune poëte, dit l'abbé Supplici. Sur ce thème : *O bona Crux!* il a trouvé le vers enthousiaste : « Salut, ô bonne Croix! Salut mon Espérance! » Mais l'imposante réunion qui nous entoure l'empêche de continuer.

En effet, Saturnin était pâle et tremblant. Le maître avait eu tort de compter sur son élève.

M. Supplici craignit que cette émotion ne laissât deviner que Saturnin de Poucharramet n'avait pas écrit un seul vers de son poëme. Pour le tirer de cette fausse situation, l'abbé lut à la fois vers latins et français, et termina par :

— Oh ! ce m'est un gain de mourir ! *Mihi mori lucrum !*

En ce moment, Paule jeta un regard sur Raymond. Un secret avertissement lui apprenait que celui qu'elle aimait était en proie à une vive angoisse.

La figure de Raymond était pâle. Un glas résonnait dans son cœur à la suite de ce dernier vers : *Mihi mori lucrum!*

Paule ne pouvait comprendre les déchirements du poète. Il l'avait pressée de venir à la séance des Jeux-Floraux. Était-ce pour constater sa maladive pâleur, l'affaissement subit qui, en un instant, creusait les yeux de Raymond ?

Tout ce que le cœur de la jeune fille contenait d'affection passa dans son regard ; mais Raymond avait disparu.

La séance était close. La foule se répandait dans la salle, discutant le mérite des diverses pièces que l'Académie venait de couronner.

Comme au commencement de la cérémonie, une fanfare se fit entendre ; les pompiers se rangèrent en haie, au milieu de laquelle entraient les lauréats, tenant leurs Fleurs.

En tête, Saturnin de Poucharramet portait l'Églantine d'or. A côté de lui, madame Douladoure agitait son Amarante. Un notaire de Lons-le-Saulnier avait accroché la Violette d'argent à sa boutonnière ; l'avocat Pamard était venu de Soissons chercher un Œillet.

Derrière les lauréats, les mainteneurs donnaient les

dernières instructions sur le port des Fleurs pendant le défilé.

Qu'était devenu Raymond? Paule le cherchait avec anxiété.

Le tambour battait aux champs. Le groupe académique s'ébranla et défila sur la place du Capitole, où le peuple admirait les lauréats reconduits triomphalement au son de la musique.

Sceptiques et négateurs pouvaient sourire de ce spectacle. La foule n'était pas moins frappée à la vue des vainqueurs du Capitole. Car il faut qu'il soit d'essence supérieure le porteur de fleurs, précédé de clairons et de tambours.

Ce jour-là, les grisettes abandonnaient leurs ateliers; les cours publics étaient fermés; peu de barques circulaient sur la Garonne; tous les gamins de Toulouse s'étaient donné rendez-vous sur la place. C'étaient d'immenses curiosités, des yeux grands comme des fenêtres, des bouches larges comme des portes, des discussions bruyantes sur l'attitude des candidats, leur tournure et leur mérite.

Saturnin de Poucharramet ne fut pas remarqué. Il baissait la tête.

L'avocat Pamard était goutteux, le notaire de Lons-le-Saulnier grotesque. On n'y prit pas garde.

Mais les curieux n'avaient pas trop de leurs yeux pour madame Douladoure, qui semblait un coq triomphant.

La figure humide de joie, l'œil brillant, elle saluait les gens sur son passage, et, jusqu'à son hôtel, ce fut, pour elle, un parcours de reine, que l'opinion publique justifia par le mot :

— Madame Douladoure a bien porté sa fleur.

Ce n'était pas sans intention que Paule était restée en arrière, accompagnée de l'abbé Desinnocends.

Et pourtant Raymond avait disparu, murmurant cette parole de son heureux rival : *Mihi mori lucrum!* Ce m'est un gain de mourir !

XXII

Le soir même de la séance des Jeux-Floraux, Loubens publia, dans son journal, les deux morceaux de poésies que Raymond avait envoyés au concours. A la suite de ces pièces, il mit en regard deux des œuvres couronnées par l'Académie.

Cela d'abord passa inaperçu. Toutefois Loubens ayant eu affaire avec le préfet, le baron de Vandœuvre, celui-ci lui dit :

— Vous avez imprimé, dans votre dernier numéro, des poésies, que madame de Vandœuvre trouve charmantes.

— Ces pièces, répondit Loubens, m'ont paru, en effet, fraîches et délicates.

Il n'en dit pas plus, se conformant aux recommandations officielles, qui lui enjoignaient d'éviter toute polémique.

En sortant de la préfecture, Loubens passa chez M° Trébons, et annonça la nouvelle à Raymond.

— Voilà ce que pense de toi le préfet, dit-il.

Tristement Raymond secoua la tête. Que lui importait à cette heure l'opinion préfectorale !

— Tu te rallies un protecteur pour le prochain concours, dit Loubens.

— Je ne concourrai jamais, s'écria Raymond.

— Ne perds pas courage, dit Loubens en le quittant.

Dans le numéro suivant de sa gazette, Loubens inséra une nouvelle poésie de Raymond, et, à la suite, l'épître en vers qui avait valu une Fleur d'argent au notaire de Lons-le-Saulnier.

— Si je n'étais pas abruti par la flânerie, dit Lagardelle, il y a, dans la pièce de Raymond, un joli motif de tableau... Au premier plan je placerais...

Loubens mit la main sur la bouche du peintre.

— Si tu racontes ton tableau, jamais il ne sera exécuté..... Comme il faut faire oublier à Raymond son chagrin, dès aujourd'hui, tu te mettras à la besogne.

— Aujourd'hui ! s'écria Lagardelle avec terreur.

— Travaille, ou j'imprime que tes facultés sont perdues pour l'art !

— Et ma pension ?

— Choisis entre le tableau et ta pension.

— Dans une huitaine, j'aurai fait une esquisse.

— Demain, dit Loubens.

— Quelle mouche te pique ?

— Un journaliste, dit Loubens, doit éclairer les citoyens sur leurs intérêts... Le département t'entretient depuis tantôt sept ans... Si tu voles l'argent que t'alloue le conseil général, à mon grand regret, je me verrai forcé d'en instruire nos compatriotes.

— Homme terrible ! Tu seras admis, demain, à contempler l'esquisse.

Dans le troisième numéro qui suivit la fête des Fleurs, en regard d'une nouvelle poésie de Raymond, Loubens imprima l'*Aveugle et son Chien*, de madame Douladoure.

Le secrétaire du préfet, qui apportait des impressions au bureau du journal, dit à Loubens :

— On s'occupe beaucoup à la préfecture des poésies que vous publiez. En imprimerez-vous d'autres ?

— J'en ai un volume inédit.

— Toutes les pièces ont-elles la même valeur ?

— J'ai commencé par les plus faibles.

— L'auteur est jeune, dit-on ?

— Vingt-quatre ans.

Le même soir René d'Espipat rencontra Loubens.

— L'Académie, s'écria-t-il, a manqué à sa mission en ne récompensant pas Raymond. Je l'ai dit hier à la soirée de madame de Parrequeminières. Ma tante m'a répondu que Raymond eût emporté une fleur si ses poésies ne manquaient d'un certain idéal.

— Idéal ! dit Loubens.

— C'est un mot élastique, je le sais, fit René. On bourre l'idéal de toutes sortes de niaiseries. Cependant j'ai cru comprendre que, dans le cas actuel, manque d'idéal sous-entendait manque de sentiments religieux.

— En effet, dit Loubens, l'idéal ainsi compris fait défaut à toutes les poésies de Raymond.

— Si j'étais musicien ! s'écria René. *Plus blonde que les blés* est une pièce qui appelle la mélodie.

— Lagardelle a justement choisi celle-là pour motif de son tableau.

— Une peinture de Lagardelle, dit René, ce sera un événement ! Raymond doit être plein de joie.

— Il est triste à mourir.

— S'imagine-t-il qu'on ne soit pas poëte sans un brevet des Jeux-Floraux ?

— Je ne sais, dit Loubens. Raymond est plus affaissé que pendant sa maladie.

— Je comprends, reprit René, qu'il éprouve quelque désappointement à se voir préférer un Saturnin de Poucharramet. Mais l'abbé Supplici a empaumé tous les mainteneurs... Je veux voir Raymond pour lui rendre courage. Il faut lutter.

— Je suis lié, continua-t-il, avec Bridge, un compositeur qui plusieurs fois m'a offert de mettre en musique divers caprices de ma façon. Je vais passer la belle saison à Paris ; je pars demain et j'emporterai les pièces de Raymond publiées dans le journal... Les musiciens manquent de poëtes. Des huit morceaux imprimés, il y en aura certainement un qui plaira à Bridge.

— Excellente idée, dit Loubens en serrant la main de René.

Deux jours après, Gardouch entra comme une trombe au bureau de la rédaction.

— Après mon Mémoire sur Clémence Isaure, s'écria le docteur, on n'a pas porté de plus violent coup à l'Académie. Ces vieillards n'ont donc plus de sang ?... Chaque poésie de Raymond m'a réchauffé le cœur ;

Les Ibis de l'ancienne Égypte seraient plus accessibles à l'émotion que les mainteneurs… Il m'a semblé que je retrouvais mes sensations de dix-huit ans… Podagres et invalides que ces académiciens !… Savez-vous, Loubens, que je suis fier d'avoir contribué à la guérison d'un tel poëte ?

— Il est plus malade qu'après son coup d'épée.

— Et vous ne me faites pas prévenir… Qu'éprouve-t-il ?

— Son échec aux Jeux-Floraux.

— Comment ? il se repentirait de ne pas appartenir à une coterie ?… Raymond ignore donc que la moindre fleur coûte quinze jours de fiacre, mille bassesses, cinq mille hypocrisies, dix mille servilités ? On ne s'occupe que de Raymond dans la ville. Son triomphe est plus grand encore par le refus de cette vieille Académie.

Loubens confia au docteur que Lagardelle faisait une esquisse d'après une poésie de Raymond et que sans doute un compositeur recouvrirait de mélodie une des pièces publiées.

— Bravo ! s'écria Gardouch rayonnant. Mieux encore. Raymond n'est pas riche. Si le journal veut ouvrir une souscription pour publier son volume, je souscris pour cent francs.

— Ah ! docteur, dit Loubens, vous êtes un homme.

— Bah ! un homme comme les autres, avec un fonds de défauts qui étouffent trop souvent les qualités. Parlons affaires. Combien coûterait un volume soigneusement imprimé ?

— Mille francs.

— J'en trouverai cinq cents dans ma clientèle, dit Gardouch.

— Le journal amènera le reste, dit Loubens. Toutefois, je n'ouvrirai pas la souscription avant quelques jours... Il faut préparer les esprits par de nouvelles poésies.

A partir de ce moment, le nom de Raymond devint une protestation.

La lutte qui trempe les hommes les rend plus grands que les honneurs officiels.

Raymond avait recouvré la tranquillité, quoique sa modestie souffrît du parallèle satirique que faisaient chaque jour entre lui et Saturnin les clercs de l'étude.

Tous les matins il était réveillé par une bonne nouvelle.

A différents intervalles, Loubens avait annoncé à ses lecteurs :

Le tableau de Lagardelle d'après un sonnet de Raymond ;

Le prochain album de Bridge, qui ne se contentant pas d'une seule pièce, mettait en musique douze poésies de Raymond pour la fin de l'année.

René d'Espipat, à Paris, s'était souvenu de sa promesse.

L'Académie des Jeux-Floraux, aux abois, crut devoir répondre et faire savoir au public que deux pièces seulement de Raymond avaient été envoyées au concours, et que, malgré les *dispositions poétiques de l'auteur, ces morceaux n'avaient pas offert aux mainteneurs les qualités exigées par le programme.*

Sans répondre à la communication du secrétaire de l'Académie, Loubens imprima sans commentaires les quelques lignes suivantes :

« *Le préfet de la Haute-Garonne s'est fait présenter, à sa dernière soirée, M. Raymond Falconnet, dont nos lecteurs ont apprécié le talent poétique.* »

La lutte entreprise par Loubens était menée avec tant de tact que l'autorité ne s'en inquiéta pas. Le journaliste, sans attaquer les concurrents couronnés, apportait des faits, choisissant dans les pièces couronnées par l'Académie de niaises et solennelles épîtres, des fables platement enfantines, des odes à dormir debout; et toujours en regard apparaissaient les poétiques tendresses de Raymond.

Mais un éclat considérable résulta de la souscription. L'offrande de Gardouch fit merveille. La bourgeoisie, quoiqu'elle ne se fasse pas remarquer habituellement par de vives aspirations lyriques, souscrivit pour faire pièce aux Jeux-Floraux. De nombreux éléments se fondaient dans cette liste. René d'Espipal avait envoyé de Paris son offrande. Les étudiants répondirent à son appel. Pas un jeune homme qui ne tînt à honneur de signer la feuille de souscription.

Loubens demandait douze cents francs. Huit jours après, il fut obligé d'en appeler à la modération des souscripteurs. Il n'y avait plus qu'une liste à publier.

Loubens remerciait ses abonnés, faisant savoir qu'ayant trop d'argent en caisse, il engageait ceux des souscripteurs dont le nom ne serait pas imprimé dans un prochain numéro à reprendre les sommes versées par eux.

Mais ce qui toucha Raymond au cœur fut la modeste souscription de l'abbé Desinnocends et surtout la signature qui terminait la liste, celle de Negogoussé !

XXIII

Negogousse avait l'habitude de se faire lire chaque soir le journal par Paule, quoiqu'il ne suivît les événements qu'au point de vue de son commerce. Dans les changements de ministères, Negogousse ne voyait que la hausse ou la baisse des huiles. C'est ce qu'il appelait « s'occuper de politique. » Quand, au début d'un article, Negogousse sentait poindre quelque discussion :

— Passe, disait-il à Paule.

La première fois qu'il fut question des Jeux-Floraux :

— Passe, dit Negogousse.

— Ce sont des poésies.

— Passe, passe.

— Chacun son tour, père, dit Paule. Je lis tous les soirs de la politique qui ne m'intéresse guère, permets-moi de lire ces poésies.

Negogousse haussa les épaules.

— Sont-ils bien longs ces vers?

Sans lui répondre, Paule récita à mi-voix les poésies de Raymond. Son émotion était si vive qu'elle osait à peine ouvrir les lèvres. C'était un doux murmure semblable à la chanson d'un oiseau qui se réveille.

A mesure qu'elle lisait, Paule se repentait d'avoir commencé, car elle craignait que son père ne reconnût son portrait dans chaque vers. Sa voix baissait, et pourtant de délicates inflexions s'échappaient de son gosier.

— C'est une musique, pensa Negogousse, qui écoutait le gazouillement de sa fille sans suivre la pensée du poëte.

Le lendemain, Paule reprit sa lecture quotidienne. Arrivée à la séance des Jeux-Floraux :

— Passe, dit Negogousse.

— Oh! les poésies de notre voisin?

— Quel voisin? demanda le négociant.

— M. Raymond qui est venu te rendre visite... après son duel; tu ne te rappelles pas?

Effrayée de son imprudence, Paule, sans attendre la réponse de son père, lut avec un sentiment exquis la pièce : *Plus blonde que les blés*.

— Plus blonde que les blés, s'écria Negogousse avec ironie.

Le négociant pensait au temps perdu en pareilles sornettes par les jeunes gens. Toutefois, il était étonné des vibrations particulières que la lecture de Paule éveillait en lui.

Un autre jour, Negogousse dit :

— Est-ce que le journal remplira toute l'année ses colonnes avec les Jeux-Floraux?

— Si tu veux, reprit Paule, je vais passer...

— Bah! dit Negogousse, du ton d'un homme résigné à avaler une médecine, lis toujours.

— Il s'agit de la pièce couronnée de M. Saturnin de Poucharramet.

— Serait-ce, dit Negogousse, le même que M⁰ Trebons a chargé de mon affaire?

— Oui, je l'ai vu dans le cortége, portant une Églantine d'or.

— Ce monsieur Saturnin ferait mieux de m'apporter des nouvelles de mon procès.

Une idée malicieuse traversa l'esprit de Paule qui avait entendu réciter au Capitole les stances sur *le Prêtre mourant*. De l'enfance, elle conservait l'instinct de comique imitation, charmant chez les jeunes filles. D'une voix aiguë, elle lut les vers français et prit un ton de chantre pour rendre les réponses latines de l'abbé Supplici.

Negogousse étonné dressait l'oreille.

— Qu'est-ce cela? dit-il.

Paule imitait la mine embarrassée de Saturnin et parodiait les gestes de l'abbé.

— Ah! voilà qui n'est pas gai! s'écria Negogousse.

Paule forçait encore l'aigu du lauréat et le grave du précepteur.

— Assez, assez, s'écria Negogousse, assez de Jeux-Floraux! Comment un avoué que je croyais sérieux peut-il confier mon affaire à un tel personnage? Au moins, quoique depuis deux jours je ne comprenais pas grand'chose à tes poésies, il y avait un je ne sais quoi...

— Les premières pièces sont de M. Raymond, qu'il ne faut pas confondre avec M. de Poucharramet.

— Ils se valent, dit Negogousse.

— Faut-il continuer la lecture du journal, petit père?

Negogousse ayant fait un signe affirmatif, Paule lut :

— *Suite de la séance des Jeux-Floraux.*

Sur ce titre, Negogousse se leva brusquement, prit son chapeau et ouvrit la porte.

Sans paraître s'inquiéter du départ de son père, Paule lisait la nouvelle pièce de Raymond. Toute son âme, elle essaya de la faire passer dans les premiers vers.

Negogousse ôta son chapeau. Instinctivement il se découvrait devant la poésie.

Au second morceau, il avança à pas lents pour ne pas troubler la lectrice, s'approcha d'elle, et passa son bras autour de sa taille.

Ce gros homme buvait pour ainsi dire la poésie qui s'échappait des lèvres de son enfant. Il eût voulu que la lecture n'eût pas de fin. Le négociant avait oublié ses affaires.

Quand Paule eut terminé, Negogousse la prit dans ses bras ; des yeux, il la remerciait de lui avoir fait goûter des sensations si pures.

Tout à coup, sortant comme d'un rêve :

— Deux heures ! s'écria-t-il.

Et il s'enfuit; mais Paule avait remarqué les émotions de son regard. C'était pour les cacher que Negogousse s'enfuyait.

Le soir il revint avec un collier qu'il passa au cou de Paule.

— Voilà pour la lectrice, dit-il.

Paule sauta au cou de son père.

— Tu es bon, dit-elle; mais je ne peux songer sans tristesse que si, par ce cadeau, tu me payes de t'avoir lu des poésies de M. Raymond, on n'a pas récompensé à l'Académie celui qui les a composées.

Negogousse tenait ces paroles pour de simples caprices et y prêtait une médiocre attention. Cependant Paule continuait ses lectures, insistant à chaque fois sur le talent du poëte, car elle avait remarqué que son père s'intéressait plus à l'interprétation de la poésie qu'à la poésie elle-même.

Pour le négociant, Paule était le véritable poëte.

Il admirait l'instrument et ne songeait pas au musicien qui en faisait vibrer les cordes.

Ainsi Negogousse fut amené insensiblement à comprendre l'appel de Loubens lorsque la souscription fut ouverte.

La répétition constante, force du journalisme, clou enfoncé dans l'esprit du public, fit que Negogousse ne se gendarma point contre la souscription, lui qui n'avait jamais souscrit qu'au tombeau des sergents de la Rochelle.

Dans son esprit roulait pourtant quelque vague inquiétude. Souscrire publiquement pour un jeune homme embarrassé, timide, un voisin qui, reçu chez lui, n'avait pas dit vingt paroles, cela semblait singulier au négociant ; mais au dîner que partageait habituellement le jeudi l'abbé Desinnocends, le prêtre, qui avait recueilli divers propos de la ville, parla longuement de l'œuvre de Raymond.

Quoique lui-même, l'abbé Desinnocends, fût peu initié aux charmes de la poésie, il avait été frappé à la lecture du journal en comparant les pièces couronnées aux pièces refusées.

— Je me connais médiocrement en semblables matières, dit-il à Negogousse. Cependant j'admire le caractère élevé de ces compositions. On n'a pas rendu justice à M. Raymond, je le crois... Les honnêtes gens doivent le récompenser de ses efforts... Si faible que soit mon obole, je souscris pour l'impression du volume.

— Bien ! s'écria Paule en serrant affectueusement les mains du vieux prêtre.

A la façon dont Paule regardait M. Desinnocends, Negogousse sentit une pointe de jalousie. Il voulait à lui seul les caresses de sa fille.

— N'ai-je pas également le droit de souscrire? dit-il.

— Sans doute, père ! s'écria Paule.

Ce fut ainsi que sur la dernière liste de souscription parut le nom de Negogousse qui avait fait bondir le cœur de Raymond.

XXIV

Un matin, à l'heure où l'abbé Desinnocends recevait les pauvres de son quartier, madame Falconnet entra dans l'endroit où le prêtre distribuait ses aumônes, une sorte de salle longue et étroite, un corridor plutôt qu'une antichambre.

Sur deux banquettes se pressaient des gens infirmes, des enfants sans pain, des femmes sans ouvrage.

Le plancher était composé de briques désunies, usées, formant trous par endroits, tant un grand nombre de malheureux avaient passé par ce corridor.

L'abbé ne vit pas d'abord la veuve. S'adressant à ses clients un à un, il les attirait dans l'embrasure de la fenêtre, leur parlait à mi-voix, de telle sorte que ceux qui attendaient ne pouvaient entendre ; mais les gens qui tristement s'étaient levés, sortaient de cet entretien, un rayonnement sur la physionomie.

Des enfants craintifs qui s'accrochaient aux jupes de leur mère avec de grands yeux inquiets devenaient confiants aux premières caresses de M. Desinnocends. Des infirmes qui se traînaient à peine retrouvaient quelque vitalité à la suite de l'entretien du prêtre, dont les mouvements, sobres comme ceux d'un charmeur d'oiseaux, appelaient la bénédiction sur chaque tête.

Pas un mot bruyant dans ce corridor, où se pressaient des gens du peuple. Eux-mêmes, les remercîments avaient quelque chose d'aussi discret que le don; mais ce qui valait mieux que des paroles bruyantes, c'étaient des yeux humides de joie, des épanouissements sur les physionomies, des douleurs et des chagrins assoupis par ce digne ministre de la charité.

L'abbé, ayant aperçu madame Falconnet, vint à elle, la priant de l'excuser.

— J'ai, dit-il, à parler à deux braves gens ; veuillez, je vous prie, madame, entrer un instant dans ma chambre.

Un lit de fer avec une mince paillasse, deux chaises, un crucifix d'ivoire au mur, en formaient l'ameublement et l'ornementation.

La grande cheminée laissait voir un réchaud ; sur le réchaud, une marmite de terre.

Au porte-manteau était accrochée une soutane. Sur une planchette, près du porte-manteau, s'étalaient quelques in-quarto, *la Vie des Pères de l'Église* : une autre planche, moins en évidence, portait un pot à eau.

Pas d'autre mobilier.

Les banquettes de cuir, sur lesquelles s'asseyaient les pauvres dans le corridor, étaient le seul luxe de la maison.

M. Desinnocends entra, la figure calme ; il avait ouvert la matinée par de bonnes actions.

— Vous ici, madame? s'écria-t-il.

— Je viens au pasteur, puisque le pasteur ne vient plus à moi.

Confus, M. Desinnocends cherchait à se justifier, en parlant de ses nombreuses occupations. Il ne disait pas tout à fait la vérité.

La fortune chez les autres gênait ce prêtre candide, qui se sentait de plain-pied seulement avec les malheureux. Ses amis, qu'il savait heureux, il les voyait à peine. Entendait-il parler d'une infortune, il accourait avec des trésors de consolation.

Le bruit de la réputation de Raymond faisait souvent songer au prêtre combien sa mère devait être fière de son fils. Depuis les derniers événements, M. Desinnocends n'avait pas paru chez madame Falconnet.

Il s'attendait à voir une femme triomphante ; la gravité de la veuve l'étonna.

— Monsieur l'abbé, dit-elle, est-ce une indiscrétion que de vous demander quelques minutes?

— Ma besogne du matin est terminée, madame, je suis tout à vous.

— Je voudrais, monsieur l'abbé, vous parler de Raymond.

— Un triomphateur ! s'écria M. Desinnocends.

— Justement; ce bruit autour de son nom me fait presque autant de mal qu'une affliction.

— Je ne vous comprends pas, madame. Le cher enfant vous aime.

— Aussi, n'est-ce pas de sa tendresse que je me plains. Raymond est bon, dévoué, comme d'habitude; mais où le mènera cette réputation? Voilà ma pensée de toutes les nuits. Je suis heureuse de son succès, quoique je ne crusse pas posséder un enfant appelé à figurer dans le monde. Souvent, en rêve, je cherche qui a mis de pareilles choses dans la tête de Raymond. Il y a deux ans, rien n'indiquait en lui une de ces natures qui dominent les autres hommes. Son nom, à l'heure qu'il est, toutes les bouches le prononcent.

— Oui, dit M. Desinnocends, chacun parle de Raymond avec éloge.

— Comment, monsieur l'abbé, ces idées se sont-elles produites tout à coup?

M. Desinnocends secoua la tête. Une semblable question l'embarrassait autant que s'il lui avait fallu expliquer les mystères. Pour lui, la poésie était une sorte de mystère.

— Vous comprenez, madame... dit-il.

L'abbé avança le bras pour donner une explication, cligna des yeux et balbutia quelques paroles en réponse à la troublante question. De ses paroles, il résultait qu'il avait répété sur différents tons un certain nombre de fois :

— La poésie !

— Croyez-vous, monsieur l'abbé, qu'en présence

des succès de Raymond je me sente prise parfois de sentiments d'orgueil?

— Ils sont bien légitimes, madame.

— Être la mère d'un enfant sur qui tout le monde a les yeux! Avant-hier, dans la soirée, j'ai éprouvé une sensation singulière... Mes tempes battaient, le sang se portait à la tête... C'était une jouissance inexprimable et violente... Cet état ne dura que quelques secondes... Je me serais évanouie de bonheur..... A cette heure-là, monsieur l'abbé, Raymond était salué par les applaudissements de toute une salle... N'est-ce pas un phénomène qu'à la même minute, ignorant que mon fils fût au théâtre, je ressentais les sensations par lesquelles lui-même m'a dit avoir passé, car je n'ai pas voulu me coucher sans le voir!.....Pourquoi me doutais-je que l'émotion que j'avais ressentie dépendait d'un événement qui l'atteignait directement?

L'abbé Desinnocends écoutait, attentif.

Ce qu'il entendait là était nouveau pour lui, absolument nouveau.

— Vous êtes une sainte, madame, dit-il en la reconduisant. Les saintes ont de ces priviléges.

XXV

Un jour se répandit dans la ville le bruit de la mort de M. de Castelgaillard, qui n'avait pas reparu à l'Académie depuis le fameux ballottage entre Escanecrabe et Laffitte-Vigordanne.

Le fait n'était que trop vrai. Peu après, le corps du défunt académicien, rapporté de Nice, fut reçu aux portes de Toulouse par une députation de membres des Jeux-Floraux, dont quelques-uns n'assistaient pas au convoi sans inquiétude.

La mort donne rarement un seul coup de faux dans une Académie. Le plus souvent, elle fait coup double. L'immortel qui tombe en entraîne volontiers un autre.

Les autres, dans cette circonstance, se regardaient entre eux avec attention, consultaient la coloration de chacun et se demandaient à qui était destiné ce second coup de faux, toujours désagréable.

Les mainteneurs jeunes étaient plus indifférents à la

mort de M. de Castelgaillard. La solidité de la charpente, la puissance du suc gastrique, la mobilité des articulations, sont des excellents brevets de longévité : mais le parti des longues houppelandes, des manchons, des douillettes de soie et des grandes lunettes n'assista à l'enterrement qu'avec une sorte de terreur.

On remarquait au convoi madame Douladoure, qui avait fixé son domicile à Toulouse depuis son brevet de maître ès-Jeux-Floraux. Elle tenait une couronne d'immortelles, et ses voiles noirs l'apparentaient avec une Antigone de forte dimension.

A distance marchaient Laffitte-Vigordanne et Escanecrabe, à qui le siége vacant du défunt rendait l'espoir au cœur.

Escanecrabe était grave, digne, solennel. Un grand col de velours, rembourré de carton, faisait qu'il portait la tête en saint-sacrement. Ses regards se dirigeaient au loin, dans le pays idéal où, entouré d'une auréole, le fauteuil de feu M. de Castelgaillard apparaissait comme un trône.

Plein de certitude en lui, il cherchait à la faire partager aux membres du cortége, espérant que sa haute taille le désignerait, au moins, autant que son mérite.

Laffitte-Vigordanne se glissait comme une anguille dans le cortége. Petit et chétif, pour se faire remarquer de chaque académicien, il sautillait d'un rang à l'autre, avait débuté par la queue du cortége et s'était déjà faufilé au milieu, répétant à chacun :

— Quelle perte pour l'Académie ! Quelle perte, monsieur !

Il ajoutait aussitôt :

— Si la demande de votre voix, monsieur, ne vous semblait pas indiscrète dans un pareil moment, j'aurais l'honneur de la solliciter, en me présentant aux prochaines élections.

Alors Laffitte-Vigordanne, faisant deux enjambées en avant, se trouvait en face de nouveaux académiciens et recommençait :

— Quelle perte pour l'Académie ! Quelle perte, monsieur !

Tout entier à la douleur en apparence, Escanecrabe ne demandait rien. Il est vrai que le soir même où la mort de M. de Castelgaillard avait été connue, Escanecrabe ne fit pas moins de sept visites qu'il augmenta de huit autres le lendemain matin avant de boire ni manger.

Aussi regardait-il avec un sourire méprisant le furet, son rival, qui, posant sa candidature au milieu des obsèques, montrait une trop vive convoitise académique.

L'abbé Supplici officiait. Suivant ses instructions, non loin de lui se tenait Saturnin de Poucharramet, tout à fait dans le ton. Un gros paroissien à la main, il semblait un pleureur à gages, et de temps à autre psalmodiait avec les chantres l'office des morts.

L'académicien Pons de Lunel grelottait, les bras ensevelis dans son manchon.

Tantôt sa lèvre inférieure s'élançait comme à l'assaut de son nez, tantôt il secouait la tête d'une façon immodérée.

Le rapporteur préparait son improvisation, que pour plus de prudence il avait dans sa poche ; mais il préférait se la rappeler mot pour mot, désireux d'affermir sa réputation d'orateur éloquent.

— Quelle perte pour l'Académie! Quelle perte, monsieur! lui souffla à l'oreille une voix aiguë.

Pons de Lunel tressauta et regarda avec des yeux indignés le candidat qui osait l'interrompre dans ses méditations.

Laffite-Vigordanne, atterré, se tourna du côté de Labastidette, un mainteneur à face réjouie, le teint coloré, les oreilles massives et violettes, se détachant avec peine de gros plis de chair de la nuque.

Il était impossible à Labastidette d'appeler la douleur sur sa physionomie; même à l'enterrement, il avait la mine d'un gourmand en face d'une dinde truffée.

— Quelle perte pour l'Académie! Quelle perte, monsieur! hasarda Laffite-Vigordanne.

Labastidette se pencha d'un air bienveillant vers le candidat.

— M. de Castelgaillard, dit-il, ne mangeait pas assez abondamment.

— Oui, fit Laffitte-Vigordanne, ouvrant une large bouche et faisant un geste de la main comme pour jeter quelque grosse pièce de venaison dans son gosier.

— Précisément, dit Labastidette.

Laffitte-Vigordanne, ayant posé sa candidature, quitta le mainteneur aux oreilles violettes, se disant qu'avec l'envoi d'un beau poisson il obtiendrait facilement la voix de l'académicien glouton.

Le cortége venait d'entrer au cimetière. Le char qui

17.

contenait les dépouilles de M. de Castelgaillard, s'était arrêté non loin du trou béant en face duquel le fossoyeur, bêche en main, s'apprêtait à subir les longs discours de « ces bavards », qu'il avait déjà entendus à diverses reprises.

Pons de Lunel, ayant retiré son bras droit du manchon, se passa la main sur les yeux et l'appuya sur l'arcade sourcilière d'où devait jaillir l'improvisation qu'il avait en poche.

Sur le revers de la fosse, en face de lui, se tenait Escanecrabe, toujours grave, toujours demandant la place du défunt, — non pas dans le cercueil, — mais à l'Académie. Il espérait qu'ayant coulé nombre de compliments pendant sa visite au rapporteur, Pons de Lunel introduirait dans l'oraison funèbre quelques mots sur sa candidature.

En ce moment suprême, Escanecrabe ne regardait plus l'horizon. Il plongeait dans Pons de Lunel, essayant d'établir entre l'orateur et lui un courant magnétique qui lui crierait: Rappelle-toi?

Pons de Lunel ne se rappelait rien, rien de M. de Castelgaillard, rien de son discours, d'Escanecrabe rien, rien !

A peine les portes du cimetière franchies, Pons de Lunel pensa, avec une extrême angoisse, qu'il n'avait pas dit un mot dans son discours des œuvres de M. de Castelgaillard. Légèreté impardonnable! Que pouvait avoir fait le feu marquis pendant sa vie? Quelle œuvre lui avait valu les suffrages pour son admission aux Jeux-Floraux?

Ce sont de ces questions dont est friand le public,

qu'on reçoive les académiciens ou qu'on les enterre. Et l'orateur avait été assez léger pour n'y prêter aucune attention ! M. de Castelgaillard était-il poëte ou prosateur, ce qui offre quelques nuances? Étaient-ce les lettres ou les sciences qui avaient ouvert au mainteneur défunt les bras du fauteuil académique? Pons de Lunel l'ignorait absolument. Aussi devenait-il si perplexe qu'en une seconde il oublia son discours laborieusement préparé. La vie, les actes, les œuvres de M. de Castelgaillard se mêlaient et offraient à l'orateur le spectacle désastreux d'un riche vase de porcelaine tombé d'un quatrième étage.

Si encore Pons de Lunel eût été certain que le marquis n'avait pas écrit un traître mot pendant sa vie, il est de ces phrases élastiques, chères aux orateurs officiels qui y entassent :

Vertus,

Loyauté dans les rapports,

Aménité de caractère,

Tenue exquise,

Parfaite sociabilité,

Charmes du foyer domestique.

Termes immuables tirés du Dictionnaire général des académies.

Le mot de Laffitte-Vigordanne : *Quelle perte, monsieur !* se représenta au souvenir de Pons de Lunel. Un tel regret annonçait un candidat nourri des plus saines traditions.

L'orateur jeta un regard sur la foule et aperçut Laffitte-Vigordanne qui, dressé sur la pointe de ses escarpins, essayait de séduire celui-là même qui avait manqué à son devoir, le secrétaire des Jeux-Floraux, dont la mission était d'envoyer aux orateurs un tableau détaillé des œuvres du défunt.

Il était impossible d'interroger le secrétaire trop éloigné.

M. Supplici venait d'asperger le cercueil dans lequel volontiers Pons de Lunel eût pris place, — momentanément !

— Messieurs... dit-il.

Il promena un mouchoir sur ses yeux.

— Quelle émotion ! se disaient les assistants.

— Celui que nous avons eu la douleur de perdre, celui que chacun de nous pleure...

Le mouchoir fut chiffonné convulsivement sur les yeux de l'orateur.

— Celui qui fut une des gloires de notre cité avait été marqué à sa naissance par le doigt de la Providence... M. de Castelgaillard reçut de la nature un heureux don; il était d'essence académique, il naquit académicien... L'Académie reconnut cette intelligence d'élite à ce signe providentiel, et se hâta de l'accueillir dans son sein... J'ai peine à continuer, messieurs, tant ma douleur est grande...

Le manége du mouchoir recommença, ce qui permit à Pons de Lunel de se pincer les paupières.

— Quelle perte pour l'Académie ! reprit-il après un temps d'arrêt, quelle perte, messieurs !

— Bravo ! s'écria Laffitte-Vigordanne, qui ne put retenir un cri d'enthousiasme, en voyant que son mot avait porté.

Dès lors le voile qui s'étendait sur l'improvisation

de Pons de Lunel sembla se dissiper. Il continua :

— Elle est si grande, messieurs, cette perte, qu'on se demande quel caractère pourra remplacer M. de Castelgaillard à l'Académie.

Escanecrabe toussa pour rappeler à l'orateur qu'il était justement le caractère demandé ; mais Pons de Lunel, l'esprit échauffé par sa riche improvisation, avait tout à fait oublié la candidature d'Escanecrabe.

— Les titres de notre regretté collègue sont nombreux, dit Pons de Lunel, qui jeta un regard sur les académiciens qui l'entouraient, avant de savoir s'il fallait s'engager dans ce défilé inconnu.

— Très-nombreux titres, reprit-il n'ayant rencontré aucun sourire sceptique.

Pour en terminer du coup.

— Il serait trop long, messieurs, d'énumérer ici les créations de feu M. le marquis de Castelgaillard. L'Académie vous les rappellera dans l'enceinte où, la première douleur passée, vous vous associerez de cœur aux éloges de celui dont les œuvres sont impérissables.

En ce moment Pons de Lunel se serait volontiers frotté les mains de son habileté oratoire. Sa main gauche était enfouie dans le petit manchon. Il l'en tira tout à coup portant un globe de verre qui contenait un vase dans lequel étaient plantées des fleurs d'or et d'argent frémissant sur leur tige.

— La famille de notre noble collègue, dit-il, m'a confié ce précieux dépôt... Ce sont les prix décernés par l'Académie à M. de Castelgaillard pendant son stage poétique, aux époques déjà lointaines d'heureuse jeunesse où chaque année le vainqueur de tant de rivaux distingués avait le droit d'accrocher une nouvelle fleur à sa boutonnière.

Pons de Lunel abandonna son manchon suspendu à son cou par une ganse, et de ses deux mains leva en l'air le précieux globe.

— Voilà donc le jardin de M. de Castelgaillard, le parterre que son imagination ratissa pendant sa jeunesse... O fleurs chéries, empreintes d'un parfum intellectuel, vous étiez sans cesse devant les yeux de notre bien-aimé collègue, sous globe sur sa cheminée, protégées par le cristal contre l'intempérie des saisons ! O fleurs aux filigranes délicats, vous possédez encore la fraîcheur du premier jour !... Il en est de même pour les œuvres de M. de Castelgaillard, toujours vivantes en nous, toujours jeunes...

Pons de Lunel était emporté par l'éloquence.

— Une vie honnête, continua-t-il, une existence régulière, font que l'homme, détaché des passions de ce monde, arrive au terme de sa carrière sans avoir perdu de ses qualités. N'en est-il pas de même pour les œuvres élaborées à loisir dans le silence du cabinet? Notre collègue se plaisait, suivant le précepte du divin Boileau, à polir et repolir sans cesse ses ouvrages.

L'académicien agita encore une fois le globe de verre et termina son discours en rentrant le petit meuble dans le manchon.

Après quoi il appela trois fois : « Castelgaillard, Castelgaillard, Castelgaillard ! » Ayant fait remarquer que le défunt ne répondait pas, Pons de Lunel le convia à dormir du sommeil des justes et essuya ses yeux, qui étaient secs.

Des applaudissements se firent entendre de toute part.

— Bravo ! bien parlé ! s'écria Escanecrabe, qui, d'autorité, avait pris le bras de Pons de Lunel.

Les mains se tendaient vers l'orateur. Escanecrabe saluait la foule au nom de Pons de Lunel, et de sa forte voix se penchait vers l'oreille de l'académicien, l'assourdissant de :

— Admirable ! parfait !

— Quel éloquent discours ! parvint à dire Laffitte-Vigordanne, qui tendait la main à l'orateur.

Escanecrabe saisit dans ses doigts les doigts de son rival et les pressa avec rage.

En ce moment, Escanecrabe s'était emparé de Pons de Lunel. Il devenait son protecteur, son rempart contre la foule, son joueur de flûte, au grand désespoir de Laffitte-Vigordanne qui, sautillant derrière Pons de Lunel, grimaçait du terrible serrement de mains de celui qui, par l'audacieux envahissement de la personne de l'académicien, passa aux yeux de la foule pour le successeur certain de M. de Castelgaillard.

XXVI

Qu'il est heureux le poëte qui, dans toute la force de l'illusion, se voit imprimé pour la première fois ! Son âme, son cœur, ses aspirations sont enfin fixés dans ces pages, que lui-même croit à peine avoir remplies.

Raymond passa par ces petits bonheurs, quoiqu'il y apportât moins de vanité personnelle que les écrivains de profession. Le volume appartenait plus à Paule qu'à lui-même ; c'était elle qui en avait dicté les pages les plus émues. Sans elle, le poëte n'existait pas.

Aussi le premier exemplaire lui fut-il adressé, le nom de Negogousse sur la liste de souscription permettant cet envoi.

En embrassant sa mère, Raymond lui remit le second exemplaire. Ce fut avec un vif sentiment de cordialité que Raymond écrivit sur la première page de son livre les noms du docteur Gardouch, de Loubens, de René d'Espipat, de Lagardelle et de l'abbé Desinnocends, groupe d'amis qui faisait oublier au poëte les injustices commises à son égard.

Le volume sortait de la meilleure imprimerie de Toulouse. Loubens y avait apporté tous ses soins.

— A belle poésie belle enveloppe, dit-il à l'imprimeur qui se surpassa.

Le jour de la mise en vente, cent exemplaires furent enlevés dans les diverses librairies. La jeunesse des écoles se fit remarquer particulièrement par son enthousiasme ; car les jeunes gens, malgré leurs modiques ressources, savent se priver pour souscrire aux livres.

Raymond osait à peine lever la tête dans les rues. Le volume, événement du mois, faisait que chacun s'intéressait maintenant au jeune homme dont le front était marqué du sceau de la poésie.

Les clercs de l'étude savaient par cœur les principaux morceaux du volume et les récitaient pour faire pièce à Saturnin de Poucharramet. Tel était son châtiment. Il payait l'injustice des Jeux-Floraux.

La jeunesse se plaît à ces représailles. Courageuse, libre et sans entraves, elle prête son aide aux lutteurs et témoigne ouvertement de son mépris pour les gens arrivés par le canal de la faveur.

Raymond le vaincu avait aux yeux des étudiants une auréole qui manquait à Saturnin le vainqueur. Méprisé par la gent officielle, le poëte était porté tout à coup aux cimes de la réputation par ceux en qui la conscience vibrait encore.

Ces sympathies, Raymond sentait qu'elles lui faisaient cortége ; il eût voulu que l'humanité n'eût qu'une tête pour l'embrasser.

Ne rencontrant que figures souriantes à son approche, Raymond fut surpris de trouver sa mère plus mélancolique que de coutume. Si parfois un rayon traversait les yeux de cette austère physionomie, aussitôt la bouche devenait pensive. Il y avait à la fois de l'expansion et de l'inquiétude chez la mère de Raymond ; on eût dit qu'elle voulait parler et se taire.

— Je t'ai lu, mon enfant, dit-elle en l'embrassant. Je n'ai pas terminé... Je lis lentement pour faire durer mon bonheur plus longtemps.

Ces paroles d'une mère à son fils valent mieux que tous les éloges.

— Ainsi, dit Raymond, mon livre ne te déplaît pas?

— Me déplaire ? Tu me prêtes une mauvaise pensée pour me faire dire que je suis fière de toi.

— Vrai ! s'écria Raymond.

La veuve se jeta dans les bras de son fils pour dissimuler une larme.

Dans cette larme entraient tout à la fois orgueil, regrets, jalousie.

D'une vie chaste comme celle d'une sœur de charité, la mère de Raymond n'avait pas approfondi d'autre passion que l'union conjugale. Aussi ces poésies la troublaient. Quelles profondes sensations avait dû ressentir son fils pour les exprimer de la sorte. Il y avait là des notes de pénétrante tendresse que toute femme comprend sans les avoir jamais entendues. Un cœur d'homme débordait plein de félicités. C'était bon et doux. Mais quelle était la femme à qui s'adressaient ces poésies? En était-elle digne! N'accaparerait-elle pas l'affection de Raymond?

Voilà ce à quoi rêvait la pauvre mère, ce qui teintait sa joie de tristesse.

Elle en arrivait à étudier chaque vers pour se rendre visible à elle-même la femme à qui de tels hommages s'adressaient. Sans doute la mère de Raymond respirait le chaste parfum qui s'exhalait des poésies ; mais trop souvent on doit aux délicatesses de l'homme le mirage de la pureté de celle qu'il aime.

De ce côté les femmes sont impitoyables à déchirer les voiles de visions charmantes et à montrer quels vices sont cachés derrière de pures et diaphanes apparences.

Une femme jugée par un tribunal de femmes serait condamnée aux supplices les plus durs.

Envahie par ces réflexions, madame Falconnet, une broderie à la main, le volume dans son panier à ouvrage, lisait, posait le livre pour méditer, reprenait sa broderie, ne faisant pas un point d'aiguille sans rêver à cette femme qu'elle eût souhaité exister idéalement dans le cerveau de Raymond.

Alors elle rouvrait le volume. Il n'y avait pas à douter que le portrait existât! La veuve fermait le livre avec découragement. Des détails de physionomie trop positifs, la couleur des cheveux, la transparence de la peau, de mignonnes oreilles, indiquaient que Raymond n'avait pas pris dans son imagination un modèle représenté sous tant de formes.

Un matin, la mère de Raymond se leva de meilleure heure que d'habitude. N'ayant pas reposé de la nuit, elle cherchait un adoucissement à ses inquiétudes dans les soins du ménage.

Elle s'occupa d'abord à mettre de l'ordre dans la pièce du rez-de-chaussée qui donne sur la rue.

Le bruit d'une fenêtre ouverte au premier étage de la Maison de pierre lui fit involontairement lever la tête.

Paule, souriante, s'accoudait sur le balcon. Madame Falconnet admira cette gentillesse et cette fraîcheur comme elle eût respiré un bouquet de fleurs.

Presque au même instant la mère entendit son fils ouvrir sa fenêtre.

Une rougeur subite envahit la figure de Paule. Cela étonna la veuve, qui regarda avec plus d'attention.

Paule venait de s'asseoir, un volume à la main, le volume de Raymond.

— Serait-ce elle? pensa la mère... C'est elle!

Madame Falconnet se le dit immédiatement. Le portrait était trop ressemblant. Peintre et modèle avaient trahi leur secret.

Paule lisait lentement et interrompait chaque strophe par de vagues regards d'émotion, de reconnaissance et de tendresse.

La mère de Raymond poussa un soupir de bonheur. Son fils aimait une femme qui le méritait!

L'émotion de la veuve fut si grande qu'elle se retira. Les deux enfants s'aimaient. Il fallait les laisser à leur amour.

Une mère confidente se sent quelquefois gênante.

Pourtant elle fit de telle sorte qu'elle rencontra Raymond qui sortait.

La veuve voulait étudier la passion inscrite sur les traits de son fils. Jusqu'où l'amour avait pénétré, c'est ce qui l'inquiétait.

— Adieu, mère ! je vais travailler, dit Raymond.
— Bon courage, mon enfant ! répondit-elle en lui serrant les mains avec une vivace étreinte qui signifiait :
— Aime-moi toujours comme je t'aime !

XXVII

Quoique les salons aristocratiques de Toulouse restassent étrangers aux mouvements de la ville, le bruit des succès de Raymond y avait pénétré, grâce à René d'Espipat, qui se donnait la maligne joie de réciter les pièces de son ami et d'en parler au monde académique fréquentant l'hôtel de sa tante.

De la part de tout autre cet enthousiasme eût été mal vu ; mais que ne permettaient pas les douairières à ce « charmant jeune homme? »

Les académiciens acceptent difficilement qu'il se produise quelque événement littéraire en dehors de leurs coteries. Toute intelligence qui les dépasse, ils la traitent volontiers de subversive. Aussi les articles de journaux, les acclamations des étudiants, la réputation faite à Raymond par la bourgeoisie sonnaient faux aux oreilles des membres des Jeux-Floraux.

Un être pouvait-il exister sans le patronage de l'Académie? Le corps des Illustres ne l'admettait pas. Tout par l'Académie, tout pour l'Académie était la devise de ces vieillards.

Pour eux, quelle portée avaient les journaux! Ils ne les lisaient pas. Les étudiants pouvaient faire des ovations à Raymond, les bourgeois souscrire à son poëme. Les académiciens ne reconnaissaient pas « ces gens. »

L'abbé Supplici ne jugeait pas ainsi la situation, surtout dans la circonstance actuelle; il craignait l'opinion publique, car Saturnin s'était plaint à lui des railleries de ses collègues de l'étude. Comme M. Supplici avait résolu de faire triompher Saturnin aux prochaines élections, il l'engagea à rendre visite aux principaux académiciens, sous couleur de leur demander des renseignements biographiques touchant feu M. de Castelgaillard.

— Vous mettrez en avant, dit-il, un travail que vous préparez à la mémoire du défunt; ainsi vous vous serez ouvert nombre de portes pour le jour où vous poserez officiellement votre candidature au siége de mainteneur. Écoutez ces messieurs avec déférence, ajouta-t-il, soyez toujours de leur avis; à un moment donné ils ne manqueront pas d'être du vôtre.

La première visite de Saturnin fut pour M. Castelnau-Picampau, un des plus notables personnages des Jeux-Floraux.

Les murs de son antichambre étaient couverts de parchemins ornés de cachets de cire rouge, au-dessus desquels s'étalait en gros caractères le nom de Castelnau-Picampau.

En montant l'escalier, Saturnin put lire, encadrés

sous verre, les brevets de diverses académies accordés à l'homme considérable qui faisait partie :

De la Société des *Intrepidi* de la très-ancienne ville de Cori ;

De la Société des Sauveteurs du Midi ;

De la Société de la *Florimontana deg i Inviolati* de *Monteleone* ;

De l'Académie flosalpine de Gap ;

De la Société des *Affaticati de Tropea* ;

De la Société académique de Poligny ;

Et de bien d'autres illustres assemblées savantes de province et de l'étranger.

A M. Castelnau-Picampau, l'un des hommes les plus décorés, les plus brevetés de France, il ne manquait qu'un fauteuil à l'Académie française ; mais il se rattrapait sur la quantité d'autres siéges non moins officiels et passait rarement trois mois sans recevoir un brevet nouveau qu'il adjoignait à ses anciens cadres.

Saturnin lui ayant exposé le motif de sa visite :

— Vous me voyez dans la douleur, s'écria Castelnau-Picampau, l'Académie de Loches vient de se dissoudre... Cet événement m'a porté un coup au cœur ! Les messieurs de Loches étaient de véritables travailleurs ; leur bulletin contenait des morceaux hardis et profonds. L'an passé, monseigneur le ministre de l'Instruction publique avait encouragé ces érudits par une allocation honorable, et voilà que je reste, pleurant sur l'Académie de Loches, sans autre consolation que de reporter les yeux sur le brevet que ces messieurs m'avaient octroyé... Je vois à votre physionomie, jeune homme, que vous partagez mes regrets sur ce flambeau intellectuel que la Touraine ingrate a laissé éteindre. L'Académie de Loches était un acheminement aux Jeux-Floraux... Les penseurs lochois nous épargnaient bien des refus inutiles, car le brevet d'académicien de Loches était déjà un titre à mes yeux comme à ceux de mes collègues... Où trouver maintenant une pépinière de jeunes intelligences déjà éprouvées ! Qui élèvera, pour teter le sein des Muses, des nourrissons comme ces messieurs de Loches ? Il y a des instants où je cherche à oublier mes chagrins, en écrivant une élégie sur l'Académie de Loches. J'attends, je mets un frein à ma pensée au lieu de lui faire sentir les éperons... Loches d'ailleurs n'est pas facile à rimer... La rime, jeune homme ! Comme ces messieurs de Loches comprenaient la rime ! Tenez, voilà ce que m'écrivait il y a un peu plus de huit jours le président de l'Académie de Loches.

Ici M. Castelnau-Picampau mit trêve à son discours pour feuilleter une énorme liasse de lettres.

Quant à Saturnin, il n'avait pu placer un mot ; un bourdonnement emplissait sa tête comme si Loches eût été cloche.

L'académicien, ayant trouvé ce qu'il cherchait, lut une demi-douzaine de lettres auxquelles il attachait un intérêt considérable. C'était un arpenteur de Loches qui, convoitant une Violette d'argent aux Jeux-Floraux, annonçait l'envoi d'une barrique de vin de Saint-Avertin.

— Les coteaux de ce pays fournissent des produits véritablement excellents, dit M. Castelnau-Picampau en claquant de la langue.

Une autre lettre accompagnait une cargaison de rillettes de Tours et des compliments sur le beau génie de l'académicien.

— Je cherche, dit-il, la dernière lettre qui m'est doublement précieuse... Un candidat, que l'Académie a couronné, me faisait passer, avec ses sentiments de gratitude, une demi-douzaine de pots de raisiné.

Castelnau-Picampau regarda tout à coup Saturnin de la tête aux pieds.

— Jeune homme qui arrivez de Loches, dit-il, ne vous a-t-on pas chargé de quelque chose pour adoucir mes regrets ?

D'un coup d'œil de douanier, l'académicien sondait les poches de Saturnin.

— Pardonnez-moi, monsieur, dit celui-ci, je n'arrive pas de Loches.

— Et alors ? s'écria Castelnau-Picampau d'un ton qui signifiait : Que venez-vous faire ici, puisque vous n'apportez aucune victuaille ?

— Je souhaitais, monsieur, vous demander quelques notes sur la vie et les ouvrages de M. de Castelgaillard.

Castelnau-Picampau se leva.

— M. de Castelgaillard, dit-il sèchement, n'entretenait aucun rapport avec l'Académie de Loches, voilà tout ce que je peux vous apprendre sur son compte.

Saturnin, confus de cette réception, salua l'académicien et rencontra au bas de l'escalier Laffitte-Vigordanne sautillant pour oublier le temps qu'il passait à faire antichambre.

De là, Saturnin alla rendre visite à M. Valcabrère,

que l'abbé Supplici avait désigné à son élève comme un des membres qu'il était important de se rendre favorable.

Sec, maigre, les cheveux blancs ébouriffés, la figure couleur d'apoplexie :

— Que voulez-vous ? Qui demandez-vous ? dit Valcabrère d'un ton impérieux.

Effrayé, Saturnin se retrancha derrière le patronage de l'abbé Supplici.

— Encore un fameux choix de l'Académie ! s'écria l'académicien. Qu'a fait M. Supplici pour entrer aux Jeux-Floraux ? Moi, monsieur, j'ai composé une épopée en vingt-quatre chants avec les mêmes développements que l'Iliade... Eh bien ! je ne trouve pas d'imprimeur, et je peux mourir sans faire jouir la France du fruit de mes veilles.

N'ayant pas réussi avec le nom de l'abbé Supplici, Saturnin mit en avant celui de M. Castelgaillard, et il expliqua comment il entendait peindre la vie et les actes du défunt.

— Les actes de Castelgaillard ! s'écria Valcabrère qui devint bleu. Un pingre qui n'a rien fait pour protéger les lettres. Si ce Castelgaillard avait voulu avec sa fortune, à quoi lui sert-elle aujourd'hui? m'avancer les fonds suffisants pour imprimer mes observations sur les comparaisons de l'Iliade ! Car vous saurez que la partie la plus brillante d'Homère gît dans les comparaisons... Après des travaux énormes, j'ai pu convaincre Castelgaillard que, non content d'avoir constaté le chiffre de ces comparaisons, je les avais classées par catégorie en signalant dans une colonne spéciale d'observations les répétitions et les longueurs dont elles ne sont pas exemptes... Le Castelgaillard dont vous m'entretenez ne m'a pas prêté un liard, monsieur. Pièces en mains je lui prouvais que les vingt-quatre chants de l'Iliade comportent deux cent dix-neuf comparaisons, ce qui fait une moyenne de neuf par chant... Castelgaillard a fermé l'oreille... J'avais établi cinq registres que voici. L'un contient les comparaisons prises aux météores, l'autre celles relatives aux dieux. Voilà un cahier rempli de comparaisons tirées du règne végétal; en voici un autre tiré de la nature; les fleuves et les montagnes entre autres fournissent force comparaisons. Castelgaillard ne dénoua pas les cordons de sa bourse... Cependant il savait que la publication de mon épopée, contenant un tiers de comparaisons de plus qu'Homère, constituerait en librairie un de ces succès qui, en même temps qu'il ouvre une nouvelle voie au poëme épique trop délaissé, eût enrichi mes derniers jours. Et vous me demandez des renseignements sur ce Castelgaillard inepte dont je n'ai pas suivi le convoi! Non, monsieur, je n'étais pas au cimetière. Mon absence a été remarquée, tant mieux! Il ne sera pas dit que l'auteur de la plus vaste épopée de la France a rendu les derniers hommages à un homme qui eût refusé une obole au vieil Homère lui-même.

Là-dessus Saturnin crut devoir se retirer, l'irascible Valcabrère s'étant plongé la tête dans les mains, sans se douter qu'après la visite de Saturnin, il fallait recommencer le même discours furibond pour Escanecrabe, qui venait d'entrer.

Désappointé sur l'issue de ces visites, Saturnin confia ses doléances à l'abbé Supplici.

— Cher enfant, dit l'abbé, ne vous effrayez pas de l'aridité des réceptions que subissent ceux qui sollicitent la voix des académiciens. Sans doute nous comptons au sein des Jeux-Floraux de bienveillants mainteneurs, quoiqu'ils soient rares. Votre première visite sera pour M. Fadas, un homme tout miel. En comparant M. Valcabrère à M. Fadas, vous vous direz quelle distance sépare un homme de formes excellentes de cet enragé avec son poëme épique... M. Fadas vous complimentera, vous promettra tout ce que vous souhaitez. Ne comptez ni sur ses louanges, ni sur ses promesses... A peine serez-vous sorti de chez lui que M. Fadas vous aura oublié... Tandis que la bile de M. Valcabrère calmée, il peut devenir serviable... En le renvoyant, amenez-le à vous donner lecture d'un chant de son épopée; témoignez un vif enthousiasme. Il y sera sensible. Les compliments que vous adresseriez à M. Fadas n'auraient pas plus de solidité qu'un clou enfoncé dans du coton. En général, méfiez-vous des hommes trop aimables à la première entrevue; attachez-vous, au contraire, à amollir la couche de rudesse de certains autres... Ce sont les plus maniables.

Par de tels conseils, l'abbé Supplici dressait Saturnin et lui faisait entrevoir à quel prix est obtenu un fauteuil aux Jeux-Floraux, et quelles délices attendaient à l'Académie le candidat, son temps d'épreuves passé.

XXVIII

Un matin, l'abbé Supplici entra dans les magasins qu'occupait Negogousse, rue du Chapeau-Rouge.

Le négociant, plongé dans l'étude de son grand livre, jetait un coup d'œil de satisfaction sur le mariage du Doit et Avoir, car à l'Avoir, où étaient alignées de nombreuses phalanges de chiffres, le père lisait à chaque ligne le nom de Paule.

Sous les intérêts matériels se cache quelquefois la poésie.

Negogousse regarda avec surprise le prêtre, qu'il voyait pour la première fois. Évidemment, ce n'était pas là un commettant.

M. Supplici, ayant décliné son nom et son titre :

— Je désirerais, monsieur, si vous aviez un instant, vous entretenir du procès que vous intente M. Massabrac d'Avignon.

A ce mot, Negogousse devint tout oreilles, le procès Massabrac étant la seule pierre qui gênât sa route.

— Monsieur, dit l'abbé, je suis chargé de diriger un jeune homme d'une de nos meilleures familles, M. Saturnin de Poucharramet, dont la compréhension en affaires est telle que M° Trebons lui a confié les pièces de la procédure qui vous touche.

Negogousse secoua la tête, indiquant qu'il se rappelait cette circonstance.

— Ayant reçu mission par l'honorable famille de Poucharramet, de surveiller tous les actes de cet intelligent jeune homme, il m'a été permis d'étudier la grave affaire qui vous concerne.

Negogousse parut étonné.

— Vous êtes surpris, monsieur, qu'un prêtre s'occupe d'affaires litigieuses... En effet, pour la première fois, j'aborde au terrain de la procédure et cela parce que M. de Poucharramet m'en a prié, tant il a pris à cœur vos intérêts.

— Ah! dit Negogousse.

— Saturnin y apporte l'heureux enthousiasme de la jeunesse, ne voit dans la vie que Massabrac et m'en parle sans cesse avec indignation.

— Vraiment! s'écria le négociant.

— C'est comme j'ai l'honneur de vous le dire... Au début, je dois vous l'avouer, j'y prêtai mince attention, n'ayant pas le plaisir de vous connaître; mais l'insistance de cet excellent jeune homme me frappa, et moi-même, un jour, je fus surpris de prendre un vif intérêt à la défense d'un compatriote contre les demandes illégitimes de ce Massabrac.

— N'est-il pas vrai que j'ai raison? s'écria Negogousse.

— Parfaitement, monsieur; vous avez agi en commerçant honorable, laissant votre adversaire se servir des armes de la mauvaise foi.

— Voilà qui est bien parlé, dit Negogousse en se frottant les mains.

— Les prêtres lisent dans les consciences, reprit l'abbé; et, si les affaires civiles pouvaient se dénouer par les ministres de l'Église, on obtiendrait des arrangements contre lesquels échoue trop souvent la justice des hommes. J'ai donc discuté votre affaire en compagnie de M. de Poucharramet; pour exciter son imagination, je me servais des arguments de Massabrac. Il est même arrivé quelquefois que j'ai battu Saturnin, le légiste.

— Sans doute, dit Negogousse, un jeune clerc...

— Ne vous méprenez pas, mon cher monsieur, sur la jeunesse de M. de Poucharramet; elle n'empêche pas de profondes connaissances en droit, et, si j'ai triomphé parfois de mon adversaire, c'est que Massabrac a la partie belle...

— Tout à l'heure, monsieur l'abbé, vous trouviez ma cause excellente.

— Sans doute. A mes yeux, vous avez raison, mais aux yeux de la justice!... Votre procès offrira de nombreuses difficultés, par la raison que votre loyauté n'a pas prévu un Massabrac retors et rompu à toutes les malices de la chicane..... Après avoir côtoyé les sentiers de la friponnerie, il s'est enfermé dans la forteresse du droit strict, d'où il sera difficile de le déloger.

Aussi est-ce une bonne fortune, pour vous, que M. Saturnin de Poucharramet ait été choisi pour suivre la marche de votre affaire.

L'abbé, ayant baissé la voix, s'approcha de Negogousse.

— Entre nous, M. de Poucharramet vous sera plus utile que Me Trebons, quoique cet officier ministériel jouisse, dans le pays, d'une réputation légitimement acquise.

— Bah ! s'écria Negogousse, qui écoutait l'abbé avec une vive attention.

— Pour bien me faire comprendre, continua M. Supplici, supposez une âme souffrante se confiant à un ecclésiastique, déjà chargé de mettre en paix de nombreuses consciences. Quel que soit son zèle, ce prêtre ne pourra soulager la pauvre âme avec autant de zèle qu'un directeur voué à une personne seule, qui, pénétrant dans son cœur, s'y loge, pour ainsi dire, afin d'en étudier les secrets mouvements. De même, Me Trebons ne peut voir aussi clair que M. de Poucharramet dans l'affaire Massabrac, par la raison que l'avoué a cinquante affaires litigieuses en tête, auxquelles il ne peut prêter que quelques minutes d'attention. Le dévoué Saturnin, enthousiaste de son premier procès, est tout à votre affaire. Il a pris possession de vous, il est devenu l'honorable Negogousse, épouse votre loyauté, s'indigne contre la mauvaise foi de Massabrac, et j'ose dire que votre procès le préoccupe plus que vous-même.

— Vraiment ! s'écria Negogousse.

— Il en est ainsi, cher monsieur. A table, M. de

Poucharramet me parle constamment de Massabrac. Vous ai-je dit que nous nous occupions de votre affaire même à la promenade?..... Enfin, Massabrac est une telle obsession pour le bon Saturnin, qu'il en parle sans cesse...

— J'en parlerais bien aussi, dit Negogousse ; mais...

L'abbé Supplici interrogea du regard le marchand d'huile.

— Il ne faut pas attrister ma fille de pareils détails.

— Vous avez une fille, monsieur? dit l'abbé.

Un sourire passa sur les traits de Negogousse et les embellit momentanément ; car trois choses illuminent les physionomies les plus vulgaires : l'amour, la naissance d'un enfant, la mort.

— Mademoiselle votre fille doit s'estimer heureuse de posséder un père animé de si généreux sentiments. Vous ne devez pas croire au mal, monsieur? demanda l'abbé.

— Je travaille pour Paule, sans m'inquiéter comment agissent les autres.

— Loyal et simple cœur! s'écria l'abbé en serrant affectueusement la main de Negogousse, qu'il garda dans les siennes.

Cette pression de mains fit éprouver à Negogousse une sensation qu'il n'avait jamais ressentie. La main de l'abbé était fine et insinuante comme celle d'une femme ; sa moiteur pénétrait à travers la rude enveloppe du marchand d'huile.

La figure de M. Supplici était mince et sèche, son regard gris et dur ; mais l'onction de sa main était si particulière que Negogousse, sous le charme d'une telle pression, se sentait prêt à mille confidences.

— Quel est le directeur de mademoiselle votre fille? demanda l'abbé.

— Elle n'en a pas, dit Negogousse.

Le prêtre, s'étant enquis de l'âge de Paule :

— La religion, dit-il, est un grand appui pour la femme dans toutes les circonstances de la vie.

— Paule va à l'église, reprit Negogousse, et voit, une fois par semaine, à la maison, M. Desinnocends.

— Un pauvre homme! s'écria l'abbé avec dédain.

— Il est estimé dans notre quartier, dit Negogousse.

— Sans doute ; mais petite intelligence.

Negogousse ne disait mot, se sentant sous le joug d'un esprit dominateur.

— Cerveau étroit, ajouta l'abbé, esprit à courte vue que M. Desinnocends. Connaît-il l'affaire Massabrac?

— Il a dû m'en entendre parler.

— Quel conseil vous a-t-il donné ?

— Aucun, dit Negogousse.

— Que vous disais-je des aptitudes de M. Desinnocends ? Nulles... Un prêtre doit s'inquiéter autant du temporel que du spirituel.

Ayant questionné Negogousse sur l'emploi des journées de Paule, M. Supplici blâma son collègue de ne pas avoir prêté plus d'appui à cette jeune conscience, qui, selon lui, ne devait pas rester inoccupée, en compagnie de ses pensées.

Comme il se levait pour prendre congé, Negogousse accompagna le prêtre dans la cour, le reconduisit à la porte de la rue et l'eût suivi jusqu'à son domicile, tant l'impression produite sur lui par M. Supplici était vive.

Ayant manifesté le désir de revoir le prêtre :

— Mon ministère, dit l'abbé, m'ordonne de donner mon temps à ceux qui ont recours à mon assistance.

Là-dessus, M. Supplici sortit ; toutefois, étant revenu sur ses pas, il trouva Negogousse sur le seuil de son magasin, regardant avec enthousiasme celui qui prenait si vivement ses intérêts.

— Inutile, cher monsieur, dit l'abbé, de parler à M⁰ Trebons du zèle si particulier que déploie M. de Poucharramet dans votre affaire... L'avoué pourrait se montrer jaloux de son clerc.

— J'entends, monsieur l'abbé, dit Negogousse.

— Et moi-même, ne pourrais-je pas essuyer quelque blâme de prendre trop à cœur des intérêts privés au détriment de ceux de l'Église ?

Negogousse jura le secret, et encore une fois s'empara des mains de l'abbé, qui se retira, heureux de cette confidence. Il était venu rendre visite à un individu, s'attendant à une réception banale ; il sortait plein d'espérances.

Le système de M. Supplici consistait, ayant aperçu un bout de fil dénoué, à le suivre jusqu'à son peloton. Toute relation qui s'ouvrait par voie indirecte, il la creusait. Pas d'être qui lui fût indifférent. En quoi un homme pouvait être utile à ses intérêts ou à ceux des êtres qu'il protégeait, voilà ce que demandait le prêtre.

Esprit plein de méthode.

Quoique son ministère le mît avec nombre de gens sans portée, qui eussent fatigué tout autre, l'abbé Supplici, ayant classé ces gens, savait purger son cerveau de faits inutiles. La méthode était sa faculté dominante, car elle est la principale loi sociale, qui fait que tant d'intelligences insouciantes n'aboutissent pas pour avoir négligé de classer hommes et choses.

Quelques jours auparavant, l'abbé Supplici avait rencontré Saturnin portant sous le bras le dossier Negogousse. Par habitude, le prêtre interrogea le jeune homme sur la nature du débat, les adversaires qui en faisaient les frais, et, sans se rendre compte du parti à tirer de Negogousse, M. Supplici lui rendit visite. Cette démarche pouvait ne pas aboutir. Qu'importe? L'abbé obéissait à son système.

L'entrevue avec le marchand d'huile donna raison au prêtre, qui exagéra à dessein l'enthousiame de Saturnin.

Le clerc était loin de déployer une telle activité dans les affaires; lui-même, l'abbé Supplici, à peine avait-il parcouru d'un coup d'œil le dossier; mais c'en était assez pour faire preuve, dans le cas actuel, de connaissances juridiques auxquelles crut Negogousse.

Le même soir, M. Desinnocends dînait à la Maison de pierre. Pour la première fois, Negogousse, devenu observateur de rencontre, regarda attentivement le vieux curé; ses deux étages de menton, ses gros yeux bleus, aussi clairs que son âme, sa lèvre inférieure, pendante et charnue. La bonté peinte sur les traits du prêtre charitable n'empêcha pas Negogousse de se rappeler qu'il se trouvait en face de celui que M. Supplici appelait un *pauvre homme.*

M. Desinnocends souriait des gaietés de Paule.

— Petite intelligence! répéta machinalement Negogousse.

S'étant levé pour regarder dans la glace sa large encolure et sa grosse tête, Negogousse la compara avec le front de M. Desinnocends, et, comme un physiognomoniste, à part lui il s'écria :

— Cerveau étroit!..... Connaissez-vous M. l'abbé Supplici? demanda-t-il tout à coup au prêtre.

— J'en ai entendu parler comme d'un ecclésiastique remarquable.

— J'espère que, la semaine prochaine, nous l'aurons à dîner.

— Monsieur le curé, dit Paule, ne manquez pas surtout.

M. Desinnocends balbutia quelques mots d'excuse.

— J'ai si peu de temps! je néglige mes pauvres, disait-il.

— Si M. Desinnocends a des affaires graves? reprit Negogousse.

Paule insistait près du vieillard.

— Mon enfant, disait le curé, au nom des malheureux, accordez-moi un congé d'une huitaine.

— Sans doute, reprit Negogousse, qui abondait dans le sens de M. Desinnocends, espérant que son hôte habituel le priverait, cette fois, de ses inaptitudes intellectuelles.

M. Desinnocends, pour se tirer d'embarras, promit de venir, le lendemain, rendre réponse. Quand il fut parti :

— Je préfère, dit Negogousse, que l'abbé Supplici ne se rencontre pas avec un esprit à courte vue.

Paule regarda son père avec étonnement.

— Tu sauras pourquoi, ma fille… Nous avons une grave affaire à traiter pendant le dîner.

— Une affaire grave! pensa Paule soucieuse.

Huit jours plus tard eut lieu le dîner auquel manqua M. Desinnocends : sa timidité était telle qu'il craignait de se rencontrer avec un collègue de la réputation de M. Supplici. Sa place était occupée par Saturnin de Poucharramet, que Negogousse avait invité en compagnie de son directeur.

On devait surtout parler de l'affaire Massabrac. L'abbé Supplici s'occupa exclusivement de Paule, ne tarissant pas en compliments sur sa beauté.

Paule se sentait gênée. Dans les poésies personnelles que lui consacrait Raymond, il y avait quelque chose de plus délicat et de plus voilé.

Saturnin ne disait mot. Negogousse, s'imaginant que la préoccupation des affaires rendait le clerc silencieux et concentré, n'en admirait pas moins celui que l'abbé Supplici avait appelé « le flambeau du droit ».

De temps en temps l'abbé Supplici rappelait les titres de son élève, la Fleur qu'il avait obtenue aux Jeux-Floraux, faisant remarquer toutefois que le culte de la poésie ne détournait pas Saturnin des études judiciaires. Suivant l'abbé, la pièce qui le sacrait poète n'offrait rien de commun avec les folles rimes et les vaniteuses légèretés auxquelles un public désœuvré accordait trop d'attention.

— *Le prêtre mourant*, dit-il, était un hommage rendu à l'Église, un accident dans la vie d'un jeune homme que l'exercice de ses devoirs religieux avait entraîné dans les sentiers de la poésie.

Son succès, il le devait au mouvement irrésistible d'un cœur pieux. Hors de là, Saturnin était tout entier au droit. D'ailleurs, eût-il eu d'autres idées, l'affaire Massabrac, qui emplissait son cerveau, lui rendait impossible d'aligner des rimes.

Là-dessus l'abbé prit congé de Negogousse, alléguant que Saturnin devait se plonger le soir dans une nouvelle étude du dossier.

— Nous ne vous quittons pas, lui dit-il ; nous allons vous retrouver dans les pièces de la procédure.

Negogousse était ravi de l'heureux hasard qui l'avait mis en relations avec le prêtre.

Non moins ravi, M. Supplici pensait en route à ceci : Une belle fille, une belle dot, une belle charge.

— Saturnin, écoutez-moi attentivement, dit-il à son protégé ; M° Trebons commence à se fatiguer. A partir d'aujourd'hui qu'une idée fixe s'empare de vous : remplacer votre patron. L'étude est excellente et chère ; mais la jeune fille que vous venez de voir est belle et riche. Sérieusement, mon cher Saturnin, en rentrant nous allons lire les pièces de l'affaire Massabrac.

XXIX

Paule ressentait maintenant de vagues inquiétudes : Negogousse se tenait sur la réserve avec M. Desinnocends. D'un autre côté, les visites fréquentes de l'abbé Supplici à la Maison de pierre gênaient la jeune fille, qui n'éprouvait aucune sympathie pour le prêtre.

A l'intérieur, Negogousse ne parlait que de M. Supplici et de Saturnin. De Raymond, il n'en était pas question ; Paule pressentait qu'il faisait partie de ceux que l'abbé Supplici englobait dans une commune réprobation.

Plus d'une fois, Paule, entraînée par le prêtre sur le chapitre de la religion, avait senti que cette religion n'était pas la même que M. Desinnocends montrait douce, charitable, facile à pratiquer.

Quelque chose de vague et de triste s'étendait sur les pensées jadis si riantes de Paule. Elle devenait anxieuse, livrée à des réflexions sans cadre, semblables à des amoncellements d'épais nuages qui, menaçants, s'avançaient vers elle.

Les souvenirs de vif bonheur lui apparaissaient déjà loin et comme prêts à s'engloutir dans un précipice.

Raymond, lui aussi, subissait sa part de tourmentes.

L'enthousiasme toulousain avait cessé pour lui, comme tout s'efface dans ces pays, brièvement. Soutenu d'abord par l'opinion, Raymond avait trop compté sur l'appui du public.

Ce fut grâce à l'intervention de Loubens que le public prit parti pour le poëte, pendant une quinzaine. Quinze jours dans le Midi représentent quinze ans dans le Nord. Une variation sensible s'était produite dans l'esprit bourgeois, dont l'admiration a les racines dévorées par le ver de la critique.

Le journal rempli du bruit des succès de Raymond, la peinture, l'album de musique d'après des poésies étaient oubliés ; le ver dressait la tête et les fleurs enthousiastes étaient fanées, ce que sentait le poëte peu préparé à ces haut et bas de l'opinion.

Pourtant un regard de Paule le réconfortait. Chaque jour les deux amants puisaient dans leurs yeux la force nécessaire pour échapper aux tourments de la journée.

Un matin, Paule se tenait à sa fenêtre, plus triste que d'habitude. La veille, elle n'avait pu échapper à M. Supplici qui, en attendant l'arrivée de Negogousse, posa nettement sa candidature de directeur. La jeune fille devait se confesser à lui. Paule n'osa refuser. Elle avait le nom de M. Desinnocends sur les lèvres et ne put le prononcer.

Timide, sans défense, la jeune fille n'avait jamais

manifesté de volontés devant un père qui allait au-devant de ses désirs. L'aspect de M. Supplici la glaçait, comme l'effrayaient les devoirs indiqués par le prêtre : direction, confession.

Jusque-là Paule s'était laissée aller à la vie comme va le papillon à la fleur. Elle pressentait un joug dans cette direction. Ses péchés, l'abbé Desinnocends les amnistiait d'un mot, et les rares fois que Paule allait au confessional étaient une joie, car elle s'y entretenait avec le vieux prêtre comme avec un second père.

L'abbé Supplici n'avait rien de paternel. Quoiqu'il essayât de se montrer caressant, quelque chose de froid et de dur perçait à travers ses flatteries. Ses compliments sentaient l'âpreté. La voix n'était pas en harmonie avec la bouche. Quand Paule comparait les deux prêtres, elle se trouvait prête à ouvrir son cœur à l'abbé Desinnocends, à le fermer à l'abbé Supplici.

Plus d'une fois elle fut tentée de confier à M. Desinnocends l'amour qui l'entraînait vers Raymond. Vis-à-vis de l'abbé Supplici, elle cadenassait son cœur.

Ce fut dans cette situation d'esprit qu'elle aperçut la mère de Raymond travaillant près de la fenêtre du rez-de-chaussée. Longtemps Paule contempla cette pâle figure. Dans les lignes du visage de la veuve, elle cherchait les traits de Raymond ; le jeune homme était souriant, la mère grave. Chez tous deux brillaient les mêmes yeux bienveillants, chez tous deux une exquise pureté.

Par hasard, les regards de la mère de Raymond rencontrèrent ceux de Paule ; la jeune fille envoya un si aimable sourire que la mère répondit par un sourire engageant. Ce fut tout à fait instinctif. Un sentiment spontané poussa la mère à faire une avance à celle qui aimait son fils.

— Mamette, cria Paule, prépare mon mantelet, nous allons sortir.

C'était la première fois que Paule entrait dans la maison qu'habitait Raymond. En descendant le pas de la porte qui mène au corridor, le cœur de Paule bondit. Rien de plus naturel que cette visite à une voisine. Rien ne sembla plus hardi à la jeune fille. Cependant elle ne cherchait pas à voiler son sentiment.

Un vers d'une ancienne chanson qui lui revint à la mémoire : *Vole, mon cœur, vole!* fit qu'en entrant Paule donna congé à son cœur, lui permettant de faire l'école buissonnière dans la maison, de s'élancer dans le petit jardin, dans les corridors, partout où Raymond avait passé.

Déchargée de son cœur, Paule entra souriante et se trouva vis-à-vis de la mère de Raymond, qui d'abord l'embrassa. Ce baiser de bienvenue encouragea la jeune fille. Il lui sembla que depuis longtemps elle connaissait la veuve.

L'appartement était de dimension moyenne, haut et clair. Une exquise propreté en faisait le luxe principal; le parquet brillait comme une glace. Des lambris gris recouvraient les murs. Pour tout ornement des fleurs sur la cheminée ; cet intérieur respirait la tranquillité.

Elle-même, la mère de Raymond était en harmonie avec l'ameublement. Des habits simples sans colorations voyantes; un teint pâle, mais clair ; des yeux d'une excessive pureté dont le regard était bon à rencontrer.

La conversation s'engagea bientôt, la mère de Raymond se mettant à l'unisson des sentiments de la jeune fille qui, heureuse comme une pensionnaire sortie du couvent, faisait entendre un joyeux ramage.

Les yeux sur son travail, madame Falconnet se sentait distraite comme par une tendre chanson. Elle eût voulu que Paule parlât sans cesse, non pour scruter le sens de ses paroles ; chaque mot de la jeune fille était comme une note de cristal qui vibrait à ses oreilles.

Une autre eût sollicité des confidences ; la mère de Raymond, au contraire, les repoussait. Comme son aiguille courait alerte sur sa broderie :

— Me permettrez-vous, madame, dit Paule, de venir quelquefois travailler avec vous ?

La vieille gouvernante regarda sa maîtresse en souriant.

— Oui, Mamette, travailler...

— Capricieuse, dit Mamette.

— Mon père ne demandera pas mieux, n'est-ce pas, Mamette ?

— Monsieur fait toutes les volontés de mademoiselle, dit la servante.

Paule ayant interrogé la mère de Raymond sur l'ouvrage qu'elle tenait en main :

— Ce sont des rideaux pour les fenêtres de Raymond.

Paule ne répondit pas. L'association de *Raymond* et de *fenêtre* fit qu'elle s'écria pour détourner la conversation :

— Le charmant tabouret !

Et elle tint avec insistance ses yeux baissés vers le tabouret sur lequel reposait son pied.

Au son de voix de la jeune fille, madame Falconnet jugea imprudent de continuer la conversation sur ce sujet délicat. Ayant surpris le secret de Paule, elle lisait clairement dans ce jeune cœur, et en ce moment elle se repentait d'avoir ouvert sa porte à la jeune fille.

Il valait mieux ne pas encourager Paule à revenir. La distance de fortune qui séparait Raymond de l'héritière était trop grande.

Pourtant madame Falconnet pensait au mot de Mamette, qui avait traité Paule de *capricieuse*. N'était-ce pas caprices habituels aux jeunes filles que ces regards à la fenêtre, ingénues amourettes que, dans le Midi, les parents favorisent plutôt qu'ils ne s'y opposent?

Quatre heures sonnèrent à la pendule.

La mère de Raymond se leva, alléguant des occupations dans une autre partie de la maison.

Madame Falconnet agissait ainsi pour que Paule ne pût rencontrer son fils; pourtant Paule, qui aurait bien voulu voir Raymond, ayant demandé la permission de venir visiter la veuve :

— Habituellement de une heure à trois, ma chère enfant, je suis à la maison, dit madame Falconnet en embrassant la jeune fille.

Dans le corridor, Paule retrouva son cœur qui, ayant battu la maison, revenait chargé de confidences.

Tout, dès lors, dans le modeste intérieur de la veuve, prit une couleur poétique, les marches de l'escalier, la couleur des murailles, la chambre de Raymond, dans laquelle le cœur de Paule s'était introduit, y faisant une ample et riche moisson.

XXX

L'abbé Supplici étudiait le procès Massabrac en compagnie de Saturnin, aux yeux duquel il faisait luire incessamment la dot et l'étude, pour corriger l'aridité de cette procédure ; mais l'examen approfondi des dossiers n'empêchait pas l'abbé de fréquenter Negogousse et Paule, dans les bonnes grâces de laquelle il cherchait à s'insinuer.

Negogousse, voyant un homme si dévoué à ses intérêts, n'ouvrait la bouche que pour parler du prêtre à sa fille. Sans cesse il répétait, croyant sa cause mauvaise, qu'il ne pouvait gagner ce procès qu'à l'aide de Saturnin et de M. Supplici.

Paule se résignait, n'osant avouer le peu de sympathie qu'elle ressentait pour le prêtre et son élève. Comment s'opposer, d'ailleurs, à l'action de M. Supplici, qui s'entremettait obligeamment dans une si grave affaire et ne répondait aux froideurs de la jeune fille que par des paroles mielleuses?

Un jour, madame de Parrequeminières franchit le seuil de la Maison de pierre. Une marquise chez un marchand d'huile ! Ce sont de ces visites qui caressent la vanité des plus enragés partisans de l'égalité.

Madame de Parrequeminières venait visiter la Maison de pierre, en compagnie de M. Supplici.

Tout d'abord la marquise s'enthousiasma sur la beauté de Paule. Toulouse possédait une si belle enfant, et sa réputation n'était pas venue jusqu'à elle !

Le cœur de Negogousse bondissait de joie ; celui de Paule sautillait gaiement, tant les femmes du monde ont une puissance fascinatrice.

Pressée par le prêtre, qui avait négocié cette visite pour servir ses projets, madame de Parrequeminières était venue, croyant trouver une petite bourgeoise douée d'une beauté de rencontre.

— Vous êtes un fin connaisseur, monsieur l'abbé, dit-elle.

Le même jour, la marquise emmena Paule dans sa voiture et fut ravie de la naïveté de sentiments de celle qu'elle appelait « charmante enfant ».

Le lendemain, elle obtint de Negogousse la permission de garder Paule à dîner. Il y avait, au fond de l'esprit de la marquise, quelque malice dans la présentation de la jeune fille aux habitués de son salon.

A peine entrée, Paule éclipsa la beauté des Toulousaines à la mode. Les dix-sept ans de l'enfant étaient un soleil devant lequel s'éteignaient les artifices de toilette des autres femmes. Paule fit sensation parmi les hommes, éblouis de tant de jeunesse, de candeur et de charme.

Ces sentiments sont ceux que perçoit spontanément une jeune fille, quoiqu'elle ne les analyse pas. Paule ressentit le contre-coup de ces admirations; dans le salon de la marquise, elle marchait sur un terrain enthousiaste. Les femmes restaient muettes et consternées, les hommes s'approchaient de la jeune fille pour la respirer comme une fleur.

D'abord Paule fut gênée des compliments que chacun lui adressait et du rôle qu'il lui fallait jouer, assise entre la marquise et l'abbé Supplici.

D'un regard, le prêtre fit signe à Saturnin de s'approcher.

— M. de Poucharramet, votre admirateur, dit-il à Paule, désire vous présenter ses hommages.

En même temps l'abbé approchait près du fauteuil de la jeune fille une chaise basse sur laquelle Saturnin s'assit sans dire mot ; mais il était soutenu par M. Supplici, qui, abdiquant toute initiative, racontait à la marquise le rôle que l'avoué avait confié à son clerc dans le procès Negogousse.

Chaque mot du prêtre avait sa portée comme chacun de ses actes. Ce n'était pas sans intention que M. Supplici avançait une chaise basse. Il voulait que Saturnin, presque aux genoux de Paule, parût dans une sorte d'intimité avec la jeune fille.

D'un mouvement à la fois spontané et réfléchi, le prêtre fit rouler la chaise de telle sorte qu'elle servît de barrière autour de Paule et qu'elle empêchât d'autres hommes de venir la complimenter.

Les batteries de M. Supplici avaient été disposées de telle sorte qu'à la suite de quelques entrevues dans le salon de madame de Parrequeminières, les habitués devaient répandre la série de propos dont est avide la province :

— M. Saturnin de Poucharramet a passé la soirée à s'entretenir avec mademoiselle Paule.

Observation à laquelle les chroniqueurs du dehors ajouteraient certainement :

— M. Saturnin fait la cour à mademoiselle Paule.

Ce qui amènerait la terminaison inévitable :

— M. de Poucharramet épouse mademoiselle Paule.

Malheureusement, Saturnin, quoiqu'il fût stylé par M. Supplici, répondait peu à ces plans. L'élève faisait un mince honneur au maître. De nature solitaire, effrayé à la vue d'une femme, Saturnin n'avait pas de dehors qui prévinssent en sa faveur.

D'habitude, Saturnin se dissimulait dans un coin du salon, et le prêtre constatait à regret que ce n'était pas pour observer. Le clerc se cachait comme s'il eût la conscience de sa misère d'esprit. De petits yeux que la nature avait ouverts comme avec une vrille, un long nez embarrassé de sa tenue, un front fuyant, des cheveux gras et plats, une physionomie enlaidie par des feux malsains, formaient un ensemble trop disparate avec la belle Paule.

L'homme succombait sous le poids que lui imposait son directeur. Aussi faisait-il aux pieds de Paule la figure d'un ver prêt à salir un beau fruit.

La jeune fille, ne soupçonnant pas la trame qu'ourdissait l'abbé, témoignait à Saturnin une bienveillance égale à celle qu'elle accordait à tous ceux qui s'approchaient d'elle ; même elle s'efforçait de faire germer intérieurement quelques sympathies pour celui qui, selon le témoignage de M. Supplici, s'occupait si vivement des intérêts de son père.

— M. Saturnin sera un de nos profonds légistes, dit à la marquise le prêtre d'un ton assez haut pour qu'on l'entendît dans le salon.

Un de nos profonds légistes est une qualification qui commande le respect.

Saturnin pouvait s'habiller disgracieusement, aller au rebours des usages du monde, se montrer incivil. Il était posé comme *un de nos profonds légistes*. Un prêtre lui décernait ce brevet.

Le clerc possédait déjà la cravate blanche du *profond légiste;* ce symbole suffisait aux yeux de tous.

Cependant M. Supplici, dont la nature n'avait pas garrotté l'esprit par de vaines illusions, s'inquiétait de l'attitude de son élève, qui ne relevait pas un extérieur disgracieux par la profondeur de ses connaissances en matière de droit.

Lui, prêtre, s'efforçait de devenir légiste ; mais les connaissances qu'il acquérait par un labeur opiniâtre n'entraient pour rien dans le fonds de Saturnin. M. Supplici ne parvenait pas à faire naître l'ardeur nécessaire à un homme qui, débutant au barreau par l'affaire Negogousse, devait être assuré de la gagner.

Negogousse refuserait-il la main de sa fille à celui qui défendait sa fortune ?

Malheureusement, M. Supplici avait basé l'espérance d'une belle récolte sur un sol ingrat. L'esprit de Saturnin ne s'ouvrait pas : l'extérieur du protégé était d'accord avec les aridités de l'intérieur.

Avec amertume, M. Supplici revint de la soirée de madame de Parrequeminières. Une occasion s'offrait à Saturnin de se montrer aux yeux de tous aspirant à la main de Paule, et il était resté embarrassé, froid, contraint, renfrogné, réalisant trop vivement l'idéal du *profond légiste*.

Tout autre que l'abbé eût abandonné un tel élève; mais M. Supplici doué d'une ténacité sans bornes, s'entêtait à une éducation si laborieuse. Saturnin devenait une statue à animer.

Sans avoir pénétré dans les mystères de la physiologie, que l'enseignement clérical voit d'un mauvais œil, l'abbé, ayant scruté longuement la nature de Saturnin, n'y trouvait rien qui s'opposât à une éducation juridique. Le cerveau était sain, l'intelligence ne pouvait sans cesse regimber ; M. Supplici en attendait l'épanouissement avec la perplexité d'un inventeur.

Cependant le temps s'écoulait. Tout prologue de procès, si long qu'il soit, a son terme. Les juges, quoique accusés de lenteur, n'en arrivent pas moins à siéger à l'audience. M. Supplici redoublait d'efforts.

Un jour, il avertit Saturnin de préparer sous huitaine son plaidoyer, contre lequel, lui, prêtre, jouerait le rôle de la partie adverse. Une soirée tout entière devait être consacrée à débattre charges et décharges pour ou contre les deux adversaires.

Ce combat oratoire eut lieu sans témoins. Toutefois une lumière cruelle luit pour M. Supplici : Saturnin n'avait aucun don naturel, aucune qualité acquise. Il était sans voix comme sans réplique. L'argument le plus faible le renversait. L'abbé enfonçait les éperons d'une dialectique serrée dans les flancs de son adversaire et cherchait à l'exciter. Saturnin restait froid. Alors M. Supplici s'aperçut que celui à qui il avait consacré cinq ans de soins était une absolue incapacité.

Quelle déconvenue ! Quelle humiliation pour l'âme orgueilleuse du prêtre ! Pendant cinq ans il avait cherché à dégrossir un morceau de marbre, en réalité un vil morceau de bois. Il n'est si grande humiliation que celle qui résulte d'une œuvre longuement élaborée dont l'auteur lui-même est forcé de reconnaître l'imperfection radicale. Ce sont de béantes blessures par lesquelles s'échappe la volonté des natures sans ressorts.

L'abbé imita le naturaliste anglais qui, ayant passé dix ans en Amérique à faire des collections d'histoire naturelle, les perdit dans un naufrage, et courageusement retourna dans les forêts amasser de nouvelles collections.

M. Supplici, changeant de batteries, se rendit seul chez Negogousse et posa nettement la question.

Le procès contre Massabrac était mauvais. Negogousse devait le perdre.

Telle fut la thèse brutale et inattendue qui, comme un coup de foudre, frappa le marchand. Le premier assaut passé, Negogousse s'enquit pourtant comment sa cause avait pu se modifier si subitement, le prêtre l'ayant assuré jadis d'un succès certain.

— Ce sont les discussions contradictoires de toute espèce que nous avons eues avec M. de Poucharramet, dit M. Supplici, qui m'amènent à vous armer contre cette dure réalité.

— J'y perdrai trois cent mille francs... Ma pauvre enfant ! s'écria Negogousse, qui poussa un cri de désespoir en pensant à sa fille.

— Mademoiselle Paule peut être sauvée, dit M. Supplici en prenant la main de Negogousse.

Dans cette pression passèrent une fermeté, une espérance, une volonté.

— Mademoiselle Paule est en âge d'être mariée, reprit l'abbé.

— L'enfant n'y songe guère, dit Negogousse.

— J'ai un secret à vous révéler. A un homme de votre intelligence on peut tout dire.

Alors le prêtre confia au négociant l'amour de Saturnin pour Paule. Un brillant avenir était réservé aux deux jeunes gens, s'il était permis de compter sur cette union.

— Et mon procès ! s'écria Negogousse.

— Le mariage de mademoiselle Paule avec M. Saturnin de Poucharramet faciliterait les moyens énergiques qui doivent mettre un terme à ce différend ruineux.

— Si Paule y consentait ! s'écria Negogousse.

— Ne parlez de rien à mademoiselle votre fille, dit l'abbé pressentant que Paule ne donnerait pas de prime abord son consentement.

— Mais le moyen ? demanda Negogousse.

— Vous le saurez, à une condition, c'est que vous ne mettrez pas obstacle à l'union projetée si je réussis à éteindre le procès Massabrac.

Negogousse accepta sans hésiter. Ce procès assombrissait trop sa vie pour qu'un terme de conciliation ne lui parût pas très-heureux.

— Ne vous étonnez pas, cher monsieur, dit le prêtre, de ne point me voir d'ici à huit jours. L'excellent et judicieux Saturnin a une idée admirable... Nous empêcherons Massabrac de venir à l'audience.

— Comment? s'écria Negogousse.

— Demain nous partons pour Avignon, et si les arguments de M. de Poucharramet ne suffisaient pas à convaincre notre adversaire, alors j'emploierais les grands moyens.

XXXI

L'abbé Desinnocends avait plus d'une fois songé à l'amour de Paule et de Raymond; cette union future le remplissait de félicité. Il est de certains hommes que l'alliance de la jeunesse et de la beauté rend aussi heureux que s'ils ressentaient eux-mêmes les sensations de l'amour chaste. M. Desinnocends savourait le bonheur dans le cœur des autres.

L'abbé ne demandait qu'une faveur, d'appeler la bénédiction du ciel sur la tête des jeunes amants. Bénir cette union était le souhait du bon prêtre qui n'avait rien souhaité dans sa vie.

Après avoir longuement réfléchi aux confidences de la mère de Raymond, réflexions qui ne durèrent pas moins de trois semaines, M. Desinnocends, d'un pas alerte, se rendit chez Negogousse, après son audience du matin où les malheureux qu'il assistait le trouvèrent plus rayonnant que de coutume. Il restait vingt francs à l'abbé; il les distribua sans penser au lendemain, faisant des largesses comme un roi nouveau reçu par les acclamations de son peuple.

Negogousse allait sortir.

— Voulez-vous me permettre de vous accompagner? dit M. Desinnocends. J'ai une confidence à vous faire.

— Une confidence! Parlez, l'abbé.

M. Desinnocends se recueillit. Pendant trois semaines de réflexions, il n'avait pas songé à la façon dont il parlerait de Raymond. Toutes sortes de rêves roses s'ébattaient dans son esprit; le côté matériel des précédents d'un mariage, il ne s'en était pas inquiété.

— Eh bien, cette confidence? dit Negogousse.

— Il s'agit de Paule.

— Ah! fit Negogousse.

Après un nouveau temps, l'abbé faisant un vif effort :

— Ne vous semble-t-il pas que la chère enfant soit en âge de se marier?

— Peut-être, dit Negogousse, pour qui cette idée devenait familière.

— Paule a toutes les qualités, continua l'abbé... Bienheureux celui qui possédera un tel trésor... Que penseriez-vous, monsieur Negogousse, d'un mari jeune?

— La jeunesse n'est pas un crime en ménage, au contraire.

— Vous êtes bon père, monsieur Negogousse, dit le prêtre.

— L'abbé, seriez-vous chargé d'une demande?

La figure de M. Desinnocends s'épanouit. D'un air mystérieux :

21.

— Oui, souffla-t-il, en avançant ses lèvres charnues.

— Je vous écoute.

M. Desinnocends posa sa main sur le bras de Negogousse et parlant à mi-voix :

— Un jeune homme, qui depuis longtemps aime Paule, veut aujourd'hui révéler son secret à celui dont le consentement est nécessaire.

— Que votre jeune homme s'explique en toute liberté.

— Vraiment! dit l'abbé. Vous me faites du bien, monsieur Negogousse... Je craignais, j'avais peur...

— Je ne suis pourtant pas un père barbare.

— Le jeune homme n'a pas de fortune... Il est travailleur, tous ceux qui le connaissent l'estiment; certainement il occupera un jour une position au barreau...

— Votre jeune homme, dit Negogousse est un clerc de Mᵉ Trebons.

— Comment savez-vous? s'écria l'abbé.

— Qu'importe! L'affaire n'est pas impossible.

M. Desinnocends poussa un soupir plein d'allégresse; de l'épaule droite il frotta son oreille comme un chat qui se caresse.

— Alors vous me permettez de dire à Raymond d'espérer.

— S'appelle-t-il Raymond? demanda Negogousse... Je l'ai entendu nommer Saturnin...

— Saturnin! s'écria M. Desinnocends.

— Sans doute, Saturnin, clerc chez Mᵉ Trebons.

— Je ne sache pas que jamais Raymond ait porté le prénom de Saturnin.

— Il ne peut en exister un autre... L'abbé Supplici le protége.

— Ah! dit M. Desinnocends étonné.

— Il est chargé de défendre mes intérêts dans mon affaire...

— Quelle affaire? demanda M. Desinnocends.

— D'où sortez-vous, l'abbé?... Il est impossible que le jeune homme ne vous ait pas parlé des prétentions de Massabrac... Voyons, dit Negogousse remarquant l'étonnement de M. Desinnocends, avouez que vous m'êtes envoyé par M. Supplici?

— Je ne connais pas l'abbé Supplici.

— Monsieur Desinnocends, pas de mystères?... Vous venez remplacer votre collègue pendant son absence... Il est à Avignon, vous le savez, et il a emmené le jeune homme que vous me recommandez.

— Raymond est à Toulouse, j'en suis certain.

— De quel futur me parlez-vous? reprit Negogousse.

Alors l'abbé conta l'histoire des amours de Raymond, les rendez-vous aux fenêtres, les poésies adressées à Paule, les confidences de madame Falconnet.

Negogousse écoutait sans répondre. Tout à coup :

— Monsieur, vous faites un singulier métier pour un prêtre! dit-il en éclatant.

L'homme violent frappait avec brutalité sur les illusions de M. Desinnocends, et les détruisait avec une colère que l'abbé n'avait pas soupçonnée chez Negogousse.

Invectives, menaces se pressaient sur les lèvres du

marchand, qui s'emportait d'autant plus que M. Desinnocends voulait l'apaiser, craignant un scandale public.

Si l'abbé eût fait sa confidence dans le cabinet de Negogousse, certainement celui-ci l'en eût chassé.

Comme un cheval emporté qui, écumant, s'arrête devant un obstacle, Negogousse ayant vidé sa colère, rougit sans doute de son emportement, et quitta tout à coup M. Desinnocends, laissant le prêtre accablé.

XXXII

Madame de Parrequeminières avait voué à Paule une réelle amitié. La jalousie qu'excitait, dans son salon, la beauté de la jeune fille faisait qu'elle portait d'autant plus d'affection à celle dont les mérites étaient vivement discutés.

La marquise sentait l'isolement de la vieillesse. René lui manquait. Une pensée traversa madame de Parrequeminières, garder Paule près d'elle. A quel titre, sinon à celui d'épouser son neveu? Tout d'abord la marquise rejeta cette idée, qui semblait irréalisable; cependant n'était-ce pas une bonne fortune pour René, dont une telle union pouvait arrêter les folies?

Les vacances approchaient. Par une lettre pleine de tendresse, René fut invité à venir les passer à Toulouse, et le jeune homme obéit à l'invitation de sa parente.

Avant de pousser plus avant ce projet de mariage,

la marquise voulait voir l'effet qui résulterait de a rencontre des deux jeunes gens.

Le lendemain de son arrivée, René fut placé à table à côté de Paule. Et lui, qui d'habitude animait le repas par ses saillies, semblait avoir perdu le meilleur de son esprit.

Après le dîner, madame de Parrequeminières emmena ses invités dans le parc. René donnait le bras à Paule. Le jeune homme fut frappé de la gaucherie qui s'emparait de lui; auprès de la jeune fille, il perdait son assurance parisienne.

— René, lui dit, le soir, la marquise, que penses-tu de Paule?

— Elle est bien belle.

— Elle est aussi bonne que belle.

— Ah!

— Aussi riche que bonne.

— Que m'importe, ma tante?

Madame de Parrequeminières, ayant posé ses premiers jalons, attendit pour en voir l'effet. Tout en insistant sur l'importance de la fortune, elle se demandait s'il fallait brusquer la question.

— La femme, dit la marquise décidée, qui portera le nom des Espipat, doit avoir une riche dot.

— Une future! s'écria René. Mais je ne songe pas encore au mariage, chère tante.

— Tu as tort...

— Plus tard...

— Plus tard il sera trop tard, mon cher René... Ne te sens-tu pas homme à rendre cette jeune fille heureuse?

— Sans doute, mais...

— Pas de mais, si tu as quelque affection pour moi.

— En doutez-vous, ma bonne tante?

— J'en douterai tant que tu ne diras pas oui.

— Oui dépend plus d'elle que de moi.

— Dans les alliances de nos maisons, a-t-on jamais demandé le consentement aux filles?... Paule sera trop fière de porter le nom des Espipat..... Le père est un honnête commerçant, qui continuera à vous enrichir; j'ai pensé à tout...

Comme la marquise pressait René.

— Laissez-moi réfléchir, chère tante.

— Jusqu'à demain, mon beau neveu.

Ainsi se termina une conversation qui ne troubla guère le sommeil de René. Demain, pour les jeunes gens, vaut un siècle. René envisageait ce mariage comme une fantaisie de la marquise, contre laquelle il serait facile de dresser une barricade.

Le lendemain ne se passa pas sans que René eût prononcé le *oui* qu'attendait avec impatience madame de Parrequeminières ; mais ce ne fut pas sans émotions, sans luttes, sans regards en arrière sur Paris que le jeune homme venait de quitter.

Aussitôt la marquise se fit conduire chez Negogousse. Non pas qu'elle apportât, dans ce projet d'union, l'âpreté particulière aux chercheuses de dots. Madame de Parrequeminières était poussée par la persuasion que ce mariage ferait rougir René de son inaction, et que, retenu à Toulouse, sa fortune lui permettrait d'y jouer un rôle éclatant.

Sans hésiter, elle fit sa demande à Negogousse, et s'étonna que sa proposition ne fût pas reçue avec enthousiasme par le marchand d'huile.

Negogousse ne savait que répondre, embarrassé par la parole qu'il avait donnée à l'abbé Supplici.

Trois demandes en mariage en une huitaine effrayent particulièrement les pères. Ils n'ont pas préparé de loin, comme les femmes, de telles séparations. Pour Negogousse, sa fille était encore une enfant qu'il avait à peine vue grandir.

Sans doute, la demande de l'abbé Supplici étonna le marchand ; mais Paule ne se détachait pas aussi complétement de lui par cette union. En épousant Saturnin de Poucharramet, elle devenait la femme d'un homme qui avait pour mission de défendre la fortune et les intérêts de la maison.

Quand madame de Parrequeminières l'eut quitté, plein de perplexité Negogousse appela Paule, décidé à lui poser la question. Il se souvenait à peine des confidences de l'abbé Desinnocends, et le souvenir de Raymond n'ayant pas pénétré dans son esprit, il parla de René et de Saturnin d'une façon vague de telle sorte que, sans dire à sa fille les demandes qui lui avaient été faites, il l'étonna par des demi-mots que d'abord Paule ne chercha pas à approfondir.

Pourtant elle pressentait un danger. Le même jour, Paule écrivit à Raymond une lettre empreinte de tristesse. Les entrevues avec l'abbé Supplici et son élève, la soudaine amitié de madame de Parrequeminières, la promenade dans le parc, au bras de René, faisaient que la jeune fille, entrant dans une vie nouvelle, sentait son indépendance se briser avec ses derniers jours d'enfance.

Elle alla rendre visite à M. Desinnocends, auprès duquel, d'habitude, elle trouvait la tranquillité d'esprit.

L'abbé n'était pas encore remis du coup que lui avait porté son entrevue avec Negogousse. Quoiqu'il se montrât aussi affectueux que d'habitude, ses yeux étaient chargés de mélancolie, et, toutes les fois qu'ils rencontraient ceux de Paule, le prêtre se gendarmait intérieurement, pour ne pas dire à la jeune fille le secret qui lui pesait.

Chose singulière, pour Paule, que cet embarras chez tous ceux qui, jusque-là, lui avaient ouvert leur cœur ! On ne lui parlait plus, maintenant, qu'à voix basse et les yeux baissés.

C'étaient jadis des joies que Paule éprouvait, quand elle entrait quelque part ; c'étaient aujourd'hui des attitudes embarrassées, des confidences qui s'arrêtaient brusquement, des figures contraintes qui la gênaient, elle, dont le cœur n'aspirait qu'à faire fleurir l'épanouissement.

En un moment se fondaient amitiés, affections, cordial accueil, dont avait tant besoin la jeune fille, qui ne soupçonnait rien des luttes de la vie.

Raymond lui-même se montrait plus réservé. A quelques mots de sa mère, il comprit que son secret n'appartenait plus à lui seul ; maintenant, le jeune homme ouvrait sa fenêtre à la dérobée, craignant qu'une explication ne lui enlevât le mirage de bonheur qui remplissait sa vie de félicités.

Les amoureux vivent d'illusions. Raymond ne se doutait pas qu'à cette heure même un de ses amis allait entrer dans la Maison de pierre, présenté par sa tante, afin que Negogousse fût séduit par les charmes de l'élégant René d'Espipat.

XXXIII

L'abbé Supplici était alors à Avignon, sans se douter des drames qui se jouaient à Toulouse pendant son absence. Reçu par un de ses collègues des Jeux-Floraux, il lui fut facile d'entrer en rapport avec Massabrac.

Massabrac était un des célèbres félibres de la contrée.

Tout le Midi est entouré par une chaîne poétique, non sans rapport avec le fil conducteur qui reliait jadis les adeptes autour du baquet de Mesmer.

Membre de l'association des *Félibres*, innocents troubadours, voués au patois, enfourchant, leurs travaux terminés, une sorte de Pégase qui, dans leur pensée, les conduit droit au Parnasse, Massabrac partageait sa réputation avec un perruquier, un berger et un compagnon boulanger. A eux quatre, ils étaient des « félibres félibrants, » qui ne reconnaissaient d'égaux ni en Provence, ni en Languedoc, ni en Europe, et chantaient, chaque année, leurs propres louanges dans l'*Armana prouvençau*.

Gens un peu rustauds que ces félibres, n'adorant que deux divinités : l'ail et le patois ; mais ils étaient naïfs, prompts à happer l'hameçon de la louange, et M. Supplici avait apporté toutes sortes d'amorces, à l'aide desquelles il semblait facile de prendre Massabrac.

Après avoir subi maints assauts de patois, le prêtre parla négligemment de son ami Negogousse, que Massabrac ne manqua pas d'injurier avec tout le luxe du dictionnaire d'Avignon.

Negogousse devenait un *péïerot*, un *goulamas* et un *rascassot*, c'est-à-dire un chiffonnier, un homme sans ordre, un teigneux.

M. Supplici laissa éclater la première bordée ; mais il insista sur les qualités privées de Negogousse et fit entendre combien il était dangereux pour un félibre de se laisser aller à des rancunes qui devaient fatalement le détourner du culte de la poésie. Les injures de Massabrac n'en tombaient pas moins dru comme grêle avec autant de facilité que les vers qu'il improvisait. L'abbé Supplici ne se tint pas pour battu. Avec une extrême patience, il écouta le récit du procès tel que le comprenait Massabrac, d'où il résultait que le félibre le plus naïf, quoiqu'il semble particulièrement occupé à chanter les *roussignols amourous*, peut être fort madré en affaires.

Évidemment Massabrac avait trompé Negogousse.

— Cher monsieur, dit le prêtre, tous vos concitoyens vous tiennent pour le roi des félibres et moi-même je suis heureux que le hasard m'ait mis à même d'entendre de votre bouche ces trésors de poésie; mais j'ai peur que votre procès ne ternisse une couronne si brillante !

Pour prouver sa loyauté, de nouveau Massabrac invectiva Negogousse.

— *Malavalisco!* s'écriait le félibre, ce Negogousse est un *berdufaillo*, je lui ferais *mourre-bourdoun* (mordre la poussière).

— Sans doute, dit M. Supplici, vous terrasseriez facilement votre adversaire devant un tribunal poétique; mais les juges, gens froids, partageront-ils votre indignation?

Alors le prêtre démonta Massabrac par une série d'arguments : « Si votre adversaire vous disait, » ou : « Votre adversaire pourrait vous répondre... »

Arguments dont Massabrac comprenait bien la valeur. Aussi dès lors injuria-t-il Negogousse plus mollement. L'Avignonnais, démonté par l'habile attaque de M. Supplici, commençait à craindre que sa cause ne fût pas si excellente qu'il se l'imaginait.

— *Eh bé!* que feriez-vous à ma place ? demanda-t-il au prêtre.

C'est la question qu'attendait M. Supplici.

— Je m'arrangerais à l'amiable ; et si vous jugiez mon entremise de quelque utilité, j'agirais en votre faveur auprès de M. Negogousse. Vos œuvres poétiques m'inspirent une telle admiration, que je n'aurai de cesse qu'en éteignant le flambeau de discorde dont la flamme empestée pourrait gêner plus tard la candida-

22.

ture d'un homme que je serais fier d'appeler mon collègue à l'Académie des Jeux-Floraux.

— *Boudiou!* Massabrac mainteneur !

— Sans doute. Plus d'un concurrent est sur les rangs ; mais les portes du Capitole ne doivent-elles pas s'ouvrir toutes grandes pour laisser passer Massabrac le félibre ?

— C'est que je ne réclame pas une petite somme à ce *galipian*, disait Massabrac, qui, quoique félibre, ne dédaignait pas l'argent.

Alors M. Supplici posa les bases d'une transaction dont il devait soumettre les termes à Negogousse ; mais Massabrac était assez fin pour ne pas se compromettre par des avances écrites dont son adversaire pourrait tirer parti plus tard.

— Faisons mieux, dit le prêtre ; accompagnez-moi à Toulouse.

— *Noun de sort!* Qui payera les frais de déplacement si mon voyage n'aboutit pas? dit Massabrac.

— Ne faut-il pas que vous veniez un jour soutenir votre procès à Toulouse? D'ailleurs, je garantis l'arrangement, à moins que vous n'y mettiez obstacle.

— *Ah boutas!* je vous accompagne, monsieur l'abbé.

— Voilà une bonne parole! s'écria M. Supplici. Vous êtes un homme de conciliation et de progrès.

A cette époque on venait de mettre en circulation le *progrès*, un mot dont les sots sont particulièrement friands.

— L'Académie, continua le prêtre, aime les hommes de conciliation et de progrès... Je témoignerai avec grande joie de vos sentiments loyaux dans cette affaire.

Ce fut sur ces bases que Massabrac et M. Supplici quittèrent Avignon.

Ayant laissé son compagnon dans une auberge du faubourg Saint-Cyprien, l'abbé courut chez Negogousse.

— Victoire ! s'écria-t-il, victoire ! Le procès est à moitié gagné.

Negogousse ouvrit de grands yeux.

— L'excellent Saturnin m'avait donné des notes si judicieuses que je n'ai pas eu de peine à amener ici votre adversaire... Il vient à vous plein d'intentions pacifiques...

— Quel service, monsieur l'abbé !

— Ne remerciez pas l'humble instrument, mais bien la main qui a conduit l'instrument. Si la Providence daigne parfois me prêter son appui, M. de Poucharramet m'avait insufflé sa logique puissante... Ce soir il me paraît convenable d'inviter à dîner ce Massabrac... Au cas où l'Avignonnais serait tenté d'ergoter, vous verrez avec quelle domination le judicieux Saturnin ruinera ses prétentions.

— Comment pourrais-je m'acquitter envers vous de tels efforts, monsieur l'abbé ?

— Ne parlons pas de moi ; songez à M. de Poucharramet qui, du fond de son cabinet, a tissé la toile qui servira de linceul à votre adversaire.

Là-dessus M. Supplici revint de nouveau sur les qualités de Saturnin qui, dévoré par l'étude du droit, ne pouvait montrer ses sentiments à l'extérieur. Suivant le prêtre, c'était une belle âme fuyant les rayons du miroir de la société qui la pouvait ternir. Qualités de famille, qualités d'intelligence et de travail, qualités de futur époux, Saturnin les possédait toutes à un degré développé.

Naïvement Negogousse écoutait le chapelet que M. Supplici égrenait pour le père, s'appliquant toutefois à en faire partager la croyance à Paule ; mais la jeune fille écoutait ces récits sans en conserver d'impression. L'amour qu'elle avait voué à Raymond était une armure que ne pouvaient traverser ses éloges, et si les séductions habituelles qu'inspirait à toutes les femmes la présence de René d'Espipat n'avaient pas prise sur Paule, les connaissances judiciaires d'un Saturnin ne lui causaient aucune sympathie.

Paule fut à peine sensible à une pièce en patois, *Ma Flourèta*, que Massabrac improvisa en son honneur le jour même où il mit les pieds chez Negogousse. Et pourtant Massabrac accumulait épithètes sur épithètes, *poulidèta* sur *amistousa*, *tourtouro* sur *tourtourello*, l'exagération de la langue d'*oc* lui permettant des louanges qui dépassaient de beaucoup celles que, jusque-là, Raymond s'était permises.

Après le dîner, Massabrac, fatigué de son voyage, ayant prononcé quelques paroles tendant à une conciliation, laissa Negogousse, l'abbé et Saturnin.

Un acte, esquissé d'après les conversations entre M. Supplici et Massabrac, fut lu par Saturnin. Si les droits de Negogousse étaient un peu écornés, Massabrac consentait à rompre le traité qui lui donnait le droit d'exiger à bas prix des fournitures d'huiles dont le cours avait haussé considérablement.

L'abbé fit entendre à Negogousse qu'il valait mieux faire quelques sacrifices que de jeter son argent dans l'étude d'un avoué.

— Saturnin, dit le prêtre, tirera poil et plumes des plaideurs quand il aura acheté la charge de Me Trebons, mais il ne peut pas dévorer la fortune d'un ami, d'un beau-père.

Ce soir-là, la demande en mariage de Paule fut posée et agréée. Il était convenu que Saturnin reprendrait l'étude que la dot de Paule servirait à payer. Cette dernière clause était sous-entendue. Aussi, le lendemain matin, l'abbé Supplici se rendit chez Me Trebons et lui expliqua la situation.

— Cela semble une proposition, dit l'avoué.

— Cela est une proposition, reprit M. Supplici.

— J'y réfléchirai, dit Me Trebons.

Il ne s'agissait guère de réfléchir pour l'abbé. Il pressa de telle sorte l'avoué que celui-ci donna sa parole de ne céder son étude qu'à Saturnin, au jour de sa retraite.

Plein de joie, M. Supplici alla, comme il était convenu, terminer avec Massabrac le différend dont la parfaite combinaison favoriserait l'union projetée.

Massabrac écouta les propositions consenties la veille par Negogousse. A chacun des articles il poussait des *zingue et zangue* d'assentiment.

— Et maintenant, cher monsieur, dit le prêtre en poussant l'écritoire devant Massabrac, il ne reste plus que votre signature à donner.

Tranquillement, Massabrac repoussa l'encrier.

— Un instant, monsieur le curé, dit-il.

L'abbé Supplici devint froid. *Un instant* est un mot terrible en affaires.

— J'accepte volontiers les propositions de ce *rampèlur* de Negogousse, reprit Massabrac.

— Très-bien ! dit l'abbé.

— Le papier est signé Negogousse ; mais il y manque la signature de la fillette.

— La fillette? s'écria le prêtre surpris.

— Oui, la *poulidèta* à qui j'ai adressé hier *ma flourèta*.

— Mademoiselle Paule?

— Précisément.

— Elle n'a pas qualité, dit M. Supplici, pour signer un arrangement amiable.

— *Boudiou !* Pardonnez-moi, monsieur le curé... J'ai quarante ans et je me fatigue de la vie de garçon... La fillette ne me déplaît pas... C'est avec le beau-père que je souhaite traiter aujourd'hui l'affaire.

— Vous avez des vues sur mademoiselle Paule, vous, monsieur Massabrac ?

— *Eh bé?* Pourquoi pas ? J'ai le cœur sur la main... Voilà comment nous traitons les affaires *en* Avignon.

Un architecte qui, d'un œil inquiet, suit les fissures d'un monument qu'il a mis vingt ans à élever, n'eût pas offert plus piteuse figure que le prêtre en entendant la déclaration de Massabrac.

Et c'était lui qui avait été chercher un rival si dangereux !

— La maison Negogousse est bonne, le commerce Massabrac n'est pas mauvais, continua le félibre. Nous

nous associons avec le beau-père pour jeter un pont commercial entre Toulouse et Avignon... Si par hasard l'*enfantounetto* n'était pas portée pour le négoce, la poésie me relèverait à ses yeux... Moi, *lou poëto* à qui l'*Armana provençau* disait il n'y a pas six mois encore: *Lève-te, nouvel Troubadour!* Voilà qui est glorieux pour une fillette... D'ailleurs vous avez promis de me patroner aux Jeux-Floraux... *Eh bé!* monsieur le curé, vous ne me répondez pas?

En effet, M. Supplici n'écoutait plus Massabrac. Les poutres de son monument chancelaient, et il ne voyait nul moyen de les consolider.

— Monsieur le curé? reprit Massabrac, d'une voix qui commandait l'attention.

Le prêtre releva la tête.

— *Ah boutas!* je te m'en vais parler moi-même au père de la fillette.

— Tout serait compromis. Gardez-vous-en bien...

— *Sarnipadié!* c'est le nœud de l'affaire.

— Patientez, cher monsieur Massabrac... il faut préparer le père... Demain je verrai.

— A demain sans manque, dit le félibre. D'ici là j'aurai préparé pour la fillette quelque pièce à laquelle il lui sera impossible de résister. Que pensez-vous d'un *roussignol* qui suspendrait *soun ramadge?*

— Excellent moyen! dit le prêtre.

Aussitôt, d'un pas alerte il se rendit chez madame de Parrequeminières, qui, suivant lui, pouvait seule arranger cette affaire.

René était auprès de sa tante. Après les premiers compliments :

— Que je suis aise de votre retour, monsieur l'abbé! dit la marquise.

— Chère madame, ma première visite est pour vous... J'ai une grave affaire à vous communiquer.

— Il paraît que c'est le jour des affaires graves, l'abbé... Mon neveu aussi vient de me confier des affaires graves... Et d'abord, je vous remercie de m'avoir mise en relations avec mademoiselle Paule, si aimable et si charmante qu'elle me manque quand je ne la vois pas.

— Justement, madame la marquise, c'est de mademoiselle Paule que j'avais à vous entretenir.

— N'est-il pas vrai, l'abbé, que mes éloges n'ont rien d'exagéré?

— Madame la marquise, on ne saurait trop appuyer sur les qualités de cette jeune fille.

— Elle est d'une douceur! s'écria madame de Parrequeminières.

— Modeste, dit le prêtre.

— Bien élevée...

— Bonne, reprit M. Supplici.

— Un caractère d'une égalité...

— Et elle pratique! s'écria le prêtre.

— Tous ceux qui l'approchent tombent d'admiration devant sa beauté.

— Mademoiselle Paule m'a fait espérer qu'elle me prendrait pour directeur.

— Elle a conservé tout le charme de l'enfance, continua la marquise.

— Mademoiselle Paule doit quitter l'église de la Dalbade pour la paroisse de Kyrie Eleison.

— Sa voix est d'une douceur, dit madame de Parrequeminières.

— Ce sera une précieuse conquête pour les pauvres de ma paroisse.

— La chère enfant porterait la toilette comme une duchesse, si elle le voulait.

— Je crains, dit le prêtre, qu'elle ne fasse mourir de jalousie nos dames quêteuses.

— Eh bien, René ! s'écria la marquise.

— Ma chère tante, vous avez improvisé, en compagnie de M. l'abbé, une merveilleuse litanie.

— Qui t'a convaincu ?

— A peu près, dit René, si toutefois ce merveilleux portrait ne pâlit pas hors du cadre de vos paroles.

— Monsieur l'abbé, reprit la marquise, j'ai l'honneur de solliciter votre aide et protection pour mon neveu qui demande mademoiselle Paule en mariage...

La dernière poutre de l'édifice tomba sur la tête de M. Supplici.

— René hésitait, dit la marquise, vous l'avez convaincu. Merci, monsieur l'abbé.

Le prêtre ne put contenir un profond soupir.

— Excellent homme ! s'écria madame de Parrequeminières. Vous êtes ému du bonheur de ces jeunes gens... Et maintenant il serait utile, monsieur l'abbé, que vous tâtiez le terrain ?

— Mademoiselle Paule, dit M. Supplici, me semble encore bien jeune.

— Les meilleures unions sont celles des jeunes gens, répliqua la marquise, en engageant l'abbé à voir Negoçousse le lendemain et à lui rendre compte de sa visite.

23

M. Supplici descendit l'escalier sans se rendre compte s'il posait les pieds sur les marches.

Jamais homme ne fut plus atteint dans son orgueil. En un clin d'œil, le prêtre sentait le néant des meilleures combinaisons. Ses terrassements si laborieux se dissipaient comme le sable du rivage, et l'abbé se prit à admirer la *volonté* d'un fétu de paille qui, dans la rue, voltigeait au gré du vent.

Lui, renard, avait découvert un poulailler et on croquait la poule devant lui! Tout ce labeur de combinaisons était détruit subitement par des adversaires avec lesquels il semblait impossible de lutter.

Ruser avec le nouveau prétendant, il n'y fallait pas songer. Madame de Parrequeminières, si elle restait sans réponse, était femme à s'adresser à Paule elle-même.

Un instant l'abbé pensa à souffler sur le feu mal éteint du procès, à mettre Massabrac en opposition avec Negogousse. C'était s'exposer à dévoiler aux yeux de tous la nullité de Saturnin; c'était peut-être faire connaître à M° Trebons le rôle singulier de conseil judiciaire que lui, prêtre, avait joué dans le drame.

Un scandale profond en résulterait dans la ville. Le caractère religieux de M. Supplici s'en ressentirait; le bruit de ces machinations arriverait certainement à l'archevêché!

Il existe pour les esprits voués aux intrigues des châtiments qui, pour n'être pas de même nature que ceux infligés aux criminels, n'en sont pas moins poignants.

M. Supplici subit ces tortures. Toute la nuit se

passa en agitations pour le prêtre, qui, tantôt debout, tantôt assis, marchant à grands pas, attristé, les oreilles bourdonnantes, les nerfs à la débandade, ne pouvait tenir dans sa chambre, manquait d'air, maudissait le jour où il s'était embarrassé de Saturnin, et cependant tenait à son œuvre comme une mère à un enfant mal venu.

XXXIV

Rarement homme fut plus étonné que M. Desinnocends en ouvrant la porte à l'abbé Supplici, qui jamais n'était entré chez lui.

A peine introduit :

— Je viens vous parler d'une affaire qui vous intéresse, mon cher collègue, dit M. Supplici; je sais l'intérêt que vous portez à la famille Negogousse.

Alors le prêtre exposa le nombre des concurrents qui s'étaient mis sur les rangs pour obtenir la main de Paule. En même temps M. Supplici peignit sous de sombres couleurs la cause Negogousse et montra l'embarras que ces sollicitations diverses devaient causer au négociant.

A cette heure, toutes les pièces qui s'agitaient sur cet échiquier du mariage étaient bouleversées dans l'esprit du prêtre. Une trop grande contention d'esprit avait amené la fatigue; il avait besoin d'exposer verbalement les diverses phases du procès, et M. Desinnocends, par sa naïveté et sa surprise de voir tous ces fils emmêlés, lui parut réunir les qualités d'un parfait confident.

En effet, à diverses reprises, M. Desinnocends leva les mains au ciel et poussa des exclamations. Jamais il n'avait vu se réunir dans un même but tant de personnages divers.

— Quel est votre avis? demanda l'abbé Supplici à son collègue.

— Grand Dieu! s'écria M. Desinnocends.

Ce mutisme inquiétait peu M. Supplici. En questionnant son interlocuteur, il se questionnait lui-même.

Il en est de la parole comme de la marche; si celle-ci active les idées, l'autre les décroche du cerveau. Parler longtemps du même thème à un être vivant, fût-il muet, amène quelque clarté dans l'esprit. Il y a communication par le jeu de physionomie; M. Desinnocends, passant par toute la gamme de la stupeur, éclairait M. Supplici, car les divers étonnements que ressentait M. Desinnocends montraient la portée de son œuvre. Des événements imprévus, il est vrai, renversèrent les combinaisons du prêtre; il n'en avait pas moins posé les premières pierres, et malgré les fortes rivalités qui se ruaient sur son ouvrage, il n'avait pas encore abandonné toute croyance.

— Que feriez-vous, cher collègue, dit M. Supplici, si vous étiez le père de la jeune fille?

Encore une fois M. Desinnocends sembla prendre le ciel à témoin qu'il était entré dans les ordres pour échapper aux soucis de la vie de famille.

23.

Tout autre que M. Supplici eût abandonné ce confident dont on ne pouvait rien tirer; l'abbé s'entêta et fit résonner une nouvelle corde.

— Ce M. Raymond, dont j'ai parcouru les poésies, demanda le prêtre, est-il digne d'obtenir la main de la fille de M. Negogousse?

— Oui, vraiment digne, s'écria M. Desinnocends, qui pour la première fois laissait échapper une nette réponse.

— Et la jeune fille, demanda M. Supplici, répond-elle à ce désir?

— Paule ne m'a rien confié; mais je le crois.

— M. Raymond n'a pas de fortune?

— Malheureusement non, dit M. Desinnocends.

— La fortune de M. Negogousse sera sensiblement diminuée s'il n'adhère pas aux propositions de ce Massabrac. Ne jugez-vous pas qu'il y aurait une certaine délicatesse de la part de M. Raymond à se retirer?

— La digne madame Falconnet le pensait ainsi, s'écria M. Desinnocends.

— Je me sentais cependant plein de sympathies pour ce jeune homme, dit M. Supplici... Mais la ruine d'une famille change bien les idées... L'alliance que souhaite madame de Parrequeminières sera sans doute elle-même modifiée par un procès qui enlèverait à M. Negogousse une fortune dont a tant besoin le jeune d'Espipat! Qu'en pensez-vous?

M. Desinnocends ne répondait pas, songeant à Raymond, nullement à René.

— Parlez avec sincérité, dit M. Supplici, feignant de croire que son collègue ne voulait pas s'expliquer.

En ce moment, une idée vint à luire dans l'esprit de M. Supplici, qui vit dans le naïf curé de la Dalbade l'homme sur la tête duquel il était facile d'appeler l'attention. Derrière M. Desinnocends se cacherait l'abbé Supplici.

— Vous pourriez, cher collègue, dit-il, prévenir M. Raymond de ces graves incidents, sans lui faire savoir toutefois que l'avis vient de moi. Si par la suite je puis être utile à votre protégé, croyez que j'y emploierai tout mon crédit.

De là l'abbé Supplici se rendit avec plus d'assurance chez Negogousse. Cette conversation l'avait remis dans son assiette.

Il lui restait deux heures avant de revoir Massabrac, cinq heures avant de se présenter chez madame de Parrequeminières, temps immense quand un plan est clairement dessiné.

Plein de confiance extérieurement, M. Supplici aborda Negogousse.

— Cher monsieur, dit-il, à un homme de votre trempe on ne doit rien cacher... Tout accommodement pour votre procès est rompu.

— Que me dites-vous là? monsieur l'abbé.

— Ma douleur est extrême, mais vous serez obligé de plaider.

— Hier soir ce Massabrac était si accommodant!

— Trop accommodant! s'écria Supplici.

— Je ne vous comprends pas.

— Pour parler net, cher monsieur, Massabrac ne consent à abandonner son action qu'à la condition d'épouser votre fille.

— Donner Paule à Massabrac, jamais! s'écria Negogousse.

— C'est bien ce que je pensais, dit le prêtre.
Il prit les mains de Negogousse.

— Brave cœur d'or! Un autre eût sacrifié sa fille à ses intérêts... Vous aimez mieux perdre votre procès. Voilà de ces vertus domestiques ignorées qui valent plus d'un fait que l'histoire honore. En effet, M. Massabrac rêve une union impossible.

— Ma pauvre enfant! disait Negogousse; lui faire épouser cet Avignonnais!

— Il est certain que seule une nature exquise peut comprendre mademoiselle Paule; c'est pourquoi vous avez accueilli la demande du bon Saturnin... Mais ce Massabrac!

— Si je perds la moitié de ma fortune, c'est pour Paule seulement que je la regrette.

Negogousse se recueillit.

— Enfin, hier soir Massabrac était décidé à traiter.

— Accusez-en le charme que répand mademoiselle Paule et qui a enflammé un esprit sérieux, tel que M. de Poucharramet, au point de lui faire passer deux ans à étudier votre affaire... Massabrac a vu votre fille, il était pris. N'a-t-il pas improvisé aussitôt une assez méchante poésie en patois? Le jeune fou qu'on appelle Raymond est dans le même cas... L'amour l'a rendu indiscret, et mademoiselle Paule a servi de modèle dans ce compromettant volume de vers dont les gens qui ne s'y connaissent pas ont exagéré la valeur. Enfin, la marquise de Parrequeminières, tombée sous le même charme, vous demande la main de mademoiselle votre fille pour son neveu, M. René d'Espipat, un de nos jeunes élégants qui ne ferait qu'une bouchée de la dot de sa future.

— Que me dites-vous là ? demanda Negogousse.

— La vérité. Et maintenant j'ai rempli la mission de madame de Parrequeminières.

— Qu'une fille est difficile à conduire ! s'écria Negogousse. Et que me font à moi tous ces poëtes ! Ah ! j'en avais le pressentiment quand je disais à Paule de ne pas me fatiguer la tête avec leurs vers !

— Cependant, dit M. Supplici, qui sait si la poésie ne peut guérir le mal qu'elle a causé ?

— Parlons d'autre chose, monsieur l'abbé, reprit Negogousse accablé.

— Voilà donc, poursuivit M. Supplici, quatre concurrents : M. Saturnin de Poucharramet, M. Raymond, M. Massabrac et M. René d'Espipat... Sans doute, quand il connaîtra la tournure des événements, M. de Poucharramet retirera sa demande, quoiqu'il ait la priorité... Il a beaucoup travaillé pour sauvegarder ses intérêts ; mais, moi qui connais sa loyauté, je me fais fort de son désintéressement dans cette affaire... Il se retirera le cœur navré, sans vous fatiguer de ses demandes... Moi-même j'ai applaudi à son courage et à sa force de caractère ; mais M. Massabrac ne reste pas moins en face de deux aspirants.

— Que m'importent Massabrac et ses concurrents !

— Prenez garde, cher monsieur, dit l'abbé ; entre ces rivaux, il en est de sérieux. On ne blesse pas impunément la famille des Parrequeminières.

— Je n'ai rien à démêler avec madame de Parrequeminières.

— Sans doute ; mais Massabrac reste toujours avec son procès pendant.

Negogousse était en proie à un affaissement que le prêtre jugea à propos de laisser se développer quelques instants.

— Il faut pourtant, dit-il, parer à ces dangereux coups.

Negogousse ne répondait rien, tant était grand son accablement. L'abbé fit mine d'être pris d'une vive pitié.

— Je crois avoir trouvé un moyen, s'écria-t-il.

Negogousse releva la tête.

— Il s'agit de poésie.

La tête de Negogousse retomba inerte.

— Prêtez-moi toute votre attention, cher monsieur. Notre seul adversaire dangereux est Massabrac, et il est important qu'il se désiste... Ce Massabrac a une vanité considérable. Nous jouerons de sa vanité comme d'un instrument. Il existe une place vacante de mainteneur aux Jeux-Floraux ; avec mon aide Massabrac l'obtiendrait sans contredit. Faites savoir que vous donnerez la main de mademoiselle Paule à celui qui obtiendra le fauteuil. Cette condition, les concurrents l'admettront... Massabrac consentira à abandonner le procès et à transiger si je lui fais avoir la voix de mes collègues... Me laissez-vous carte blanche ?

— Paule consentira-t-elle ? dit Negogousse.

— Trois jeunes gens sont sur les rangs : Saturnin, M. Raymond et M. d'Espipat... Je ferai croire à Massabrac qu'il triomphera d'eux facilement. Ce petit Raymond n'a aucune chance à l'Académie ; madame de Parrequeminières dispose d'une trop forte influence. Restent donc deux choix honorables : ou une alliance avec la maison des Parrequeminières, ou un mariage avec M. de Poucharramet.

— Ne disiez-vous pas, reprit Negogousse, que M. d'Espipat était homme à croquer la dot?

— Sans doute.

— Je ne vois pas dans cette alliance un avenir pour Paule.

— Est-ce que mon influence n'est pas telle que je ne vous débarrasse de ce futur? M. de Poucharramet a tous les titres qui le recommandent au suffrage des membres de l'Académie. Lui seul sera nommé.

— Alors, dit Negogousse, tout va bien.

— Parfaitement. Et maintenant, dit l'abbé avec un singulier sourire, je vais porter de *bonnes paroles* à Massabrac.

XXXV

— Il faut que Raymond prenne courage, avait dit l'abbé Desinnocends à la veuve.

— Mon fils, prends courage ! s'écria madame Falconnet alors que mille illusions s'ébattaient dans le cœur de l'amoureux.

— Paule ! s'écria Raymond. Il s'agit de Paule !

La veuve ne répondait pas.

— Parle, ma mère, je t'en prie.

La veuve prit les mains de son fils.

— Bien des fois, dit-elle, j'ai songé aux dangers de l'amitié que tu portais à mademoiselle Paule... Un pressentiment m'avertissait que tu te préparais des traverses... Les jeunes gens ne raisonnent pas ; ils se jurent fidélité pour toujours... Ah ! mon enfant, engager sa vie, jeune, tu ne sais pas ce que c'est... J'aurais voulu t'épargner des désillusions...

— Je ne te comprends pas, ma mère.

— M. Negogousse est peut-être à la veille d'être ruiné.

— Tant mieux ! s'écria Raymond.

— Je lis dans ton cœur, mon pauvre enfant... Sans dot, mademoiselle Paule devient ton égale...

— Oui, faisait Raymond plein de joie.

— Mais un négociant qui a joui d'une grande fortune ne consent pas facilement à avouer sa misère en public... Si, par un arrangement, M. Negogousse essayait de rétablir ses affaires, te jetterais-tu à la traverse?

La veuve s'arrêta. Raymond ne la pressait plus de continuer.

— Celui qui a possédé longtemps un riche hôtel n'habite pas sans chagrins une petite maison semblable à la nôtre. Paule a été élevée dans le luxe; son père ne lui refuse rien... Pour rétablir cette fortune chancelante, il se présente quelqu'un qui demande mademoiselle Paule en mariage.

— Elle a refusé?

— Non, dit madame Falconnet.

— Ah ! s'écria Raymond d'une voix altérée, je ne l'aurais pas cru !

En face de ces confidences accablantes, Raymond ne demanda pas d'autres détails. Il avait foi en sa mère.

Massabrac tomba moins facilement dans le piége, et sans s'inquiéter de la présence de l'abbé Supplici, se laissa aller à un chapelet de jurons qui se termina par un *hippobosco* plein de rage.

Lui, le roi des félibres, était pris pour un *dindou-*

letto; il ne parlait de rien moins que *d'escrabouchinar* Negogousse. Et serrant le bras de M. Supplici, il lui donnait un modèle de sa force escrabouchinante.

C'étaient des imprécations en langue félibrige qui s'échappaient de sa bouche avec une profusion méridionale.

— *Lou sang de moun cadabre boui et reboui dins moun cor*, s'écria le Provençal en regardant le prêtre d'un air terrible.

L'abbé Supplici essaya de démontrer à Massabrac que le sang de son cadavre pouvait bouillir et rebouillir dans son cœur pour une cause plus digne d'un troubadour; mais on n'apaise pas facilement la tempête de langage d'un Avignonnais.

L'iro bouroulant si tripo (la colère bouleversant ses tripes), suivant ses propres termes, Massabrac enveloppait Negogousse et le prêtre dans une même colère; il ne parlait rien moins que de brandir l'épée.

— *Massabrac l'espasso brandasso!* s'écriait-il.

Les duels félibrants sont peu dangereux. On se jette habituellement à la tête une injure de *galoupin*, à quoi l'adversaire riposte par *coucaro* (va-nu-pieds). Le duel est terminé; cinq minutes après, les adversaires les plus enragés ne s'en souviennent plus.

L'abbé Supplici était résigné à subir toutes les épithètes du dictionnaire provençal populaire avant d'exposer son plan.

— Un Massabrac a raison de brandir son épée, dit-il, mais l'épée poétique, la véritable arme qui convienne au roi des félibres... Que vous ai-je dit, cher monsieur, en vous invitant à venir à Toulouse? Qu'un fauteuil était vacant à l'Académie des Jeux-Floraux, et que j'userais de toute mon influence pour le faire obtenir à celui qui déblaye le sentier où marchaient nos anciens troubadours.

— *Nostro-Damo!* vous parlez d'or, monsieur l'abbé.

— Eh bien, continua M. Supplici, le fauteuil qui est dû au restaurateur de la langue félibrige sera occupé par celui qui obtiendra la main de la belle Paule, comprenez-vous?

— *Cataclan!* s'écria Massabrac, que dites-vous là?

— M. Negogousse était disposé à accepter vos conditions, vous le savez. Au moment de conclure, vous avez souhaité la main de mademoiselle Paule, ce à quoi je n'ai pu répondre de mon propre chef. Or il est arrivé que deux demandes avaient déjà été adressées à M. Negogousse par trois poètes.

— Des *francihot* sans doute, dit Massabrac, parlant des gens du centre de la France avec le même ton que s'il les avait traités de giaour.

— Oui, des poëtes français, dit M. Supplici... Embarrassé de ces demandes et ne pouvant les écarter sur l'heure, M. Negogousse a décidé qu'il accorderait sa fille à celui des concurrents qui obtiendrait un fauteuil au Capitole...

— *Doou rire lou ventre me petto*, s'écria Massabrac. A moi le fauteuil! Qui oserait se mesurer avec Massabrac, que l'*Armana prouvençau* appelait dernièrement encore le *triounfle* d'Avignon! Tous ces misérables *franchimans* n'ont pas le sang *patrioto*, et leurs rimes manquent de l'orthographe *félibrenco!* Massabrac au Capitole! Quel admirable *espétacle!*

L'*enfantounetto* est à moi, je vous le garantis. Je te m'en vas l'écrire à l'ami Montagnagout...

— Montagnagout? dit le prêtre.

— Vous ne connaissez pas Montagnagout, monsieur le curé?

— C'est la première fois que j'entends son nom.

— Qu'est-ce que vous faites donc au Capitole? Il est temps que je m'assiste dans le fauteuil... Ah! vous ne connaissez pas Montagnagout? Et Diouloufet, avez-vous entendu parler de Diouloufet?

— Les devoirs de mon ministère m'empêchent de me rendre un compte exact de ce qui se passe chez nos voisins les Provençaux.

— Ne pas connaître Montagnagout ni Diouloufet me ferait hésiter à entrer dans votre Académie, si l'*enfantounetto* Paule n'était là pour assurer ma récompense. Enfin vos académiciens ne sont pas de première force, puisqu'ils n'ont pas même entendu la renommée proclamer les noms de Montagnagout et de Diouloufet... Vous avez certainement eu vent de Reymonencq?

L'abbé Supplici cherchait un moyen pour échapper à ce déluge de noms.

— Vous ne connaissez pas Reymonencq? *Lou tron de Diou te cure!* C'est impossible qu'on ignore l'existence de Reymonencq. Un ignorant peut ne jamais avoir mis le nez dans les œuvres de Montagnagout et de Diouloufet; mais Reymonencq, après Massabrac, peut se présenter hardiment.

— Je suis heureux, dit l'abbé, que vous me révéliez l'existence de Reymonencq. J'en ferai mon profit, mais...

— Au moins, s'écria Massabrac, vous connaissez Pompée Ladurance?..,

— Attendez que je me recueille, dit l'abbé feignant de se souvenir de Pompée Ladurance.

— Il faudrait être *apouthicare* pour ne pas connaître Pompée Ladurance...

— Maintenant, en effet, je crois me rappeler M. Pompée Ladurance, dit l'abbé.

— Rappelez-vous sérieusement, monsieur le curé, car mon entrée au Capitole sera suivie de celle de Montagnagout, le berger félibre qui a chanté le *cachat* odorant.

— Le cachat! s'écria M. Supplici.

— *Froumage* si vous aimez mieux, l'odorant *froumage*. Tout le monde a été d'accord que ce morceau poétique embaumait l'*Armana prouvençau pour lou bel an de Dieu* 1833.

— Parfaitement, dit l'abbé pressé de quitter Massabrac.

— Un instant, monsieur le curé. Vous me promettez qu'aussitôt que je serai assis dans le fauteuil, après la mort d'un de vos *avoucats*, car je me suis laissé dire qu'il y avait trop d'*avoucats* dans votre Capitole, vous m'aiderez à faire arriver Diouloufet le pindarique, l'intrépide Reymonencq, le facétieux Pompée Ladurance et le sublime auteur du *cachat* odorant.

— C'est convenu, dit l'abbé.

— *Cliquo-claquo!* s'écria Massabrac, vous aurez là une rude bande de félibres...

— Oui, dit l'abbé en faisant quelques pas.

— *Maledicieure!* Nous riverons les clous de ces

24.

franchimans qui osent cracher dans l'aïoli de la poésie.

— C'est entendu, dit M. Supplici... J'en parlerai à mes collègues.

Massabrac frappa un violent coup de sa large main sur l'épaule de l'abbé.

— *Noum de sort !* Il ne s'agit pas de parler. Il faut dire : C'est fait.

— Nous sommes d'accord, dit M. Supplici craignant que la terrible main ne s'abattit de nouveau sur lui.

Il alla vers la porte. Massabrac le tira rudement par le bras.

— Dites-moi voir un peu les noms des félibres.

— Quels noms?

— *Sarnipabié !* Les noms de tout à l'heure.

— Oui, dit le prêtre se mordant les lèvres, j'entends bien : les noms de l'auteur de l'odorant fromage.

— *Cachat* si vous voulez... Vous dites *froumage*; à Avignon nous disons *cachat !*... Je vois bien que vous ne vous rappelez plus les noms de notre pléiade; mais, comme vous avez bonne volonté, je vous laisse aller pour aujourd'hui.

Ayant introduit avec précaution le bout des doigts dans l'étau de la main de Massabrac, M. Supplici descendit l'escalier. Il était à peine à la troisième marche, qu'il entendit la voix du félibre lui crier :

— Souvenez-vous de Montagnagout.

— Oui, dit le prêtre.

— N'oubliez pas Diouloufet.

— C'est convenu, dit M. Supplici hâtant le pas.

— Que sans cesse retentisse à vos oreilles le nom de l'intrépide Reymonencq.

— Au diable ! se serait écrié volontiers le prêtre.

Il était descendu lorsque la cage de l'escalier fut remplie du nom de Pompée Ladurance que hurlait Massabrac.

Dans le corridor, M. Supplici se secoua comme un barbet qui sort de l'eau. Il était plus meurtri encore de la façon de discuter du félibre que de ses poignes brutales. Avec sa parole bruyante, Massabrac eût rendu sourds ceux des mainteneurs qui ne l'étaient pas ; avec de telles secousses, le Provençal eût abrégé les jours d'au moins vingt Illustres sur quarante.

On comptait dans l'Académie divers vieux singes, quelques-uns particulièrement remarquables par des poitrines bizarres et des épaules déjetées ; mais ces singes faisaient oublier leur triste mine par un langage choisi. Un homme qui parlait *d'escrabouchinar* ses rivaux ne pouvait siéger au Capitole.

L'abbé Supplici sourit intérieurement. Le félibre était impossible. Il suffisait de le lâcher sur quelques singes illustres pour le perdre à jamais.

Saturnin regagnait du terrain. Une entrevue avec madame de Parrequeminières devait décider du sort du protégé de M. Supplici.

En entrant dans le salon de la marquise, le prêtre prit un autre ton.

— J'ai rendu visite, madame, selon vos instructions, à Negogousse...

— Ah ! s'écria madame de Parrequeminières... Mon neveu peut-il se présenter ?

— Certainement, madame la marquise ; M. Negogousse s'est montré on ne peut plus flatté de ce projet d'alliance...

— Vous êtes un ange, monsieur l'abbé !

— C'est à vous, madame la marquise, qu'est dû le compliment... S'occuper avec tant de zèle d'un jeune parent, tenter par une alliance de l'enlever aux séductions mondaines, avoir découvert une jeune fille riche, belle et modeste, sont de ces faveurs que la Providence accorde seulement aux êtres qui en sont dignes...

— Avouez, monsieur l'abbé, que dans cette mission dont je vous sais le plus grand gré, vous avez donné la main à la Providence pour la guider?

— Madame la marquise, la Providence a des vues impénétrables que nul humain ne peut se flatter de sonder... Quelquefois elle semble prendre le chrétien sous sa protection et le mène par une route bordée de fleurs, au bout de laquelle se trouve un chemin inextricable plein de dangers.

— Nous n'en sommes pas là heureusement, s'écria madame de Parrequeminières.

— Non, mais...

— Parlez, l'abbé ; vous me faites trembler... Y a-t-il quelque obstacle qui empêche René de se présenter?

— Quant à ce qui touche M. d'Espipat personnellement, non... Il jouit des mêmes droits que ses concurrents...

— Ses concurrents ! s'écria la marquise. Il y a donc des concurrents... René ne les craint pas... Connaissez-vous dans Toulouse un plus aimable cavalier ?

— M. Negogousse, dit le prêtre, me paraît tenir plus

aux qualités intellectuelles qu'aux avantages physiques.

— René ne vous semble-t-il pas, monsieur l'abbé, joindre l'esprit aux séductions extérieures?...

— En effet, madame la marquise, M. d'Espipat a beaucoup d'esprit ; vous ne sauriez trop appuyer sur cette corde... J'ai lu et relu son charmant volume de poésies... Le badinage qui convient à la jeunesse s'y mêle à des accents qui montrent ce qu'un jour le public est en droit d'attendre d'une maturité due à la connaissance de la vie ; mais...

— Vous êtes terrible avec vos mais, monsieur l'abbé... Savez-vous que ce que vous me dites là est tout à fait bizarre ! Un Negogousse, un marchand d'huiles, un *pitcharrou* qui exige d'un gendre noble et titré des facultés intellectuelles, cela renverse toutes mes idées...

— Madame la marquise, accusez-en l'Académie des Jeux-Floraux qui, jusque dans la bourgeoisie, a semé des graines poétiques...

Alors le prêtre développa le prétendu plan de Negogousse, d'accorder la main de sa fille à celui qui obtiendrait le siége vacant au Capitole.

— C'est charmant, s'écria la marquise... René sera nommé... Son élection ne fait pas un pli.

— M. d'Espipat, en effet, a de nombreuses chances.

— Il les a toutes... Vous nous aiderez, monsieur l'abbé...

— Même contre ce candidat distingué que, madame, vous vouliez bien appeler le jeune barde.

— M. de Poucharramet ne saurait tenir contre un d'Espipat...

— C'est mon avis, madame; avec ménagement je l'ai fait entendre à ce jeune homme que jusqu'ici je protégeais...

— On lui réservera le prochain fauteuil. Dites-le lui de ma part... Je suis toute dévouée à l'auteur des *Stances du Prêtre mourant*; mais mon René passe avant tout.

— Alors, madame la marquise, nous écartons M. Laffitte-Vigordanne, qui avait promesse absolue du premier fauteuil.

— Il est si facile de promettre, dit madame de Parrequeminières. Une élection dépend absolument des événements... Un protestant, par exemple, qui défendrait le pouvoir temporel du Pape, l'emporterait naturellement sur tous les candidats... Au moment où il se présentait, M. Laffite-Vigordanne était possible. La candidature de René, que vous-même m'engagez à porter, fera que ce fauteuil qui recule pour M. Laffite-Vigordanne lui semblera plus rayonnant encore... D'ailleurs, M. Laffite-Vigordanne n'aspire point à la main de Paule.

— Qui sait! Il est célibataire.

— Monsieur l'abbé, il faut parler franchement. Mon gentil René n'a pas le sou.

— Ah! dit M. Supplici.

— Ne le saviez-vous pas?

— J'ai tant à faire dans la vie, que je m'occupe rarement des affaires d'autrui.

— Paule se donne le luxe d'un marquis. René s'installe à Toulouse. Il rend aux d'Espipat l'éclat que leur avait enlevé la gêne. Ç'a été l'unique préoccupation de toute ma vie de trouver une riche héritière pour mon neveu. Nous avons la riche héritière.

Le prêtre secoua la tête et prononça une interjection qui arrêta court la marquise.

— Dans le commerce, dit M. Supplici, il y a des surfaces brillantes sous lesquelles se cachent des gouffres.

— Que me dites-vous là?

Alors le prêtre conta à la marquise le procès Massabrac dans tous ses détails. Il n'épargna à madame de Parrequeminières aucun détail de chicane, choisissant des mots juridiques aussi terribles que ceux d'une maladie nouvelle.

L'abbé ne cacha pas son rôle de médiateur dans cette affaire, laissant croire, toutefois, que Massabrac avait de grandes chances pour arriver aux Jeux-Floraux ; bref, il fit un tableau si sombre de la situation de Negogousse, que la marquise répondit:

— Cela ne fait plus notre affaire.

Un éclair de joie traversa le cœur du prêtre ; mais il jugea prudent de ne pas laisser madame de Parrequeminières sous le coup de cet abattement.

— Monsieur d'Espipat n'est-il pas reçu avocat? demanda-t-il.

— Je crois que oui. Ce n'est pas là ce qui enrichira mon gentil neveu. Que peut avoir de commun un d'Espipat avec les tribunaux?

— Peut-être M. le marquis, en vue d'obtenir la main de mademoiselle Paule, consentirait-il à sonder les obscurités de l'affaire pendante entre Negogousse et Massabrac.

— Je garantis que René n'aura pas le courage de lire une feuille de papier timbré.

— Il y en a plus de deux cents, dit froidement l'abbé.

— René a été élevé pour la vie active... S'il était permis aujourd'hui d'acheter un régiment comme aux glorieuses époques de notre histoire, mon neveu eût été un parfait colonel. Mais songer à faire asseoir René devant un bureau au milieu d'affreux dossiers, il me répondrait avec raison que c'est le lot des hommes d'affaires ou des intendants... D'après ce que vous me dites, je regrette médiocrement cette petite Paule... Sans dot elle redevient une bourgeoise qui a grand besoin d'être déniaisée.

René entra sur la fin de l'entretien. Le prêtre reprit :

— Je suis un peu de votre avis, madame la marquise... A part moi, je pensais que vous marquiez un enthousiasme peut-être excessif pour la fille de Negogousse, si l'enthousiasme n'était pas le signe des nobles cœurs...

— Une beauté du diable, dit la marquise.

— Une figure ingénue...

— Manque de grand air... Elle n'a pas les signes qui appartiennent seuls à l'aristocratie.

— Éducation bourgeoise, reprit M. Supplici...

— Nous aurions bien du mal à la dresser, continua la marquise.

— Sans doute ; elle a atteint une partie de son développement.

— Souvent je me demandais ce qu'après le mariage on ferait du père.

— Là était la difficulté. On ne renie pas un père.
— Ce Négogousse pue l'huile.
— Nécessairement.
— A un moment, cette petite Paule nous eût froissés par ses sentiments de fille de marchand.
— *De profundis !* s'écria René en embrassant madame de Parrequeminières.
— Tu nous écoutais, mauvais sujet...
— Chère tante, j'avais entendu dernièrement vos litanies en l'honneur de mademoiselle Paule; aujourd'hui vous me faites assister à l'enterrement de ses brillantes qualités... Le feu d'artifice est tiré.
— Monsieur l'abbé, dit madame de la Parrequeminières, je me recommande à vous si vous aviez connaissance de quelque riche héritière qui comprenne ce brave cœur.
— Monsieur, ajouta René, prenez votre temps... Je ne suis pas pressé.

XXXVI

Le bruit des conditions apportées à la conquête de Paule se répandit dans la ville. Un des premiers Raymond l'apprit par les clercs de l'étude, et son amour redoubla ; mais quels nombreux soucis s'emparèrent de Raymond ! On citait dans Toulouse divers aspirants, et son nom n'était pas même prononcé, lui qui avait chanté les charmes et la beauté de Paule ! C'étaient pages perdues que ce volume de poésies sur lequel il avait tant fait fonds.

Un si vif enthousiasme avait été dépensé en faveur de Raymond qu'il ne restait plus maintenant de cris de protestation à l'opinion publique. Pour ne pas avoir deviné qu'il s'agissait de Paule, les amis eux-mêmes de Raymond étaient à cette heure accusés par l'amoureux de ne pas comprendre son œuvre.

Raymond eût pu nommer Paule, dire en public :
— C'est elle qui m'a inspiré !

Il avait la pudeur de l'honnête homme, ne voulant livrer ni son secret ni le catalogue des beautés de celle qu'il aimait. Il lui répugnait de mettre le public dans la confidence de la couleur de *ses* cheveux, de *ses* yeux.

Peu importait à Raymond que le lecteur comprît qu'il aimait *une* femme; il eût été blessé que ses poésies désignassent *telle* femme. Ces délicatesses, comprises par si peu d'artistes, résultaient du sentiment qu'avait Raymond de ne pas profaner une femme en la désignant aux regards de tous.

En apprenant la nouvelle de ce singulier concours, Raymond fut tenté de briser son amour. Raymond était surtout profondément ulcéré de trouver un rival dans un ami. La pointe de l'épée de René, lorsqu'elle perça sa poitrine, le fit moins souffrir que ce qu'il regardait comme une traîtrise.

La rivalité d'un ami est cruelle! Dépose-t-on des trésors d'affection dans le cœur d'un homme pour les reprendre comme des titres à la Banque? Il y a dans les attaches de deux cœurs d'homme quelque chose de profondément scellé qui résiste malgré les tiraillements. Cela ne casse pas du premier coup; même quand toute amitié est brisée, il revient des bouffées de souvenirs d'autant plus amers qu'ils étaient plus tendres jadis.

Raymond se jura de ne plus revoir Paule. Il voulut condamner sa fenêtre, tendre de sombres rideaux les vitres au travers desquelles lui était apparue l'image de la jeune fille. Rancunes d'amoureux qui ne tiennent pas! L'homme n'en était pas moins désespéré.

La politique de l'abbé Supplici l'avait conduit à répandre dans Toulouse la nouvelle du concours au fauteuil des Jeux-Floraux que couronnerait la main de Paule. Cette union présentée sous le couvert poétique devenait une de ces légendes chères aux Méridionaux.

Battu dans ses plans primitifs, le prêtre compliquait la situation des deux concurrents, Laffite-Vigordane et Escanecrabe, de telle sorte que les quatre prétendants représentaient pour le populaire un appel à tous les poëtes de France.

Quoique jouant cartes sur table, M. Supplici cherchait à lire dans le jeu de ses adversaires. Une nouvelle lecture des poésies de Raymond lui prouva que sous chaque vers se cachait un fait réel, non une idéalisation.

Le voisinage des deux amants, les fenêtres qui se faisaient face, diverses pièces intitulées *Contemplations à un balcon*, firent qu'il engagea Negogousse à changer sa fille d'appartement, le prêtre étant certain que du boudoir s'échappaient les dangereux regards qui avaient troublé le cœur de Raymond.

Negogousse hésita d'abord à éloigner Paule de la chambrette qu'il avait fait décorer à son intention. Ce séjour était si agréable à sa fille! Mais M. Supplici ayant montré au marchand M. Desinnocends qui se rendait un soir chez la mère de Raymond, c'en fut assez pour ranimer l'irritation de Negogousse, qui voyait un complot tramé dans la maison de la veuve. Aussi bien M. Supplici tourna la difficulté en proposant devant Paule de déposer dans sa chambre les dossiers de l'affaire Massabrac, afin que Saturnin pût les consulter à son aise sans déranger les habitants de la Maison de pierre.

Paule n'osa refuser, croyant à la parole de l'abbé Supplici, qui priait la jeune fille de permettre qu'on disposât de sa chambre pendant quelques jours seulement ; mais Negogousse et le prêtre échangèrent un regard de satisfaction d'avoir élevé une barrière entre les deux amants, sans que Paule pût en être alarmée.

Ainsi fut établie autour de la Maison de pierre une sorte de barricade, qui empêchait toute communication du dehors.

A cette heure le nom de Paule emplissait la ville. Chacun discutait sur l'heureux candidat qui devait obtenir la main de la jeune fille.

La Restauration, qui a déjà rendu compte à l'art du singulier courant d'idées d'où est né le *troubadourisme*, a laissé son empreinte de *Lindor* sur la plupart des créations littéraires et artistiques de l'époque.

A la suite de la rénovation grecque que David affirme nettement sous la République, ce courant est tout à coup arrêté par un retour aux panaches blancs de Henri IV, mélangés de boîtes à créneaux, de néfastes tuniques abricots, de collants désastreux.

Le grand poëte s'appelle M. de Marchangy, le peintre, Fragonard ; jamais les siècles futurs n'auront assez de railleries pour un tel accouplement artistique : la réaction contre Marie-Joseph Chénier, Méhul et David a produit une école qui entrevoit le moyen âge monarchique sous la forme d'un *castel*.

Le bruit qui se faisait dans la ville à propos du futur concours aux Jeux-Floraux donna naissance à une romance que quelques Toulousains d'aujourd'hui se rappelleront peut-être avoir entendu accompagner sur la guitare par leurs mères.

Il existait une légende de la belle Paule au seizième siècle. On doit à un galant mainteneur des Jeux-Floraux le pendant composé en 1834, sous l'influence de la poétique de la Restauration :

> A Toulouse était une belle,
> La Belle Paule était son nom.
> A l'huis de son charmant giron
> Cupido faisait sentinelle.
>   Mais au petit Gascon,
>   La dame disait : — Non,
>   Non, non !

Qu'il était coupable, l'abbé Supplici, par ses intrigues académiques, d'avoir agité tellement l'opinion qu'un barde du pays pût composer ce morceau où, indépendamment de *Cupido*, de l'*huis*, de l'Amour, surnommé *le petit Gascon*, il était question de marchand *à la riche escarcelle*, de *pimpants muguets* nécessairement *aux aguets*, soufflant aux oreilles de la jeune fille *mignonnes paroles*.

L'air cadrait avec la poésie, et la mélodie eût été merveilleusement appropriée à une tabatière à musique. La romance trouva des fanatiques dans une contrée où peuvent se promener en sûreté des gens qui se couvrent de la rime comme d'un bouclier pour appeler une jeune fille une *pastouroulette*.

Paule s'était emparée de l'imagination toulousaine. Paule renouvelait la légende ; elle était soumise aux commérages des portiers poétiques de son temps.

Seule, isolée dans la Maison de pierre, Paule eût entendu cette romance chantée par les pêcheurs de l'île de Tounis, qu'elle n'eût pas compris que sa personne occupât à tel point l'opinion publique.

Raymond s'en montra plus préoccupé. La romance était devenue populaire; les clercs la fredonnaient à l'étude de M⁰ Trebons. Un succès poétique si considérable fit douter l'amoureux de la valeur de ses poésies. Car les esprits inquiets, à qui manque l'envergure du génie, souffrent vivement du succès des œuvres sans accent, se demandant en vertu de quel principe ils peuvent affirmer qu'eux-mêmes ne sont pas des êtres médiocres.

Si une œuvre vraiment forte réchauffe le cœur, l'anime et sert d'excitant dans les époques de pénurie poétique aux natures qui manquent de ressorts, le déluge de méchantes rimes, l'entassement d'inventions sans art ni conscience, les encouragements accordés à des productions misérables, peuvent accabler les hommes doués de belles facultés qui ne sont pas doublés par la volonté de triompher de pareilles misères.

Raymond se demandait avec amertume : Le public qui répète de tels couplets peut-il être le même que celui qui a souscrit à mes poésies?

Un regard de Paule eût dissipé ces mélancolies.

Paule n'apparaissait plus à la fenêtre.

Et un jour Raymond avait surpris devant une table Saturnin semblant avoir pris possession de la petite chambre, jadis si rayonnante !

XXXVII

A quelque temps de là René rencontra Raymond, se dirigeant du côté de l'étude. Raymond pressa le pas et baissa la tête pour ne pas apercevoir son rival. Ce manége était si significatif qu'il ne put échapper à René. Il courut après Raymond, lui prit les mains avec affection, manifestant son étonnement de cette singulière froideur. Raymond l'assura qu'il n'en était rien, répondit évasivement et prétexta des travaux pressés pour prendre congé.

René, ayant fait part à Loubens de cette rencontre, remarqua également une certaine réserve sur les traits du journaliste.

— Raymond, dit Loubens, peut-il sauter au cou d'un rival que personne ne s'attendait à voir surgir subitement ?

— Un rival ! Explique-toi, dit René qui ne soupçonnait pas l'amour de Raymond pour Paule.

M. Supplici, jugeant Raymond dangereux, l'avait rayé de la liste des concurrents. Chez madame de Parrequeminières on ne regardait comme aspirants à la main de Paule que Saturnin, Massabrac, Laffitte-Vigordanne et Escanecrabe.

Alors le journaliste apprit à René ce que les amis de Raymond pressentaient seulement à cette heure : que les poésies du clerc s'adressaient à Paule. Ne devait-il pas renier l'ami qui entrait en lutte contre lui?

— Quelle complication est-ce là? s'écria René se demandant dans quel but M. Supplici avait caché les prétentions de Raymond, celui de tous qui, par son amour, avait le plus de droits à la main de Paule.

Ceci ne semblait pas clair au jeune homme, qui marchait droit dans la vie. Pour la première fois il réfléchit, s'entretint longuement de ce sujet avec Loubens et se fit donner, sur le compte des divers concurrents, les quelques détails que le journaliste connaissait.

René se perdait à chercher l'enchaînement de cette intrigue dont il saisissait à peine quelques fils. Le docteur Gardouch, qu'il consulta à ce propos, s'emporta comme d'habitude contre l'Académie, mais ne put donner de renseignements particuliers sur le prêtre qui mettait en jeu tant d'aspirants à la main de Paule.

— Il faut nous tenir sur nos gardes, dit Gardouch.
— Je vais prévenir Raymond, reprit René.
— Gardez-vous-en, mon cher d'Espipat... Continuez à jouer votre rôle devant l'opinion publique. Il est utile que chacun croie que vous aspirez à devenir

l'époux de la fille de Negogousse... Par là, vous aurez un pied dans la maison et connaîtrez le fond de la pensée de nos adversaires... S'il est possible de sauver Raymond, nous le sauverons ; mais épargnez-lui la connaissance de ces intrigues.

A cette heure, les fils tenus par M. Supplici étaient renoués, offrant une trame régulière. Grâce à d'actives démarches, le prêtre était certain de l'élection de Saturnin.

Laffitte-Vigordanne et Escanecrabe n'apparaissaient qu'à l'état d'utilité dans cette comédie.

Massabrac s'était désisté de son procès. Sans armes contre Negogousse, il semblait douteux que le représentant de la langue félibrige fît son entrée triomphale au Capitole.

Un mur séparait Raymond de celle qu'il aimait ; ce mur, il lui était interdit de le franchir.

Chaque nuit, l'amoureux la passait à sa fenêtre, les paupières non pas baignées de larmes, car les douleurs ne sont rien qui coulent avec les pleurs : c'était une mélancolie poignante et sourde. Raymond ne se plaignait pas. A qui se plaindre ? A sa mère ? Madame Falconnet semblait éloigner un cruel entretien. Un jour elle avait dit à son fils : *Pauvre enfant !* d'une voix qui accusait de tels déchirements, que Raymond craignait qu'une confidence ne fît jaillir des sanglots comprimés.

Il préférait la résignation muette de sa mère, qui, maintenant, tantôt courbait la tête sur son ouvrage, tantôt allait et venait, pour éviter par cette apparente activité de revenir sur un grave sujet.

Et cependant madame Falconnet jetait des regards soucieux sur son fils, inquiète d'un chagrin qui n'avait ni relâche ni détente. Elle craignait que dans ce cœur plein d'amertume une nouvelle goutte ne s'ajoutât; elle craignait une de ces maladies morales qui mettent la raison en danger.

La mère avait senti en elle ces symptômes quand, après le duel, Raymond fut ramené dans un état désespéré. La pauvre femme constata en elle des faiblesses cérébrales dont son fils, qui était sa vivante image, pouvait ressentir les atteintes. Un jour, un trouble particulier s'était emparé de la veuve qui, effrayée, eut assez d'empire sur elle-même pour éviter les rires qui tentaient de se greffer sur sa douleur.

Rire et souffrir! Posséder une moitié de cerveau assez saine pour constater que l'autre échappe à la volonté, ce sont d'affreuses tortures pour les natures délicates.

Madame Falconnet avait vu de près la folie avec son troublant cortége. Elle craignait que Raymond ne fût visité par la même hideuse hôtesse. C'est pourquoi elle interrogeait les yeux secs de son fils, son visage pâle, son air sombre, cherchant quelle diversion elle pourrait jeter à travers ce profond chagrin.

Si une lueur d'espoir d'obtenir la main de Paule eût été permise, la mère de Raymond se fût jetée aux pieds de Negogousse; elle eût versé des torrents de larmes pour l'attendrir; elle n'eût pas quitté la place sans le consentement du marchand au bonheur des deux enfants.

Il ne fallait plus songer à cette union!

M. Desinnocends avait montré l'impossibilité de ce rêve. Confident naïf de l'abbé Supplici, M. Desinnocends croyait à la ruine de Negogousse, au mariage de Massabrac et de Paule.

Toute espérance devait donc être bannie, suivant le prêtre, qui, toutefois, recommandait à madame Falconnet de lui amener Raymond. M. Desinnocends, quoiqu'il fût ignorant des remèdes pour guérir un amour traversé, comptait sur son trésor de consolations. De nombreuses douleurs lui avaient été confiées qu'il assoupissait, s'il ne les guérissait pas. Misères, ruines, chagrins domestiques, maladies, mort trouvaient dans le cœur de M. Desinnocends des onguents doux et onctueux dont la vertu étonnait le bon prêtre lui-même.

La charité, cette plante qui pousse si rarement dans le cœur des hommes, donnait des fleurs sans cesse épanouies d'où M. Desinnocends tirait ces onguents.

Et pourtant Raymond, quoique pressé par sa mère, n'allait pas chercher de consolation auprès du curé de la Dalbade! Grave sujet d'inquiétude pour madame Falconnet que Raymond aurait pu surprendre la nuit, collée au seuil de sa porte, écoutant les plaintes s'échapper de la poitrine de son fils.

Elles sont immenses les tendresses que déploient les mères pour les nouveau-nés. Le moindre cri les trouve debout. Plus de sommeil pour ces êtres si faibles! On ne sait dans quel arsenal les femmes puisent ces forces. Madame Falconnet était en éveil pour Raymond amoureux comme pour Raymond enfant. Les perceptions de la mère étaient revenues aussi exquises qu'à l'époque où elle nourrissait celui qui lui faisait oublier le mari qu'elle avait perdu.

Raymond sortait.

Sans savoir où il dirigeait ses pas, la mère suivait d'un regard intérieur son fils par les rues. Elle l'eût vu à deux lieues de là. Raymond n'avait pas besoin de se confier à sa mère ; elle entrait en lui, constatait ses brûlants chagrins. Il lui suffisait de mettre la main sur ses yeux. Pas un souci de Raymond qui lui échappât. Ses pensées, elle les pensait à la même heure.

— *J'ai peur !* dit-elle à M. Desinnocends, qui, la figure soucieuse, songeait à ces durs et admirables priviléges que communique une vie chaste à la maternité.

XXXVIII

Mamette allait et venait dans la maison, lorsqu'elle entendit Paule qui chantait : *Vole, mon cœur, vole!* mais d'un singulier accent. Ce n'était plus la voix de cristal de la jeune fille ; l'air de la chanson semblait revêtu d'un crêpe. Ceci étonna la vieille servante, qui ouvrit la porte.

Paule était assise devant la fenêtre, les yeux baignés de larmes.

Pour la première fois, Mamette essuya un mouvement de dépit de Paule, qui, voulant rester seule, se gendarmait contre la vieille servante.

— Une autre fois, mademoiselle, je frapperai, dit Mamette confuse... Mais vous chantiez si tristement, que j'ai voulu m'assurer qu'il ne vous était rien arrivé.

— Celle qui chante n'est pas triste, dit Paule.

Mamette secoua la tête.

— J'en ai connu plus d'une, dit-elle, qui cherchait à s'étourdir... Et moi-même...

— Toi ! s'écria Paule qui ne pouvait songer qu'une jeune fille avait existé sous les rides de la vieille.

Un instant son chagrin se dissipa, et elle déploya tant de gentillesses que Mamette, heureuse de trouver une confidente, conta comment son cœur avait été brisé lors des guerres de l'empire, par la séparation avec son fiancé, à la suite de la retraite de Russie. Elle aussi longtemps avait chanté : *Vole, mon cœur, vole !* Et si elle apprit cette chanson à Paule, c'est que chaque fois qu'elle entendait sa maîtresse redire l'air, elle pensait au pauvre conscrit qui jamais n'avait donné de ses nouvelles.

— C'est comme un appel, dit Mamette, je me figure qu'il m'entend... Mais il faut chanter plus gaiement, mademoiselle.

— Tu as raison, Mamette, en chantant clair on se fait entendre des absents.

La tristesse s'était emparée de nouveau de Paule.

— Vous avez un chagrin, mademoiselle, dit Mamette.

Silencieusement des larmes coulaient des yeux de Paule. Elle aimait et ne craignait plus celle qui avait aimé.

— Un gros chagrin ! reprit Mamette.

Elle s'approcha de sa maîtresse.

— Confiez-moi votre chagrin, mademoiselle, dit-elle. C'est comme un fardeau. A deux il est plus commode à porter.

Paule hésita d'abord ; mais les yeux de la vieille

servante étaient si tristes et si suppliants qu'elle s'écria :

— J'ai donné ma foi.
— A un jeune homme? dit Mamette.
— Oui, dit Paule.
— Il doit être beau et bien vous aimer.
— Plus qu'on ne saurait dire, reprit Paule.

Mamette resta un instant sans répondre, parcourant du regard la Maison de pierre sans trouver cet amoureux qu'elle n'avait pas soupçonné jusque-là.

— Et vous l'aimez, mademoiselle?
— Oui, dit Paule.
— Pourquoi vous désoler, mon enfant?
— Je ne le vois plus, reprit Paule.
— Ah! fit Mamette.

Elle réfléchit :

— Votre père le sait-il?
— Non, dit Paule.

Après un instant de silence :

— Je t'en ai trop dit pour ne pas t'en confier davantage, ajouta Paule.

Alors elle confia que Raymond était « son ami doux », comme dans les chansons que lui avait apprises Mamette, qu'elle lui avait juré fidélité un an auparavant, que les poésies répondirent aux fleurs jusqu'à ce que survint un échange de lettres, qu'un engagement sérieux existait de part et d'autre; mais à cette heure il se tramait quelque chose contre elle : Paule ne jouissait plus de sa petite chambre sur la rue; la porte en était fermée à double tour la nuit. Il lui était impossible de communiquer avec Raymond; elle en souffrait tellement que Mamette s'en était aperçue et elle demandait le secret le plus absolu à sa gouvernante, quoi que celle-ci en pensât.

Ce que Mamette en pensait se lisait dans ses yeux ravivés par une dernière flamme. Les vieilles se plaisent à entendre conter des amours. C'est un *allegro* pour leur cœur. Elles se réchauffent à tisonner les amours des jeunes gens. Les aventures qu'elles entendent semblent leurs propres aventures ; elles se reconnaissent dans les jalousies, les brouilles, les traverses, et elles courraient de grands dangers pour faire triompher une véritable passion.

Paule s'attendait à de sévères conseils de Mamette.

— Que faut-il faire? dit la vieille.

— Trouver le moyen d'envoyer une lettre à Raymond sans que personne s'en doute.

Alors Paule donna des instructions à Mamette sur les heures auxquelles il était facile de rencontrer Raymond. Le soir, après dîner, il retournait à l'étude. Mamette l'attendrait sur le pas de la porte.

— Reste ici, dit Paule, pendant que j'écris ; ce soir même il faut que cette lettre parvienne. Il y a trop longtemps que j'attends.

Mamette était pleine d'émotions. Il est si doux, à la tombée de la nuit, de faire doucement *pst!* de surprendre un amoureux et de lui glisser un billet dans la main. Cela rajeunit les vieilles femmes.

Le même soir, Mamette, sur le pas de la porte, chantonnait doucement ; *Vole, mon cœur, vole*, et remuait d'une main agitée la poche de son tablier, d'où tour à tour elle introduisait et sortait la lettre.

26.

Tout à coup elle poussa un cri de surprise. Devant elle se trouvait l'abbé Supplici froid, sévère, le regard fixe, qui disait :

— M. Negogousse est-il à la maison?

La question était simple. Mamette balbutia.

La lettre qu'elle tenait tomba sur le pavé, tant était grand son trouble.

Le prêtre ramassa le billet.

— Pour M. Raymond, dit-il.

Il serra le bras de Mamette.

— Dites à mademoiselle Paule que sa lettre a été remise à qui de droit. Et si vous aviez l'indiscrétion de mêler mon nom à cette affaire, je vous fais chasser à l'instant par votre maître... Maintenant rentrez et faites votre confidence à mademoiselle Paule dans le salon, de façon à ce que je puisse vous voir.

Pendant la soirée, M. Supplici conta les aventures de la jolie marchande de gants de la place du Capitole, l'empressement qui rassemblait les étudiants sous ses fenêtres et les tendres poésies que lui envoyait Raymond.

Paule écoutait!

XXXIX

Le bruit se répandit dans Toulouse que l'Académie des Jeux-Floraux devait couronner dans quelques jours les lauréats ; la douleur de Raymond augmenta.

Loubens vint lui rendre visite ; Raymond ne voulut pas le recevoir. Madame Falconnet se plaignit au journaliste des tourments que lui causait la profonde tristesse de son fils.

— Tout espoir n'est pas perdu, dit Loubens.

Il écrivit à Raymond, l'assurant que son triomphe était assuré s'il voulait concourir, que l'opinion publique lui était favorable et que vraisemblablement les Illustres reculeraient à l'idée de donner naissance à un scandale tel que celui du précédent concours.

La lettre était affectueuse et cordiale. Madame Falconnet, pleine d'espoir, la remit à son fils, qui, sans dire un mot, monta à sa chambre.

Agenouillée devant la porte, la mère écoutait.

Une vive lueur glissa sous la fente de la porte, et la veuve entendit déchirer de nombreux papiers que Raymond brûlait.

Il détruisait ses poésies, ne voulant pas concourir !

Brûler des poëmes eût été, pour une âme vulgaire, un incident sans signification. Madame Falconnet sentit en elle les tourmentes violentes qui poussaient Raymond à un tel acte. La veuve comprenait maintenant que les mots imprimés dans le volume de son fils n'étaient pas des mots de convention. Ils avaient fait vibrer les cordes de son cœur, parce qu'ils étaient vibrants. La faible traduction que l'imprimerie peut donner de la passion était décalquée nettement dans ces petits poëmes. Pas de pièce qui ne contînt une espérance, un cri du cœur.

Depuis la publication du volume, madame Falconnet avait surpris Raymond composant de nouvelles pièces. Souvent il était sorti dans une excitation fiévreuse, brisé, ne tenant plus en place, car donner le plus intime de soi-même abat les natures les plus robustes.

Pâle, défait, les yeux brillants d'une flamme maladive, Raymond, à l'issue de ces soirées de travail, avait dit à sa mère : — Je suis content !

Il était content d'avoir exprimé ses sensations les plus pures et il les détruisait tout à coup.

Dans le cœur de madame Falconnet retentit un son sourd et mélancolique. Raymond mettait à sac ses souvenirs !

Voulait-il oublier Paule, effacer le nom de sa mémoire ? Ce fut la première pensée de la veuve.

Attentivement elle étudia l'attitude de son fils, qui paraissait plus concentré que d'habitude. Pourtant il se rendit à l'étude, faisant un vif effort sur lui-même pour maîtriser son chagrin ; mais un ruban de soucis violacés encadrait ses paupières.

Un changement s'opéra tout à coup dans la physionomie de Raymond, qui affecta de sourire ; il redevenait prévenant, s'efforçait de prouver à sa mère son affection, parlait toutefois d'un ton saccadé. Madame Falconnet rendait à son fils ses sourires ; mais tous deux sentaient qu'ils avaient pris un masque.

— Que penses-tu, ma mère, de cette proposition ? dit Raymond. Un ami de Julien, mon maître clerc, lui offre une place dans une des meilleures études de Paris. Julien ne peut s'y rendre ; comme il a quelque amitié pour moi, il me pousse à accepter cette situation... Si tu n'y vois pas d'inconvénients, je serais heureux de continuer mon droit à Paris.

La veuve se demanda si la Providence ne voulait pas sauver Raymond en l'éloignant de Toulouse.

— Les appointements sont raisonnables, dit Raymond qui jamais n'avait pensé à l'argent.

— Je ne vois pas d'obstacles à ce départ, reprit la veuve, au contraire...

— Il faudrait que je partisse le plus tôt possible, dit Raymond ; la place n'est vacante qu'à cette condition... J'ai déjà presque promis.

— Ah ! dit madame Falconnet.

— Je partirai demain.

— Si tôt ! mon enfant ; rien ne sera prêt...

— Il n'y a pas un instant à perdre...

Là-dessus Raymond sortit, alléguant qu'il fallait que le maître clerc répondît le jour même que la proposition était acceptée.

Quand Raymond revint, il trouva le petit salon en désordre ; linge et habits couvraient les fauteuils.

— Je pars avec toi, dit madame Falconnet.

Raymond devint soucieux.

— C'est impossible, dit-il.

— Impossible ! reprit la mère. Tu veux m'abandonner, Raymond... Nous pourrions vivre si heureux dans Paris !

— J'aurai tant à travailler ! dit Raymond.

— Le travail ne dispense pas des soins d'une mère.

Raymond réfléchissait.

— Je serai logé et nourri par mon patron, dit-il.

— Ah ! dit madame Falconnet ; mais de temps en temps il te restera bien une heure... Je me logerai aux environs de ton étude ; je ne suis pas une femme gênante.... On a besoin d'affection dans ce grand Paris ; laisse-moi t'accompagner...

— Plus tard, nous verrons... D'ailleurs, je dois partir ce soir.

— Ce soir ! s'écria la veuve.

— A neuf heures.

— Ce matin tu me disais demain.

— Le maître clerc craint qu'on ne dispose de la place en faveur de quelqu'un.

— Tu es cruel, Raymond... Pense donc ! N'avoir plus qu'une heure à passer avec toi...

— Il le faut, dit Raymond d'une voix sourde.

— Ah ! les enfants sont durs ! s'écria la veuve. Partir, ce n'est rien pour eux. Ils ne pensent pas à ceux qui restent... Ton trousseau ne sera pas prêt... J'étais si fière de t'avoir auprès de moi... Tu n'as même pas le temps de rendre visite à M. Desinnocends... Lui aussi trouvera que tu pars trop vite... Enfin! Si tu te fais une position, penseras-tu à moi?... Tu m'écriras tes pensées, n'est-ce pas?... Je te comprends si bien! Non, tu ne te doutes pas combien je t'aime... Ah! tu le mérites bien... J'aurais tant désiré te voir heureux!

— Ma mère, dit Raymond, l'heure s'écoule.

Madame Falconnet allait et venait par la chambre, jetant à la dérobée un coup d'œil à son fils, entassant linges et habits dans une petite valise.

Raymond laissait faire sa mère, qui pleurait à la dérobée. Lui avait les yeux secs. La valise se remplissait.

— Adieu! ma mère, dit-il d'une voix sourde.

— Est-ce ainsi que nous nous quittons? s'écria la pauvre femme qui fondait en larmes et pressait Raymond sur son cœur... Laisse-moi t'embrasser, mon enfant. Dans la cour des messageries, je pourrai à peine te parler. Est-il possible que tu partes? Je ne le crois pas encore.

Raymond avait pris la valise.

— Il vaut mieux que tu ne m'accompagnes pas à la diligence, ma mère, dit-il.

— Ne pourrais-tu remettre ton départ à demain, Raymond? Sans doute, il vaut mieux que tu quittes la ville; tu as peut-être raison; mais cela est dur pour une pauvre femme qui n'a qu'un bonheur au monde, son enfant... D'ici à demain j'aurais disposé tout ce qu'il te faut... Et tu pars !...

— Dans cinq minutes, dit Raymond montrant la pendule.

— Tu ne me dis seulement pas que tu m'aimes, que tu ne m'oublieras pas.

— Adieu, dit Raymond d'une voix brisée.

Il ouvrit la porte du corridor.

Madame Falconnet était affaissée dans un fauteuil.

D'un bond elle se leva, et retenant Raymond sur le seuil de la porte :

— M'écriras-tu ? s'écria-t-elle en sanglotant.

— Adieu, ma mère, fit Raymond.

D'un mouvement rapide il avait ouvert la porte de la rue. La veuve entendit au dehors les pas de son fils.

Raymond était parti !

L

Quelques jours avant le départ de Raymond, Laffitte-Vigordanne promenait ses pensées dans l'île de Tounis, réfléchissant à une boutade de René d'Espipat, qui lui avait dit : — Un quatrain seul ne valut jamais rien.

Ce mot ironique d'un neveu cher à madame de Parrequeminières troubla les nuits de Laffitte-Vigordanne, qui songea à donner un pendant à son œuvre.

Il s'agissait cette fois d'enfoncer la porte des Jeux-Floraux; un nouveau quatrain semblait le meilleur engin en pareille circonstance.

Les sceptiques qui auraient rencontré Laffitte-Vigordanne, la barbe longue, les habits en désordre, une ficelle noire au cou, le teint blême et les souliers non cirés, fait bizarre chez un homme chaussé habituellement d'escarpins vernis, n'eussent pu nier les tourmentes apportées par la composition d'un quatrain dans l'esprit d'un poëte qui respecte sa pensée.

Depuis un an déjà Laffitte-Vigordanne s'appliquait à répondre aux exigences du titre du quatrain suivant :

Sur un président, qui, pendant les vacances, avait laissé croître sa barbe.

Au premier abord l'idée s'était présentée claire et riante ; Laffitte-Vigordanne crut facile de poser un grain de sel sur la queue de son quatrain, sans déplaire au président Cornebarrieu, que le poëte avait rencontré faisant ses vendanges à la campagne, les lèvres ornées de moustaches bleuissantes.

Maintes fois Apollon fut appelé par le poëte à son secours. Apollon ne répondit pas à cette invitation. Laffitte-Vigordanne se retrancha derrière Bacchus et Pomone, se demandant lequel du dieu ou de la déesse cadrerait mieux avec un grave magistrat. Bacchus et Pomone n'envoyèrent aucuns fruits à Laffitte-Vigordanne, qui songea dès lors à se passer de la mythologie.

Ayant consulté M. Valcabrère, l'émule d'Homère, pour savoir si les avocats romains portaient moustaches, pendant huit heures M. Valcabrère parla des célèbres orateurs Fuscus Salinator et Ummidius Quadratus, de leur voix mâle, de la délicatesse de leur discernement, de leur probité « surprenante » ; le mainteneur conclut que l'introduction des deux avocats dans un quatrain devait certainement, rien que par ce souvenir antique, être regardée d'un œil favorable par l'Académie.

C'est en pensant à la difficulté de faire tenir dans la petite boîte du quatrain tant de rares facultés que

Laffitte-Vigordanne se rongeait les ongles, car l'époque du concours approchait, et les bruits auxquels donnait naissance le doux enjeu de la belle Paule annonçaient une réunion encore plus intéressante que de coutume.

Ayant jeté les yeux au ciel pour le supplier de collaborer à son quatrain, Laffitte-Vigordanne aperçut de l'autre côté du petit bras qui sépare la Maison de pierre de la Garonne un homme qui escaladait les rochers sur lesquels est appuyée la propriété de Negogousse.

L'homme arrivé au sommet s'essuya le front ; alors Laffitte-Vigordanne reconnut avec surprise Escanecrabe qui, avec précaution, détachait des roches quelques lichens qu'il introduisait dans une boîte de fer-blanc pendue à son col.

Laffitte-Vigordanne fronça un terrible sourcil à la vue de son rival, la composition d'un quatrain ayant pour résultat de mettre les humeurs en mouvement. Le système nerveux excité par Fuscus Salinator et Ummidius Quadratus, qui combattaient pour présenter leurs hommages au premier président, Laffitte-Vigordanne eût sans remords poussé du haut de la roche son rival dans le ruisseau contournant de l'île.

Escanecrabe faisait habituellement grand bruit de ses découvertes en botanique ; les lichens, qu'après avoir recueillis il regardait avec les yeux d'un amoureux, devaient offrir quelque particularité.

Blotti dans un saule, Laffitte-Vigordanne attendit que son rival descendît du rocher. Alors lui aussi tenta l'escalade de la roche, non sans difficultés toutefois, car sa faiblesse naturelle, aggravée par le culte de la poésie, ne lui avait pas donné la souple musculature du botaniste.

Quand, essoufflé, le front trempé de sueur, Laffitte-Vigordanne jeta un coup d'œil sur la plate-forme du rocher, il frémit d'horreur.

Ces roches stériles étaient envahies par de noirs lichens poilus, qui ressemblaient à des cheveux. Des sauvages qui eussent scalpé les têtes de leurs ennemis n'eussent pas laissé des traces plus horribles.

Ce fut avec de vifs efforts intérieurs qu'en détournant la tête Laffitte-Vigordanne se décida à arracher une touffe de ces lichens pileux.

De retour à Toulouse, le poëte courut chez le pharmacien Francazal-Sanitas et lui montra sa trouvaille, que non sans frissons il avait enveloppée dans du papier.

M. Francazal, qui avait ajouté Sanitas à son nom pour se distinguer de divers autres Francazal, ses concitoyens, faisait également partie de l'académie des Jeux-Floraux.

— Est-ce que vous avez trouvé quelque part un pendu? dit au poëte Francazal-Sanitas.

Laffitte-Vigordanne tressaillit.

— Je m'étonne qu'un homme de votre caractère, continua le pharmacien, puisse conserver dans sa poche une mousse recueillie sur le crâne d'un homme accroché depuis longtemps à une potence.

— Ah! fit le poëte, retournant convulsivement la poche de son habit pour en enlever les affreux poils qui auraient pu s'échapper du papier.

— Vous soumettez à mes lumières, continua Francazal-Sanitas, le *lichen scatilis* dont les botanistes ne parlent qu'avec une horreur profonde.

— Tant mieux! s'écria Laffitte-Vigordanne.

Le pharmacien-mainteneur parut démesurément étonné de cette conclusion.

— Ce n'est pas moi qui ai fait cette horrible découverte! s'écria Laffitte-Vigordanne, c'est Escanecrabe.

— J'aurais dû m'en douter, dit Francazal-Sanitas; cette mousse est tout à fait du ressort de M. Escanecrabe... Il n'a d'affection que pour les monstruosités.

Cependant Laffitte-Vigordanne, qui tenait à se disculper de toute fréquentation avec les pendus, fit connaître au pharmacien l'endroit où il avait recueilli ces lichens.

— Qu'importe! dit Francazal-Sanitas, il n'est pas mal de faire croire que M. Escanecrabe a des relations avec les potences.

— Oui, s'écriait Laffitte-Vigordanne, je pense comme vous.

— L'an passé, dit le pharmacien, je n'ai pas peu contribué à empêcher l'Académie d'entendre la lecture de l'odieux mémoire de M. Escanecrabe sur le *Phallus impudicus* des bois Puibusque.

— Comment dites-vous, s'il vous plaît?

— *Phallus impudicus*, ou morille impudique, à votre choix.

— Bon, dit Laffitte-Vigordanne prenant note de ces détails.

— Est-ce là de la science? reprit Francazal-Sanitas. Nous avons tant de plantes aimables, le *tragopogon pratense*, par exemple. Tenez...

Le pharmacien ouvrit un bocal.

— Voilà de jolies fleurs jaunes, agréables à l'œil. Nos pâtres connaissent tous la barbouquine des prés dont les racines peuvent être mangées au printemps avec délice, car elles sont désobstruantes.

— Un moment! s'écria Laffitte-Vigordanne, continuant d'écrire... C'est vraiment plaisir de causer avec un académicien de votre science. Nous disons désobstruantes.

— Au lieu de chanter ces plantes qui joignent l'utilité à l'agrément, M. Escanecrabe passe son temps à s'occuper du putrilage ou putréfaction des champignons... Il est ravi quand il flaire quelque abominable odeur nauséeuse.

— Bravo! s'écria Laffitte-Vigordanne. Putrilage, désobstruante, odeur nauséeuse... Je tiens mon quatrain.

— M. Escanecrabe a empêché, dit le pharmacien, nos gourmets de manger des morilles par ses dissertations dans les salons. M. Labastidette, qui se connaît en fins morceaux, lui a retiré sa voix pour l'avoir dégoûté de la morille. A quoi bon disserter sur des plantes fétides quand les coteaux de Puech-David, les prairies de Touch offrent des endroits propices à d'aimables herborisations?

L'indignation fait le poëte. Le résultat que n'avait pu amener la barbe du premier président jointe à l'art oratoire de Fuscus Salinator et d'Ummidius Quadratus, le *lichen scatilis* le produisit et un satirique quatrain fut improvisé par Laffitte-Vigordanne le jour où son rival Escanecrabe publia sur ces épouvantables produits pileux un Mémoire qu'il osait dédier à la belle Paule.

Ainsi se rattachaient au groupe des prétendants à la main de la fille de Negogousse le botaniste et le poëte, qui tentaient de faire oublier leur âge par de séduisants travaux.

Toutefois Laffitte-Vigordanne continuait le cours de ses visites, cherchant à s'insinuer dans les bonnes grâces des académiciens.

Le plus difficile des mainteneurs était M. de Pompertuzat, qui avait dit à la sortie du cimetière à Laffitte-Vigordanne :

— Hé quoi ! monsieur, vous osez troubler la cendre encore chaude du défunt en demandant son fauteuil !.. C'est de la profanation et de l'impiété.

Pourtant à ce même enterrement M. de Pompertuzat avait promis sa voix à Escanecrabe.

Laffitte-Vigordanne, connaissant la vanité des paroles académiques, n'en tenta pas moins le siége de M. de Pompertuzat.

Le mainteneur recevait habituellement les candidats dans son salon, ses enfants, le jeune Thémistocle et la petite Urbainie, groupés autour de lui. Admis auprès de M. de Pompertuzat, Laffitte-Vigordanne exposa l'extrême jouissance qu'il éprouverait à faire partie du corps des Illustres, quoiqu'il s'en jugeât indigne.

Pendant qu'il plaidait sa cause, Laffitte-Vigordanne aperçut dans la glace le petit Thémistocle qui faisait part à sa sœur d'une découverte importante, à savoir le chapeau neuf du candidat acheté le matin même et dont les rayonnements attiraient les enfants. Ils tournaient autour du feutre, le touchaient du bout des doigts et semblaient pleins de convoitise.

— Vos enfants sont vraiment charmants, dit Laffitte-Vigordanne en reprenant le chapeau pour le mettre en sûreté entre ses jambes.

— La demande que vous avez l'honneur de me faire mérite considération, répondit M. de Pompertuzat avec solennité ; cependant je dois vous prévenir qu'attaché par les liens d'une étroite amitié avec M. Bellegarrigue, je vote suivant ses désirs. Ayez la voix de M. Bellegarrigue et je vous garantis la mienne.

En langage anti-académique, c'est ce qu'on appelle « balancer un candidat ».

Nécessairement, M. Bellegarrigue, à qui Laffitte-Vigordanne alla rendre visite, lui tint ce langage :

— Monsieur, une affection de longue date, de la sympathie dans l'esprit m'unissent à M. de Pompertuzat. Nous votons ensemble depuis notre entrée à l'académie... Ayez la voix de M. de Pompertuzat, je vous garantis la mienne.

Laffitte-Vigordanne vit bien que, renvoyé comme un volant à la porte de l'Académie par ces deux vieilles raquettes, il courait grand risque de n'entrer jamais au Capitole.

Laffitte-Vigordanne ne se tint pas pour battu.

M. de Pompertuzat était connu dans Toulouse pour l'homme le plus avare des Jeux-Floraux.

L'extrême attention que les enfants de M. de Pompertuzat avaient portée à son chapeau inspira une idée au poëte, qui sentit l'esprit de Machiavel rayonner en lui.

Laffitte-Vigordanne retourna chez l'académicien, vêtu irréprochablement, sauf le chapeau numéro trois de sa garde-robe, qui ne comptait pas moins de treize ans d'existence, et, par sa forme insensée, avait droit d'entrée dans un musée archéologique.

Comme d'habitude, M. de Pompertuzat était entouré de ses enfants.

Laffitte-Vigordanne posa sa chapellerie sur le plancher, à quelque distance de lui, en manière d'amorce, souhaitant que la relique fût sans respect bourrée de coups de pied.

En effet, un instant après, Thémistocle Pompertuzat s'emparait du vieux chapeau, et suivi d'un corps d'armée représenté par sa sœur Urbainie, se dirigeait vers le jardin en imitant le son du tambour.

Pendant que Laffitte-Vigordanne exposait au mainteneur ses soucis d'être renvoyé encore une fois en sollicitation auprès de lui par M. Bellegarigue, les enfants, promenant le chapeau, chantaient solennellement une sorte d'antienne.

— Assez de chansons, cria M. de Pompertuzat par la fenêtre.

— Ah! monsieur, dit Laffitte-Vigordanne, vous devez vous estimer bien heureux d'avoir une petite famille si gaie!

Les enfants, sans s'inquiéter des recommandations de leur père, étaient occupés à remplir le chapeau de terre.

Un *floc*, qui se fit entendre tout à coup, annonça à M. Laffitte-Vigordanne que son chapeau avait définitivement disparu dans un puits au fond du jardin. Pour se créer un alibi, les enfants étaient rentrés, caressaient leur père, et comme de jeunes chats grimpaient après son fauteuil, inondant de caresses la perruque du mainteneur.

— Monsieur, dit M. de Pompertuzat en se levant, car les visites de Laffitte-Vigordanne le fatiguaient, je regrette de vous dire que ma voix est promise pour les prochaines élections... Sans doute vos titres sont nombreux, mais ceux de votre concurrent me paraissent d'un ordre supérieur.

Laffitte-Vigordanne se levant alors, salua le mainteneur, tourna dans l'appartement, et s'écria :

— Où est donc mon chapeau ?

M. de Pompertuzat, d'un coup d'œil d'aigle, embrassa les angles du salon.

— C'est singulier, dit-il, personne n'est entré ici.

Dans un coin, les enfants, gravement assis, regardaient du coin de l'œil les mouvements physionomiques d'un homme privé tout à coup de sa coiffure.

— Un chapeau ne peut disparaître dans mon logis ! s'écria Pompertuzat.

— Je suis vraiment désolé de causer tant de troubles ici, monsieur, disait Laffitte-Vigordanne...

— Thémistocle ! s'écria le mainteneur, tu n'aurais pas aperçu le chapeau de monsieur ?

— Non, père, dit l'enfant.

— Menteur et déprédateur, pensa Laffitte-Vigordanne. Que de vices dans une si jeune intelligence !

Mais, loin de témoigner la certitude qu'il avait du crime des enfants, Laffitte-Vigordanne cherchait sous les meubles, tournait avec des inquiétudes exagérées autour de l'appartement.

— Étrange événement! s'écria M. de Pompertuzat. Il faut que ma petite famille ait caché ce chapeau.

— Ces enfants ont l'air si sages.

— Voyons, Urbainie, sois franche, dit M. de Pompertuzat, tu n'aurais pas touché par mégarde à un chapeau?

Urbainie, moins enfoncée dans le crime que Thémistocle, rougit et baissa les yeux sans répondre.

— Non, père, reprit Thémistocle craignant que son complice ne se trahît par son émotion.

— Je ne vous parle pas, monsieur; vous répondrez quand je vous ferai l'honneur de vous interroger.

M. de Pompertuzat ayant de nouveau questionné sa fille, Urbainie fondit en larmes.

— Je vous en prie, monsieur, disait Laffitte-Vigordanne, ne faites pas couler les pleurs de cette charmante enfant pour un chapeau.

M. de Pompertuzat ayant réfléchi :

— Vous êtes bien certain, monsieur Laffitte-Vigordanne, d'être venu dans la maison avec un chapeau?

— Oh! s'écria le candidat indigné, oserais-je me présenter chez M. de Pompertuzat le chef dépouillé de son ornement naturel?

— Quelle forme affectait donc ce chapeau? demanda le mainteneur.

— Tout neuf, répondit avec assurance Laffitte-Vigordanne; je me suis fait habiller entièrement des pieds à la tête, ne croyant pas assez faire pour honorer les membres dont j'allais solliciter les voix... Ma tournée académique représente trois cents francs d'effets, et le chapeau entre dans ce coût pour une somme de treize francs, que j'ai soldés hier chez notre premier chapelier, rue des Minimes.

— Treize francs! Il faut retrouver le chapeau, s'écria M. de Pompertuzat consterné... C'est une somme.

— Pas pour vous, monsieur, mais pour moi... Le désir d'entrer à l'Académie me coûte déjà bien des privations... Je ne suis pas riche...

Laffitte-Vigordanne était arrivé à l'accent d'un pauvre qui demande l'aumône à la porte d'une église.

— En tout cas, dit M. de Pompertuzat, si vous étiez pressé, monsieur, voici mon chapeau avec lequel vous pourriez sortir.

Le candidat essaya le chapeau à larges ailes du mainteneur, qui lui descendit jusqu'au milieu de la poitrine.

— Il n'y faut pas penser, monsieur, dit-il, vous avez un crâne olympien.

— Il est certain, reprit M. de Pompertuzat, que votre boîte osseuse doit contenir de fines épices...

— Pour vous servir, monsieur, riposta Laffitte-Vigordanne.

— Thémistocle, s'écria de nouveau M. de Pompertuzat, que faisiez-vous tout à l'heure dans le jardin, en compagnie de votre sœur?

— Je jouais.

Tout ceci n'est pas clair, dit M. de Pompertuzat entrant dans le jardin, où s'apercevait un trou fraîchement creusé.

Les enfants suivaient muets, dans l'attitude de criminels se rendant sur le théâtre du crime, sous la conduite des gendarmes.

— Ce trou n'indique rien de bon, s'écria M. de Pompertuzat. Des enfants qui commettent de telles déprédations dans un jardin, malgré mes défenses, pourraient bien avoir caché un chapeau...

Laffitte-Vigordanne n'ayant garde d'accuser lui-même les enfants, laissait l'instruction se dérouler sans y prendre part.

M. de Pompertuzat regardait le théâtre du crime avec des yeux de commissaire de police.

— Qu'est-ce que cela? dit-il tout à coup en ramassant un ruban noir graisseux.

— C'est la ganse de mon chapeau! répondit Laffitte-Vigordanne.

— Est-il possible de faire passer un père de famille par de si vives émotions! s'écriait M. de Pompertuzat. Ces petits malheureux ont maculé un chapeau neuf...

— De treize francs, répondait d'un ton lamentable Laffitte-Vigordanne.

— Thémistocle, ici! s'écria M. de Pompertuzat empoignant son fils par l'oreille. Jusqu'à ce que tu aies avoué ton crime, je ne te lâche pas.

— Grâce pour lui! dit M. Laffitte-Vigordanne.

— Non, pas de pitié pour les coupables... Qu'as-tu fait du chapeau, Thémistocle?

— Père, s'écria Thémistocle fondant en larmes, Urbainie a rempli le chapeau de grosses pierres et l'a jeté dans le puits.

Laffitte-Vigordanne pleurait d'un œil et riait de l'autre.

— Comment réparer un tel désastre? se disait M. de Pompertuzat, quoique la réflexion lui vînt qu'à l'aide de treize francs il lui serait possible de satisfaire le candidat décoiffé.

— Monsieur, dit-il, je vais envoyer quérir des sauveteurs qui repêcheront ce chapeau. Un homme qui fait l'honneur à un académicien de venir solliciter sa voix ne doit pas être traité de la sorte.

— Les frais pour le sauvetage de ce chapeau, disait Laffitte-Vigordanne, ne doivent pas dépasser le coût du chapeau neuf, un chiffre, après tout, modeste.

— Treize francs! s'écria M. de Pompertuzat.

— Ne vous tracassez pas, monsieur, disait Laffitte-Vigordanne, j'ai encore à la maison un chapeau, le numéro deux, que je ferai durer un peu plus longtemps, si vous me garantissiez qu'au sein de l'Académie vos honorables collègues ne seraient pas offensés de me voir avec un chapeau qui n'est pas absolument neuf.

— Comment donc, cher monsieur! Le chapeau ne fait pas l'homme... Certainement de fortes raisons militaient en faveur de votre compétiteur... Mais la façon dont vous supportez les malheurs de la vie annoncent un de ces caractères fortement trempés, qui sont nécessaires à soutenir l'édifice des Jeux-Floraux. Vous pouvez compter sur ma voix, et s'il y avait ballottage, je m'engage à décider mon ami Bellegarrigue en votre faveur, de telle sorte que votre nom sorte des urnes triomphant.

LI

Une heure après que Raymond eut quitté sa mère, alors que la rue de la Dalbade était plongée dans le silence et l'obscurité, une ombre, glissant avec précaution contre les maisons, s'arrêta devant la Maison de pierre aux fenêtres de laquelle nulle lueur n'apparaissait.

L'ombre remuait à peine et n'eût pas révélé un être humain, si un fallot porté par un domestique accompagnant ses maîtres à la suite d'une soirée, n'eût projeté quelque lueur dans l'angle où se cachait Raymond.

Une dernière fois il voulait revoir la fenêtre de Paule.

Raymond ne serait pas parti s'il eût pu surprendre Paule en proie à la jalousie, relisant les vers de l'amoureux et se disant qu'une autre, M. Supplici l'avait affirmé, recevait les mêmes hommages.

La jeune fille ne pouvait le croire ; cependant, pourquoi Raymond ne donnait-il pas signe de son existence? Paule se sentait capable de mille audaces pour avoir des nouvelles de Raymond. Lui, la laissait seule, isolée. Paule pleurait, se sentant oubliée !

En face de la Maison de pierre, c'étaient d'autres douleurs.

La veuve, dans la chambre de son fils, assise devant le bureau de son fils, évoquait les tristes pensées qui fatalement la séparaient de lui.

Raymond envoya un long regard aux deux fenêtres et s'éloigna.

A une demi-heure de marche de la ville, au port de l'Embouchure, se trouvent les ponts Jumeaux qui relient le canal de Brienne à la Garonne. Les arches, se réfléchissant dans l'eau, troublent seules la tranquillité d'une nappe large et limpide.

Si les rues de Toulouse sont calmes le soir, les quais sont déserts à onze heures, et le pont n'est traversé que de grand matin par les jardiniers qui apportent leurs provisions à la ville.

Ce soir-là soufflait le vent marin. Peu de Toulousains eussent affronté le passage du pont dont s'était emparée une noire brise.

A la lueur d'un réverbère apparut Raymond, une valise à la main. Lentement il traversa le pont, regardant les rares feux allumés encore dans la ville ; sur l'autre rive aucune lumière n'apparaissait.

A mi-chemin du pont, Raymond s'accouda sur le parapet qui fait face à la ville. Au loin se détachaient des masses confuses et grises. De petits points de lumière piquetaient de lourdes ombres. Ces ombres,

Raymond s'efforçait de les pénétrer par le regard.

Là, dans ce groupe de maisons, reposait Paule.

Le vent pouvait siffler en toute liberté, la pluie tomber, l'orage éclater! Il n'est point de tempêtes pour les êtres envahis par la passion. Chagrins, ambition, amour, autant de préservatifs contre le froid et l'orage.

Du parapet du pont l'œil ne pouvait rien distinguer. Tout était ombre profonde, silence glacial. Lentement de gros nuages gris disparaissaient sous d'épais nuages noirs, semblables à des rêves chargés de tristesse.

Le ciel était en harmonie avec le cœur ulcéré de Raymond qui ne pouvait se rassasier de suivre ces lourds bataillons nuageux.

Au loin apparaissait une lune pâle que masquaient par instants de sinistres balayures. On eût dit que l'astre nocturne souffrait des voiles de deuil qui cachaient sa face morne.

Sombre nuit qui cadrait avec les lugubres sensations de l'amoureux.

Raymond passa longtemps à contempler la ville, l'eau, les nuages.

Après quoi il franchit le parapet.

De chaque côté du pont sont des assises de pierre assez larges pour donner asile à un homme. Debout, on n'y saurait tenir sans être vu; un être étendu disparaît pour les passants.

Tel était l'endroit qu'avait choisi l'amoureux. Une idée fixe l'appelait au fond de la rivière.

Il est de ces chagrins qui s'emparent du cœur et ne laissent à l'homme ni trêve ni merci qu'il n'ait obéi à une voix sourde sans cesse criant : Il faut mourir !

Les esprits fermes luttent et tentent de ne pas se laisser renverser. Plus sombres que les nuages, ces troubles montent du cœur au cerveau, garrottent la résistance, s'emparent de la volonté et placent en sentinelle des sensations désespérées, qui répètent le cri :

— Il faut mourir !

Si l'amour, tentant d'échapper à ces conjurés, fait flotter au loin sa bannière de vertes espérances, des pensées troublantes la dérobent à la vue du malheureux, et du milieu de ces ombres l'écho répète :

— Il faut mourir !

Tout poussait Raymond au suicide. Pourtant deux figures de femmes se détachaient sur l'horizon des pensées du malheureux ; mais Raymond se croyait quitte pour avoir dit adieu à sa mère, adieu à Paule. Et la même pensée malsaine sonnait sans cesse le glas funèbre :

— Il faut mourir !

De gais souvenirs d'enfance se dessinaient roses et souriants, auxquels répondait la voix de la Fatalité :

— Il faut mourir !

La verdure des platanes et des oliviers ne pouvait lutter contre les nuages noirs qui commandaient :

— Il faut mourir !

Si la petite source auprès de laquelle Raymond avait senti pointer son talent poétique reparaissait, de livides reptiles, passant leur tête dans la mousse, sifflaient :

— Il faut mourir !

Le cœur sec criait :
— Il faut mourir !
Les paupières arides :
— Il faut mourir !
La main glacée :
— Il faut mourir !
Les dents claquetantes :
— Il faut mourir !
La poitrine oppressée :
— Il faut mourir !
Les soucis des nuits sans sommeil :
— Il faut mourir !
Le vent soufflait :
— Il faut mourir !
L'eau :
— Il faut mourir !

Chœur lamentable et désespéré, où chaque voix se fondait dans un funèbre unisson.

Raymond prit la valise et la jeta dans le canal.

Un son sourd se fit entendre. La valise creusa un trou. Autour de l'endroit où elle avait disparu, un cercle donna naissance à d'autres cercles toujours s'allongeant jusqu'à ce que la nappe d'eau reprît son calme.

L'endroit était bon. Le canal savait conserver un secret.

Lentement Raymond se leva, considérant l'endroit où avait disparu la valise.

En ce moment, un cri arrêta Raymond :
— Malheureux !

Une main s'était emparée de lui, le serrait convulsivement. La voix, plutôt un sanglot qu'une voix, s'écriait :

— Méchant enfant !

Un voile passa sur les yeux de Raymond !

De l'autre côté du parapet, madame Falconnet, les bras passés au cou de son fils, disait :

— Faut-il mourir avec toi ?

Il est de ces événements qui frappent les esprits les plus déterminés.

La mort n'effrayait pas Raymond. En face de sa mère, il perdait tout sentiment, toute volonté.

. . . .

XLII

Quand Raymond reprit ses esprits, son corps éprouvait un singulier balancement ; mais il ressentit une douce chaleur à la poitrine.

— Courage, Raymond! disait une voix d'homme que le jeune homme cherchait à reconnaître.

La chaleur que l'amoureux ressentait à la poitrine était produite par l'étreinte de la veuve, qui, en ce moment, se sentant doublement mère, ne quittait plus ce fils ingrat.

Une voiture dans laquelle Raymond était assis auprès de sa mère causait ce singulier balancement.

La voix que le jeune homme cherchait à reconnaître était celle du docteur Gardouch.

En vertu de l'amour maternel, madame Falconnet plongeait dans les pensées de son fils. Quand Raymond eut quitté brusquement la demeure de la veuve pour se rendre aux messageries, madame Falconnet tomba dans un profond abattement. Un coup de massue que ce départ !

Une heure la veuve resta sans penser, sans réfléchir. Certains chagrins sont composés d'effets tellement poignants qu'ils émoussent les pointes aiguës de la douleur. C'est un abattement sourd, une sorte de paralysie du cerveau, où les causes du chagrin se fondent en troubles morbides.

Cet accablement dissipé, madame Falconnet monta à la chambre de son fils. Elle avait soif de toucher aux objets qui lui appartenaient. D'habitude la petite table où s'asseyait Raymond, en face la fenêtre de Paule, était chargée de papiers. Les papiers avaient été brûlés la nuit précédente.

La veuve s'assit sur la chaise où s'asseyait Raymond. Elle posa les coudes sur la table, la tête dans les mains, dans l'attitude où souvent elle avait surpris son fils, et alors se passa un phénomène connu des hommes dont le rôle au barreau, au théâtre, en chaire, est d'émouvoir le public. Leur âme s'incarnant dans l'esprit de ceux qu'ils ont à représenter, ils savent ce qu'ont pensé en de certaines circonstances les natures les plus diverses, car ils ont endossé masques, passions, vices de ces diverses natures.

Si ces intelligences arrivent à de tels résultats par la volonté d'émouvoir le public, une mère puise en elle des facultés naturelles plus vivaces encore.

Papiers brûlés, départ précipité, douleur profonde de l'amoureux furent des indices qui, à cette heure, firent tressaillir madame Falconnet.

Raymond refusait de la laisser venir à Paris !

Il n'avait pas voulu que sa mère l'accompagnât au bureau des messageries !

Il était parti tout à coup avec une mince valise, dans laquelle il lui semblait indifférent que le linge entrât

Ces mille détails se présentèrent à la veuve comme des témoignages accablants.

Alors, les vifs chagrins qui s'étaient emparés d'elle se dissipèrent pour faire place à une étude plus attentive des souffrances de son fils. Peu à peu la mère arriva à la certitude que la perte assurée de Paule devait conduire Raymond à quelque drame.

Il couvait une sombre idée au départ. Il fallait le retrouver sans perdre un instant, tout de suite.

Sans savoir où elle dirigeait ses pas, madame Falconnet sortit, résolue, l'œil aux aguets.

Comme un animal qui cherche son maître, la mère suivit le chemin par lequel Raymond avait passé. Elle ne se trompait pas, elle n'hésitait pas. On eût dit que des jalons étaient posés au coin de chaque rue pour la guider dans ses recherches. Que ceux qui ne s'étonnent pas qu'un agent de police trouve un voleur au-delà des mers nient la seconde vue donnée à la maternité.

Tout être qui aime profondément un autre être le voit, le suit, le touche, lui parle à travers les distances.

Ainsi la mère put arriver à temps pour empêcher le suicide de Raymond. Elle se sentait une force considérable. Si son fils eût résisté à ses prières, elle se fût jetée à l'eau pour le sauver.

Le courage avait abandonné Raymond. Dans tout suicide, il entre une part d'aliénation. L'homme n'a plus son libre arbitre; terrassé par le malheur, la seule force qui lui reste est de prêter aide à son ennemi triomphant, dont il craint de nouveaux coups.

C'était l'avis du docteur Gardouch, qui, revenant de consultation d'un village voisin, avait trouvé au milieu du pont madame Falconnet, au moment où elle s'efforçait d'arracher son fils à l'abîme.

Sauter à bas de sa voiture, voler au secours de la pauvre femme dont les forces ne suffisaient pas pour enlever Raymond de la plate-forme du parapet, fut pour le docteur l'affaire d'un instant. Aidé de la veuve, il transporta dans sa voiture Raymond évanoui, et ramena dans sa propre maison le fils et la mère.

Le reste de la nuit, tous deux la passèrent au chevet du jeune homme qui, brisé par l'émotion, s'était laissé aller au sommeil.

Trop d'âmes succomberaient aux secousses de la vie, si le sommeil ne commandait aux émotions d'arrêter leur cours.

A l'aube, le docteur dit à la veuve en lui montrant Raymond, dont le souffle s'échappait paisible :

— Votre fils est sauvé, madame ; maintenant le voilà propre à supporter la vie... J'ai quelques ordres à donner, ajouta-t-il... Pour ne pas quitter Raymond, étendez-vous sur ce fauteuil qui est dans le cabinet de toilette. Vous aussi avez besoin de repos. D'ici vous entendrez le moindre mouvement de votre fils.

Il est de ces regards auprès desquels pâlit toute parole. La mère ne remerciait pas le docteur ; mais de ses yeux s'échappa un ineffable remercîment muet qui remua Gardouch. Le vieux voltairien voilait ses émotions par le sarcasme. Les vices, les passions et les bassesses de l'humanité le révoltaient; un regard de mère lui faisait oublier ces misères.

— S'il vient quelqu'un, dit-il, ne vous montrez pas; il faut que Raymond se réveille le soleil dans la chambre, le soleil dans le cœur.

Madame Falconnet suivit les instructions de Gardouch. Elle avait foi en lui; il avait déjà sauvé son fils.

Étendue dans le fauteuil, la mère écoutait la respiration de Raymond, et à tout instant, par la portière du cabinet de toilette, jetait un coup d'œil sur le fils qui lui avait causé de si vives émotions.

Sur le matin, la porte s'ouvrit doucement. Gardouch parut avec René d'Espipat, qu'il conduisit près du lit de Raymond. Caché derrière les rideaux du lit, le docteur attendit.

René avait pris la main de Raymond, qui fit un léger mouvement, ouvrit les yeux.

— René! s'écria-t-il.

— Oui, René que tu accuses à tort... Pauvre ami! as-tu pu penser qu'une fois de plus je serais ton adversaire? Pouvais-je prévoir que tu aimais cette jeune fille?... Ah! Raymond, aime Paule et rappelle-toi que j'ai mis mon cœur et mon épée à ton service.

Des larmes de joie coulaient des yeux de Raymond. Il embrassait René et ne pouvait répondre.

Le soleil qui inondait la chambre de ses rayons fit passer une ombre sur les traits de Raymond. Il ne reconnaissait pas la chambre où il était couché et se regardait comme le jouet d'une vision.

— Ma mère! s'écria-t-il tout à coup.

Le songe se dissipait. Il se rappelait la scène nocturne des Ponts-Jumeaux. Au même moment madame Falconnet se jetait dans les bras de son fils, ne cherchant pas à arrêter ses larmes qui baignaient le front de Raymond.

Tous se taisaient : l'ami, la mère, le docteur. Les joies les plus vives sont celles qui ne laissent pas place à la parole.

Pour Raymond, il eût été complétement heureux si l'image de Paule eût apparu au-dessus de ce groupe d'amitiés, qui, après tant d'angoisses, cherchaient à le réconforter.

XLIII

Toulouse conservera longtemps, avec le nom de la belle Paule, le souvenir du lundi qui précéda d'une huitaine la fête des fleurs annuelle.

L'abbé Supplici avait réussi dans ses projets.

Paule, blessée de l'oubli de Raymond, acceptait le concours avec ses conséquences. Elle soumettait son cœur et sa main au jugement de l'Académie !

Les candidats ayant été admis à lui présenter leurs hommages, tous passèrent par le seuil de la Maison de pierre, à l'exception de Raymond.

Le complot de l'abbé Supplici, Negogousse qui en avait reçu confidence, l'approuvait ; il avait horreur de Massabrac, se disait que Laffitte-Vigordanne et Escanecrabe étaient des futurs impossibles, et voyait sans trop de déplaisir sa fille devenir la femme de Saturnin, en tant que successeur de Me Trebons.

La ville était aussi divisée que les salons. Ces candidatures engendraient des discussions comme s'il se fût agi de politique.

Remporter une fleur du Capitole était déjà un événement, mais une jeune fille! Il y avait là de quoi troubler toutes les imaginations.

Le rayonnement poétique qui illumine les figures du passé s'attachait à la fille de Negogousse, que peu de personnes connaissaient dans Toulouse. A ses charmes naturels, Paule joignait le mirage de beauté dont les siècles passés ont enveloppé sa patronne.

La beauté, telle que l'entrevoyait l'imagination populaire, était appliquée à la jeune fille avec des tons mystiques qui rendaient plus grotesques encore Laffitte-Vigordanne et Escanecrabe.

Massabrac et Saturnin étant à peu près inconnus dans la ville, l'opinion publique concluait à l'union de Paule et de René d'Espipat. Le renom de ce dernier parmi les étudiants, sa bravoure en faisaient un de ces types chers aux masses, toujours prêtes à applaudir les êtres en évidence.

Si quelques esprits d'élite se rattachaient à Raymond, ils formaient un petit groupe et n'inspiraient aucune inquiétude à M. Supplici, qui, à part lui, souriait du rôle de triomphateur que le peuple décernait à René.

Maintenant il préparait la cérémonie, recrutant, de concert avec madame de Parrequeminières, des voix en faveur de Saturnin.

Cet événement communiquait la vie à l'Académie; aussi les mainteneurs avaient-ils décidé qu'une éclatante manifestation publique précéderait leur décision.

Une députation des Jeux-Floraux devait partir à

midi du Capitole pour aller chercher Paule à sa demeure, l'escorter et lui rendre les hommages publics que jadis les capitouls exigeaient de décerner à sa patronne. A quelque opinion que les habitants appartinssent, à cette heure ils se ralliaient à la cérémonie qui devait couronner l'heureux aspirant à la main de Paule.

Une telle union, préparée par l'Académie, offrait quelque chose de particulièrement poétique, que ne représentent en pareille circonstance ni le mariage civil, ni le mariage religieux.

Le secret avait été par hasard si bien gardé par les mainteneurs, que la plupart d'entre eux ignoraient le nom du triomphateur qui sortirait de l'urne.

Toutefois, l'abbé Supplici fit part de ses projets à madame de Parrequeminières, lui cachant le résultat de ses transactions avec Massabrac. Et cependant le prêtre, malgré le profond empire qu'il exerçait sur lui-même, en était arrivé à un état fébrile, craignant qu'au dernier moment un grain de sable ne l'arrêtât dans sa marche.

Massabrac fut présenté par lui à tous les mainteneurs qui tenaient pour Saturnin. Massabrac avait trop parlé de son génie, trop vanté la langue félibre, trop juré d'annihiler ce *forfantaïre* de Victor Hugo, ce *l'énguïssous* de Lamartine.

Dans l'humanité, Massabrac ne reconnaissait que Massabrac. Opinion choquante pour les mainteneurs, qui, eux aussi, se croyaient des satellites poétiques d'un certain éclat.

Enfin le soleil d'un grand jour illumina la place du Capitole.

Un à un arrivaient les mainteneurs, qui avaient demandé quelques rajeunissements à l'art de la toilette.

M. de Pompertuzat, un pouce dans l'entournure de son gilet, la poitrine bombée, regardait de haut le populaire.

Madame de Parrequeminières, entourée de l'élite de la noblesse féminine, attendait que le signal fût donné de prendre dans le cortége le rang attribué à celles qui devaient recevoir Paule de la main de son père.

Pons de Lunel avait fait couper sa perruque en présence de quelques Illustres, qui, par là, devaient constater que le mainteneur jouissait encore de sa chevelure. C'était un sacrifice de vingt-sept francs; mais Pons de Lunel ne reculait pas, aux jours de grande cérémonie, devant cette excessive dépense.

Le crâne de M. Resplandy, rond et brillant comme une bille de billard, fut, le matin même, savonné, lavé à grande eau, puis épousseté délicatement par une servante dressée à cet exercice.

Les Labastide-Beauvoir et leurs alliés formaient groupe autour d'Escanecrabe, tous portant à leur boutonnière une feuille des horribles plantes chantées par le botaniste.

Laffitte-Vigordanne se hissait sur la pointe de ses escarpins pour complimenter madame Douladoure, habillée des couleurs de l'arc-en-ciel.

L'abbé Supplici, penché vers la portière de la chaise du marquis de Peschbusque, lui recommandait une dernière fois de tenir ferme pour Saturnin.

Un roulement de tambours coupa court à ces entretiens, et le cortége se mit en marche vers la rue de la Dalbade.

Cinq mille personnes suivaient le cortége. Les équipages conservaient difficilement leur rang au milieu du concours de cette populace qui n'avait pas assez d'yeux pour contempler les quatre candidats marchant derrière les dames patronnesses.

Massabrac obtenait un succès complet parmi le peuple, car à haute voix, sans morgue ni fierté, il parlait à ceux qui le coudoyaient, s'écriant avec une persuasion communicative :

— A moi la gentille bachelette !

Saturnin, les yeux baissés vers la terre pour se donner une contenance, se massait les mains.

En tête du cortége la musique jouait l'air de la *Belle Paule*, populaire depuis un mois.

Les académiciens étaient triomphants ; sous le beau ciel provençal où brillent annuellement des fleurs d'or et d'argent, par une heureuse innovation, on opposait une fleur délicate, une jeune fillle.

A cette idée, les cœurs des plus vieux mainteneurs s'épanouissaient. C'était une belle plume arrachée par les Illustres à l'aile de la jeunesse. Une suave odeur d'anciens troubâdours chassait l'aigre et le rance académiques.

Le cortége arriva à la rue de la Dalbade, et l'émotion populaire, qui se traduisait par des paroles bruyantes, augmenta encore pendant que le cortége se rangeait aux environs de la Maison de pierre, dans l'ordre suivant :

En tête, M. de Pompertuzat.

A droite, madame de Parrequeminières, qui, entourée des dames des plus nobles familles, devait recevoir Paule à l'ouverture de la porte.

A gauche, les aspirants à la main de la jeune fille.

En face, l'Académie formant corps.

Sur les côtés, peuple et curieux.

Le grand maître de la cérémonie, M. de Pompertuzat, fit signe alors aux musiciens de donner une aubade à celle qu'on venait chercher avec tant de pompe.

Après quoi, la tête haute, pénétré de sa mission, M. de Pompertuzat s'avança vers la porte de l'hôtel.

Suivant le cérémonial qui avait été réglé entre Negogousse et l'abbé Supplici, il fit résonner d'un coup sonore le gros marteau de fer.

A l'intérieur de la Maison de pierre, aucun bruit ne répondit.

Au second coup de marteau l'émotion populaire redoubla. Encore un instant, la jeune fille allait sortir de l'hôtel.

Il avait été réglé qu'au troisième coup seulement Paule apparaîtrait.

Les Toulousains de toute qualité, qui se pressaient dans la foule, admiraient par avance le brillant costume sous lequel se montrerait cette beauté que tant d'incidents avaient posée comme merveilleuse.

Au troisième coup tous les cœurs palpitaient.

Rien ne répondit au troisième coup !

Quelques secondes se passèrent dans une muette indécision. M. de Pompertuzat, inquiet, regardait les jalousies du premier étage ; de la foule s'échappaient des murmures.

— La toilette de Paule n'est sans doute pas terminée, dit madame de Parrequeminières.

Le bruit se répandit parmi les curieux que la belle Paule était encore aux mains des couturières.

Cependant M. de Pompertuzat semblait scandalisé que Negogousse qui, lui, n'avait rien à voir avec les couturières, n'ouvrît pas les portes de la Maison de pierre.

Curieux et fluet, Laffitte-Vigordanne s'était avancé, appliquant l'œil à la serrure de la porte.

Un *pan*! terrible, que chacun crut lui avoir fracassé le crâne, fit pousser au candidat un cri aigu.

Sans remarquer la présence de Laffitte-Vigordanne, M. de Pompertuzat avait frappé violemment le marteau de la porte, pendant que, courbé près de la serrure, le candidat recevait un énorme contre-coup.

— Un instant! dit Massabrac à M. de Pompertuzat qui se préparait à secouer de nouveau le marteau retentissant.

Le félibre s'étant avancé sous le balcon, la foule fit silence.

Alors Massabrac récita une prière en l'honneur de Paule, où le vent se montrait *gingoulo*, la foule *gingoulo*, le cœur du poëte *gingoulo*, le soleil *gingoulo*, l'Académie *gingoulo*. Et à la suite de cette *divino musiquéto*, la *pouléto* ne sortait pas de sa *chambretto !*

Ce morceau pathétique se terminait par un cri des entrailles, que si rarement les poëtes modernes ajoutent aux beautés des chefs-d'œuvre du passé.

— *Gingoulo! gingoulo!* s'écria Massabrac, par un retour en manière de ballade.

Du fond du cœur de tous les assistants s'échappa un murmure : *Gingoulo ! gingoulo !*

Ce nouvel appel étant resté sans résultat, le peuple cria :

— Paule !

— Pan ! répondit le marteau secoué par M. de Pompertuzat.

— Paule ! la belle Paule ! reprirent nombre de voix.

— Pan ! pan ! pan ! faisait le lourd marteau sous la main du mainteneur.

— *Noun de sort !* s'écriait Massabrac.

Un bruit d'espagnolette se fit entendre au premier étage.

— La voilà ! voilà Paule ! cria la foule.

La fenêtre s'ouvrit, donnant passage à Gardouch qui, railleur, attendit que les murmures produits par son apparition fussent dissipés.

Ayant salué à trois reprises les Illustres, les dames de la noblesse, les candidats :

— Il est regrettable, dit Gardouch avec un sourire sarcastique, que tant de personnes éminentes se soient dérangées en vain. L'Académie des Jeux-Floraux ne pourra malheureusement couronner aucun des aspirants à la main de mademoiselle Paule.

Un rire formidable de la foule accueillit cette singulière révélation.

Gardouch ayant fait signe qu'il avait encore à parler :

— Pour échapper, dit le docteur, à un concours qui ne répondait pas à son libre sentiment, mademoiselle Paule s'est dérobée à toute recherche.

— *Malédicieure !* s'écria Massabrac.

Ayant ainsi parlé, le docteur salua l'Académie et ferma la fenêtre, laissant à leur déconvenue les nobles dames, les Illustres, les candidats qui baissaient la tête devant les huées de la foule.

Tristement, les mainteneurs songeaient à se disperser, lorsque le cri de *gingoulo* fut poussé tout à coup par un groupe d'étudiants avec un singulier accent.

— *Gingoulo !* reprit la foule.

Alors se forma une immense farandole, sautant, criant, appréhendant au passage avec Francazal-Sanitas M. de Pompertuzat, aux cris de *Gingoulo ! Gingoulo !*

Quoi qu'elle fît, madame Douladoure entra dans la danse. *Gingoulo ! Gingoulo !*

Pons de Lunel y perdit son chapeau numéro deux. *Gingoulo ! Gingoulo !*

Madame de Parrequeminières, comme la feuille enlevée par le vent, tournoya, prise de vertiges. *Gingoulo ! Gingoulo !*

La farandole obligea Escanecrabe à donner la main à Laffitte-Vigordanne, son rival. *Gingoulo ! Gingoulo !*

Toute l'Académie tressautait ainsi que dans une danse macabre ! La farandole sans pitié, comme la mort, ne reconnaissait ni rangs ni titres.

L'abbé Supplici faisait vis-à-vis à Saturnin. *Gingoulo ! Gingoulo !*

La farandole prenait les proportions d'une trombe !

Dans une embrasure de porte avait été déposée la chaise du marquis de Peschbusque qui, quoique n'ayant guère plus de sang qu'une allumette, avait voulu assister à cette cérémonie. Deux hommes vigoureux s'emparèrent des brancards de la chaise à porteurs et la firent entrer dans la farandole, secouant comme une salade le malheureux marquis aux cris de *Gingoulo! Gingoulo!*

A la tête d'une bande d'étudiants, Fajon criait le plus fort. Il reparaissait au bout de deux ans d'absence et, après sa fâcheuse affaire avec Raymond, avait besoin de se refaire une popularité. Sa barbe était plus longue que de coutume, les ailes de son chapeau calabrais plus larges, et le soleil du Languedoc avait bronzé son teint.

Se sentant soutenu par la population, il criait : *Gingoulo! Gingoulo!* d'une voix de tonnerre.

Massabrac, qui, par son allure de taureau, avait échappé à cette farandole excessive, murmura :

— Voilà un *escourpion* à qui je donnerais bien une *girouflada* sur la *faça*.

Fajon n'entendit pas cette menace.

Massabrac passa près de lui et, lui marchant sur les pieds :

— Prends garde, *andoulha* (andouille), dit-il.

Fajon regarda Massabrac, qui se posait en face de lui.

— As-tu bientôt fini, dit le félibre, de *tambourinar* de la *langua*?

— *Gingoulo!* criaient les étudiants.

— *Gingoulo!* répéta Fajon.

— *Potet!* souffla Massabrac à l'oreille de Fajon.

Fajon sourit.

— *Droga!* continua Massabrac.

Fajon eut le tort de reculer.

— Méchant *lèbre* (lièvre) ! reprit Massabrac.

Les étudiants, tout à la farandole, ne prêtaient pas attention aux injures du félibre.

— *Punaisa !* dit Massabrac.

Fajon tourna le dos.

— *Chin* (chien) ! s'écria Massabrac.

Fajon haussa les épaules.

— *Vielh naveou* (vieux navet) ! fit Massabrac.

Fajon, pour rompre avec le fâcheux, fit de nouveau chorus avec les étudiants.

— Je te m'en vas graver, dit Massabrac, un *gingoulo* sur le *nas*.

Fajon devint soucieux et tenta d'échapper au félibre. Mais Massabrac l'avait saisi au collet et, un genou contre le ventre, disait :

— J'ai bien envie de t'enlever une *peira* de la *boufiga* (une pierre de la vessie).

Cela devenait sérieux.

— Grande *patraca*, je suis un *bouffetiaire*, s'écriait Massabrac hors de lui.

— Un fabricant de soufflets, pensa Fajon, qui se sentit perdu.

— Répète donc *gingoulo*, si tu l'oses, *poultroun*, dit Massabrac, certain de la lâcheté de son adversaire.

Fajon ne soufflait mot. Et à côté de lui tournoyait la bruyante farandole qui ne lui permettait pas d'appeler de défenseur.

— Tiens, grand *coïonne*, dit Massabrac en donnant un soufflet terrible à Fajon, voilà un *bouffet !*

— Monsieur ! s'écria Fajon.

— Et voilà un *viragant* (revers de main), continua Massabrac.

— Qu'est-ce que cela veut dire? s'écria Fajon.

— Voici un *bouffetoun*, dit Massabrac continuant sa distribution, et voilà un *souffletoun*...

— Monsieur, reprenait Fajon consterné, nous nous reverrons...

— En attendant, voilà un *bouffet* de maçon, continua Massabrac.

— Est-ce une affaire que vous cherchez? disait Fajon tremblant.

— Si tu ne connais pas un *bouffet* de *quincaïlhier*, tiens, reprit Massabrac en bourrant Fajon.

— Vos armes, monsieur, dit le roi des étudiants.

— Mes armes sont un *bouffet* de tambour, s'écria Massabrac qui ne voulait pas laisser une place vide sur le *pourtrat* de son adversaire.

— C'en est trop, *galipian*! dit Fajon.

— Ah! tu oses m'appeler *galipian*, voilà un *bouffet* de *charroun*.

Fajon poussa un cri de rage.

— Et maintenant, *merdaïoun*, dit le félibre, secouant Fajon et le jetant par terre, tu sauras ce que c'est qu'un coup de pied dans la *marmita*.

Un hurlement de Fajon, abattu par le coup de la fin, amena autour de lui des défenseurs; mais Massabrac était entré dans une telle fureur que les étudiants osaient à peine s'attaquer à l'Avignonnais, aussi terrible qu'un cheval emporté.

Après maintes gourmades échangées pour la défense de Fajon, que Massabrac jurait de *crever*, les combattants se dispersèrent, remplissant la ville du bruit causé par ces événements.

— Les buveurs de sang, sous la Terreur, dit M. de Pompertuzat quand il fut remis des secousses d'une telle journée, n'ont pas commis de pareils excès.

XLIV

Ayant souscrit aux désirs de son père, Paule s'apprêtait, la veille de ce scandale, à marcher au Capitole, le cœur brisé. Des conciliabules secrets qu'elle avait surpris entre Negogousse, l'abbé Supplici et son protégé, indiquaient une entente à laquelle Raymond n'avait aucune part.

Chaque être en proie à la tristesse est doublé d'un inquisiteur qui recueille mille indices, les classe, et, à un instant, apporte une vive lumière dans ces troubles accumulés. Paule, maintenant, épiait l'abbé Supplici dans ses paroles, ses gestes. Le prêtre faisait un clignement d'yeux à Negogousse, Paule le voyait. Une poignée de main donnée par M. Supplici à Negogousse devenait un indice. Jusqu'à la façon dont l'abbé entrait ou sortait était commentée par la jeune fille, souriante en apparence ; mais seules les lèvres obéissaient à la volonté intérieure.

Saturnin, ni Massabrac, ni Laffitte-Vigordanne, ni Escanecrabe, ni le prêtre n'avaient conscience de cette transformation de jeune fille en femme réfléchie.

Le seul qui comprît Paule fut René d'Espipat.

Chaque prétendant avait le droit d'entretenir le soir, dans le salon de la Maison de pierre, celle à la main de laquelle il aspirait. Paule jouissait de toute liberté à cet égard. M. Supplici, ne craignant plus René, le regardait parader comme un brillant officier d'ordonnance.

Cependant René avait surpris le secret du jeu de l'abbé Supplici. S'il eût pu voir Raymond, il eût épargné à son ami les angoisses de la nuit des Ponts-Jumeaux.

En apprenant par le docteur Gardouch la nouvelle du désespoir de Raymond, l'indignation de René fut vive.

La connaissance de ces intrigues, qui causaient le malheur de Paule et de Raymond, révolta l'âme droite du jeune homme.

Lui-même, d'ailleurs, ainsi que la marquise, avait été dupe du prêtre. Certain d'obtenir le pardon de sa tante, au cas où le dénouement de son entreprise aurait besoin d'être poussé à l'extrême, René n'hésita plus. Reprenant le masque de soupirant, il alla, comme ses rivaux, faire sa cour à la belle Paule.

— Je viens de la part de Raymond, lui dit-il à voix basse.

Paule regarda René avec inquiétude. Elle se sentait environnée d'embûches et n'osait se confier à personne.

— Mademoiselle, dit René qui comprit les doutes de la jeune fille, je suis l'ami de Raymond.

Le courage et la loyauté se lisaient dans les yeux du jeune homme.

— Ayez confiance malgré vos ennemis, mademoiselle ; je viens vous rendre courage.

— Du courage, oui, j'en ai bien besoin.

Alors Paule se plaignit de l'ingratitude et de l'abandon de Raymond.

— Lui vous abandonner! s'écria René... Qui a pu vous faire croire? L'abbé Supplici sans doute... Toutes ces perfidies m'effrayent pour vous, mademoiselle, continua René. Vous êtes perdue pour Raymond si vous ne prenez un grand parti.

Paule regarda le jeune homme avec inquiétude. Alors René raconta à la jeune fille les projets de suicide de Raymond, comment il était gardé dans la maison de Gardouch ; il insista particulièrement sur la crainte que ceux qui l'aimaient éprouvaient de le voir retomber dans son chagrin si la main de Paule lui était enlevée.

Il n'y avait pas à hésiter à cette heure. Il fallait que Paule mît les aspirants dans l'impossibilité d'accepter sa main.

La fuite était le seul moyen d'imposer Raymond à Negogousse.

La fuite ! Ce mot fit froid à la jeune fille et la remplit de trouble. René s'aperçut, à l'alternance de pâleurs et de rougeurs de Paule, de l'émoi que produisait son conseil ; sans s'y arrêter il revint sur cette idée, car il fallait brusquer l'aventure, ne pas laisser la jeune fille réfléchir, l'entraîner dans un coup de tête pour son bonheur.

Tout était déjà prêt pour la fuite.

Ce plan, René l'avait confié à madame de Parrequeminières, qui, si elle ne s'intéressait pas absolument aux amours du poëte, gardait une vive rancune à l'abbé Supplici du scandale public auquel elle avait été mêlée.

René pressait sa tante avec tant de chaleur, il parlait si éloquemment en faveur de son ami, que la marquise s'en inquiéta.

— Un enlèvement! dit-elle d'un air sévère.

René ne lâchait pas pied, affirmant qu'un grand malheur résulterait du tissu d'intrigues de M. Supplici, qui faisait servir l'Académie à la réussite d'un Saturnin, présenté faussement à tous sous le nom de Poucharramet. René ajoutait qu'il était en mesure de prouver la parenté trop proche du clerc avec le prêtre.

— Son fils ! s'écria la marquise...

— J'en suis certain.

— Voilà qui va discréditer l'Académie, reprit madame de Parrequeminières.

— Et quel coup pour le clergé! ajouta René. Heureusement, vous, ma tante, et moi, sommes seuls à connaître ce secret.

— Bien, René; je reconnais là la loyauté et la prudence des d'Espipat.

Alors René, profitant de la situation, revint sur le projet de fuite de Paule avec Raymond.

Dans une chambre retirée où madame de Parrequeminières n'admettait personne, était un grand portrait représentant la marquise en costume du Directoire, habillée d'une robe à la grecque d'une transparence qui ne protégeait guère plus le modèle que les gouttes d'eau sur le corps de la Vénus sortant de l'onde. Dans cette peinture il était difficile de trouver la noble dame défendant le trône et l'autel dans son salon académique. La marquise âgée n'avait plus souvenir de sa légèreté sous le Directoire. Le mauvais sujet René y retrouvait la même femme.

L'amour qui ne connaît pas d'obstacle, l'amour qui mène le monde, l'amour dont chaque être conserve le parfum, René en fit le sujet d'une thèse si tendre que madame de Parrequeminières se souvint de ses vingt ans. La cause de Paule était plaidée avec une telle persuasion que la marquise sourit :

— Ce siècle est d'un bourgeois! On ne connaît plus l'art de l'enlèvement.

— Aussi, ma chère tante, je m'adresse à vous, sachant qu'avec votre esprit vous donnerez quelque tour licite à l'aventure.

— Paule est-elle consentante? demanda la marquise. Elle est bien jeune? Vous vous êtes laissé imposer dans ce siècle des lois d'un rigorisme!... Les tribunaux sont très-sévères pour les majeurs qui enlèvent des mineures... Le scandale sera considérable.

— Tant mieux, dit René. Il faut que ce scandale dévoile le système d'intrigues de l'abbé Supplici.

— Ne me parle plus de cet homme abominable, dit la marquise. Il s'est conduit indignement avec moi, et je lui montrerai qu'on ne se joue pas d'une Parrequeminières.

Encore une fois René supplia tellement sa tante, qu'elle entra dans le complot. Il s'agissait d'avoir la libre disposition d'une maison de campagne appartenant à la marquise.

Pour échapper aux conséquences judiciaires d'un enlèvement, madame de Parrequeminières recevrait elle-même Paule des mains de Raymond. La marquise ne quitterait pas Paule jusqu'à l'arrivée de Negogousse.

La connaissance de la fuite de la jeune fille, répandue dans Toulouse, ferait que le père ne pourrait refuser son consentement à Raymond.

Ce plan, madame de Parrequeminières finit par y souscrire, et René alla trouver Paule.

— Si vous aimez Raymond, si vous ne voulez pas appartenir à un Saturnin, demain soir à la nuit nous vous attendrons à la porte de derrière qui donne dans l'île de Tounis.

Paule ne répondait pas.

— Songez, mademoiselle, qu'après-demain il serait trop tard.

Le devoir, l'affection pour son père arrêtaient Paule.

— Chargez-moi, mademoiselle, de porter quelques bonnes paroles au pauvre Raymond.

— Je l'aime ! s'écria Paule.

. . . .

A un mois de là fut célébrée l'union de Paule et de Raymond, en présence de la noblesse ralliée autour des époux par madame de Parrequeminières.

Ce fut le dernier coup porté à l'Académie des Jeux-Floraux, qui y perdit son mainteneur le plus délié, l'abbé Supplici.

L'archevêque, ayant eu vent des troubles apportés dans les deux familles par les intrigues du prêtre, l'envoya dans une cure médiocre d'un département éloigné.

— Quand je te disais, s'écria Loubens signant au contrat de Raymond, que tu aurais besoin, par une sombre nuit, de l'aide d'amis dévoués, enveloppés de manteaux couleur de muraille !

Toulouse-Paris, 1863-1866.

www.ingramcontent.com/pod-product-compliance
Lightning Source LLC
Chambersburg PA
CBHW070450170426
43201CB00010B/1281